# 「家族する」男性たち

おとなの発達とジェンダー規範からの脱却

大野祥子［著］

東京大学出版会

"Doing Family": Men's Adult Development beyond Gender Norms
Sachiko ŌNO
University of Tokyo Press, 2016
ISBN 978-4-13-011143-0

## はじめに

　日本は142か国中104位。何の順位かご存知だろうか。
　これは男女間の格差の大きさをあらわす「ジェンダー・ギャップ指数」の2014年ランキングである。世界経済フォーラムが毎年，経済・教育・健康・政治の4分野での男女間の格差を指数化して順位をつける。高順位であるほど格差が小さいことを示すので，日本は国際的に見ると男女間格差が大きい国であることがわかる。4分野の内訳を見ると，教育・健康の分野での男女格差は小さいが，政治や経済活動など社会的な活動への女性の参加が大きく立ち遅れていることが指摘されている。女性の地位向上という文脈で，たびたび引き合いにだされる数字だ。
　男性も女性もひとりの人間として対等に尊重されるなら，男女間の格差は小さくなるはずである。その意味で104位という順位は不名誉であるし，格差は縮小されることが望ましい。だが，女性の地位の低さだけに目を留めて，「男性は，社会的に有利な地位にいるのだから問題ない」と考えてしまうと見落とすものがあるように思う。ジェンダー・ギャップが大きいということは，男性は男性で，社会的活動との関わり方について暗黙のうちに特有の期待をかけられているということである。もちろん社会の中核に参画し，パワーを保持することは男性に大きな利益をもたらすことは間違いない。一方で利益と表裏一体をなすコストもある。そしてそのコストは，特に既婚男性に大きくかかりやすい。
　現代の日本では，既婚女性の生き方の選択肢は広がった一方で，既婚男性の生き方の自由度は極めて狭い。家庭を持ったら，男性は働いて扶養責任を果たすことを期待され，多くの時間を仕事に割くことを余儀なくされる。ひとたび働くとなれば，毎朝満員の通勤電車に揺られて出勤し，残業が当たりまえの長時間労働。雇用環境がゆとりを失っている現代では，働き方にも余裕はなくなってきている。そして，過重労働による労働災害——心身の疾患，最悪の場合

には命を落とすこともある——は，いずれも女性より男性に多いことが知られている（厚生労働省，2015）。これは「統計にあらわれる全体的な傾向」ではなく，誰もが身近で経験しうる問題だろう。いまどき，自分の身辺でうつで休職や退職をした人，過労死や過労自殺をした人を「ひとりも聞いたことがない」という人はほとんどいないのではないだろうか。

　遺された家族や職場の同僚など，周囲の関係者みんなに悲しみを与える点は，どのような死であっても同じである。しかし，過労死や過労自殺はある日突然に起こるものではなく，そこに至るまでの過重労働の蓄積があるのだ。唐突な喩えだが，顔を水につけていて「このまま顔をあげなかったら死んでしまう」と思いながら溺れ死ぬ者は，まずいないだろう。しかし「このままの働き方を続けていたら死んでしまう」と思いながら，本当に死に至ってしまうのが過労死である。「辛くても，何があっても仕事には行かなくてはならない」という囚われからもしも抜け出せていれば，防げたかもしれない悲劇なのである。2014年には過労死等防止対策推進法が制定されたが，これまでも労働時間や働き方については労働法による一定の規制が設けられていた。にもかかわらず過重労働の問題が解消されないという現実を見れば，この問題が社会政策や法制度など，社会の側の装置を整備するだけでは解決できないことは明らかだろう。

　本書は，「男性が『男は仕事』，『男は働いて家族を養わねばならない』という男性ジェンダー規範から脱却することはどうしたら可能か？」という疑問の答えを探った一連の研究をまとめたものである。女性の生き方の選択肢が広がった背景には，家事・育児の負担や女性が働くことに対する圧力への反発をバネとして，「家庭役割だけではない生き方」を女性たちが求めてきた経緯があるだろう。同じように「なぜ男だけが，働いて家族を養う責任を負わなければならないのか」という主張が，男性から起こってもおかしくない。だが，女性がジェンダー規範からの自由を求めてきた動きに比べると，男性たちが生き方の変化を求める声は，身の回りの男性たちからも，種々の調査の結果からもあまり聞こえてこない。これはなぜなのかという素朴な疑問を抱いたことが，この研究を始めたきっかけである。近年は職業役割・稼得役割に加えて家庭役割も期待され，ますます多くの役割を求められる男性たちは，そのことをどのよ

うに感じているのだろうか。現実には役割遂行の負担が増大しているはずなのに，当人たちがそう感じないとすれば，そこには何らかの心理的機制が働いていると考えられる。

そもそも考えてみれば，心理学はこれまで男性の声を拾いあげてきたのだろうか。心理学が，哲学の一派という立場を離れて独立の学問分野として成立したのは，1879年にヴィルヘルム・ヴント（Wundt, W.）がドイツ・ライプツィッヒ大学に心理学実験室を開設した時とされている。この時から心理学は自然科学的方法，すなわち条件を統制した実験という方法で人間の心の働きを研究するようになった。当時，実験の被験者となり得たのは，大学に通える社会経済的地位にある階層の男性が中心だったと言われる。

その後1960年代後半，ベティ・フリーダン（Friedan, B.）らに代表される第二波女性解放運動を機に，欧米で女性学が誕生する。女性学は，古典的心理学が蓄積してきた男性中心の研究から女性が取りこぼされていると主張し，女性の心理，女性の発達を研究する必要性を訴えた。「ジェンダーを背負った存在としての女性」という訴えはやがて，では従来の心理学は本当に「男性」の心理を探究してきたのかという疑問を生じさせた。ヴントの時代以来，心理学研究の多くが男性を主な調査対象とし，男性のデータから理論を構築してきたとしても，それは人間＝manのサンプルとして無自覚に男性のみが研究対象とされていたにすぎない。彼らは「ジェンダーを背負った生身の存在としての男性」としてではなく，抽象的・一般的存在としての「人間」として扱われてきただけではなかったか。こうした反省は男性学，さらにはジェンダー学へと展開しつつある。心理学の領域でも，人はどのようにしてジェンダーを背負った存在になっていくのか，「男性というジェンダーを背負って生きること」が男性当人にとってどのように経験されているのか，男性の発達にはどのような問題があるのかをとらえ直そうという試みもはじまっている（柏木・高橋，2008など）。

ジェンダーとは，自分の性別についての認識（性自認），性愛の対象の選択（性志向），性別にふさわしい行動や性質の獲得（性役割）など，個人の特性・属性から，社会の権力構造まで幅広い側面を含んだ概念であるが，本書がとりあげるのは主として，このうちの「性役割」である。男性が自らの性別に期待さ

れる役割をどのように認知し，実際にどのように役割を果たしているのか。その「これまで」をふりかえり，「これから」の可能性を探ってみたい，というのが本書の大きな関心である。

　1950年には60歳前後だった日本人の平均寿命は，現在では男女ともに80歳を超えるほど長くなった。人生60年の時代なら，結婚後の生涯の大半を，男性は大黒柱として職業役割を，女性は主婦として母親として家庭役割を担って過ごしただろう。定年退職や子どもの独立によって，それらの役割が終わった後に残る時間はそんなに長くはなかったはずだ。「規範的な役割だけで終わってしまう」人生ともいえるが，裏返せば，規範的な役割を果たしていれば充実した一生を送ることができたということでもある。だが寿命の伸長は，人生の終盤に長い余生が付け加わったという以上の変化をもたらした。少子高齢化社会は明らかに男女双方にとっての発達課題の更新を迫っている。殊に男性については，この10年来，少子化問題への対策，男女共同参画社会の実現など，様々な観点から家事や育児への関与を求める声が高まっている。4人に1人が65歳以上という時代を迎えて，男性も介護役割と無縁ではいられなくなった。職業役割を果たし終えた後の人生を充実させるためには，家庭や地域など，仕事とは別の領域に居場所を得る必要がある。課題達成や効率を追求する仕事の世界に没頭していては，ケアやコミュニケーションなど，他者と共生するスキルを育てることは難しい。

　ある人がどのように生きるかは，もちろんその人が生きる環境の影響を受けるのだが，それだけではない。その人が，そこに至るまでの時期をどのように生きてきたか，これからの人生をどのように生きたいと考えるかにも左右される。発達とは，「今，自分がどう生きるか」の上に未来の自分が形成されていく漸成的なプロセスだからである。人の生き方はその時点での適応だけでなく，生涯発達の全般にわたって大きな影響力を持つのである。

　職業役割だけに囚われず，家族役割も組みこんだ生涯発達を実現するために必要な信念として，本書では「家族する」ことという概念を提案したい。規範的な性別役割分業モデルとは異なる，新しい家族観を獲得することが，男性が生き方を見直す上で大きな意義を持つと考える。

## はじめに

男性が，男性であるがゆえにひとりの人間として生きづらさや問題を抱えているなら，それは男性にもジェンダー問題が存在するということだ。このあと第1章で詳しく見るように，自らの性別に対するジェンダー規範に対して，男性は概して女性より従順である。たとえばその昔，「私作る人，僕食べる人」というテレビCM（ハウス食品，1975年）は従来の性別役割分業を助長するという女性層の抗議を受けて放送中止になったのに，「亭主元気で留守がいい」というCM（大日本除虫菊，1986年）は人気を博した。男性から「男はただの給料の運び屋ではない」という否定的な反応が聞かれなかったのはどうしてなのだろう。なぜ男性は，様々な問題があるにもかかわらず，男性ジェンダー規範を拘束と感じることなく，（積極的か消極的かはともかく）受けいれるのだろうか。

おそらく少し離れてみれば疑問視できる事柄でも，習慣化して当たり前になっていると相対化するのは難しいのだろう。そして「男は仕事」，「男は働いて家族を養わねばならない」という男性ジェンダー規範を当然のこととして受容するなら，辛くても職業役割から降りることは考えつかなくなるだろう。規範に縛られてしまうのは本人だけでなく，家族も同じである。過労死の労災認定を求める訴訟を支援している人から，こんな話を聞いた。過労死遺族の中には，「長時間労働による睡眠不足で朝起きられないひとり暮らしの息子に，毎朝モーニングコールをかけてあげた」，「疲労感が強い夫を車で送り迎えしてあげた」など，愛する家族を支えるつもりの行動が結果的に過労死を助長してしまったことに対して後悔の念に苛まれる人がいるというのだ。なぜ「仕事を休みなさい」，「仕事を辞めてもいいよ」と言えなかったかと悔やむ遺族の胸の内を想像すると，なんともせつない気持ちになった。

男性はなぜ「男は仕事」とする男性ジェンダー規範に囚われてしまうのか。そして，どうしたらそこから脱却できるのだろうか。世の中の半分が男性である以上，これは多くの人にとって自分や身近な人たちの身に直接・間接に関係する問題であろう。

本書の内容は，育児期男性を対象とした実証的調査の結果に基づいている。育児期の男性を調査対象としたのは，このライフステージは人生の中でも特に家事量が多く，家庭役割上の要請が特に高まると考えられるためである。同時

に30〜40代は職業人として「働き盛り」でもあり，長時間労働に陥りやすい時期でもある。その分，余暇などの個人的活動に時間を割く余裕もないので，生活が「仕事と家庭生活のゼロサム状態」になりやすいだろう。つまり育児期はワーク・ライフ・バランスの問題が最も顕在化しやすく，男性が「男は仕事」というジェンダー規範を批判的に吟味しやすい時期ではないかと考えられる。実際に，家庭に乳幼児がいることは職業役割と家庭役割の葛藤を強めることが報告されている（金井，2007）。殊に2000年代以降，政策的にも社会のムードとしても男性の家庭関与を求める声は高まっているので，現代の育児期男性は，以前のコホートとくらべて，より強い葛藤を経験しやすい環境条件におかれているといえるだろう。

そして本書では，個人の内面を探究する心理学の立場から言えることは何か，を意識した。授業や社会教育の場でジェンダーについて意見交換をする時，常々気になっていたことがある。かなり大雑把に言うと「世の中の動きに関心が高く，社会的な視野を持っている人ほど『この問題は政府が何とかしてくれないと』『法律や制度を整えないとどうにもならない』と，問題の原因を社会に帰属する傾向がある」ということだ。おそらく法律や制度の不備がわかるからこそ，そこが何とかならなければ変わらない，と発想するのだろう。しかし，世の中や社会という捉えどころのない集合体に期待をかけるだけでは，結局他力本願で終わってしまうのではないだろうか，というもやもやした思いを抱えていた。同じ職場にいる人たちが全員同じ生き方をしている訳ではない。環境要因がどのように作用するかは個人の属性によって異なるが，それだけでなく，個人差を生み出す要因としての「個人の内面」に着目しようと考えた。「生き方を変えるために個人にできることはないのか」という問いを立てたと言い換えてもよい。

本書の構成は以下のような流れになっている。
第1章ではまず，男性が「男は仕事」とする男性ジェンダー規範に従順である現状と，そのことに起因する問題を概観する。なぜそうなるのか，ジェンダーに関する発達理論を参照しながら，男性の生き方が変化する可能性を考えてみたい。さらに変化の兆しともいえる「男性の多様化」現象に注目したリサー

チ・クエスチョンを措定する。

　第2章，第3章では，質問紙による量的調査データの分析から，育児期の男性の中に多様化が生じており，ジェンダー規範の拘束から脱却した男性が出現していることを確認していく。

　第4章は，育児期男性を対象としたインタビューの質的分析によって，彼らが仕事や家庭生活にどのような意味づけをしているかを掘り下げていく。意味づけのしかたによって，男性の生活スタイルは大きく異なる。仕事を第一と考える男性にも，仕事第一という考え方から脱却した男性にも，それぞれ「男性としての自分の生き方」についての信念のストーリーがある。それを比較しながら，男性の心の中に，ジェンダー規範から自由になるための「鍵」――それを本書では「家族する」ことと呼ぶ――を探していく。

　第5章では，第4章の分析で見出された「鍵」の有効性を量的データの面から検討するために，家庭関与の質を測定する尺度構成を試みる。信頼性・妥当性をチェックした8項目からなる尺度が作成されたが，尺度構成の細かい手続きに関心のない読者は，この章は読み飛ばしてもらって構わない。

　第6章では，作成された尺度を用いて，インタビューで得られた「鍵」が，本当に男性を「男は仕事」という規範から解放する効果を持つのかどうかを確かめてみる。

　第7章では，前章で有効性が確認された「鍵」――「家族する」こと――とはどういうことか，それが含意する家族観・人間観をキャロル・ギリガン（Gilligan, C.）の「ケアの倫理」を援用して読み解いていく。家族のあり方は社会変動に伴い変化する。性別役割分業に立脚した近代家族が行き詰まりを見せる今，「家族」という人間関係をどのように捉えなおすことが適応的であるのかを論じたい。

　そして第8章では，男性が「家族する」ことによってジェンダー規範を相対化する視点を得ることの意義を生涯発達という観点から論じたい。働き方の問題は，労働経済学や社会政策研究など社会科学の分野で多くの研究が行われている。問題の構造を明らかにし，解決のための制度が策定されて問題をはらんだ構造が根底から変わっていくのは，もちろん素晴らしいことであり，その発展を大いに願うものである。しかし，社会制度や慣習の変化は一朝一夕には進

まない。自分の望む生き方を獲得するのに，ただ社会制度の改善を待っていたとしたら，人ひとりの人生などあっという間に過ぎてしまうことだろう。

　現状を変えるために個人としてできることは何なのか。発達心理学の立場からそれを明らかにしようと本書で行った実証研究は，大規模な社会調査にくらべるとサンプル数の少ない，ささやかな取り組みである。だがその分，個人の心の中＝信念に分け入ることで，大規模調査では見落とされがちな少数派の存在意義を浮かびあがらせることを念頭に置いた。

　個人の信念や行動によって生き方は変えられるという可能性を感じていただけたら幸いである。

# 目　次

はじめに　i

## 第1章　男性のワーク・ライフ・バランスとジェンダー規範　1
1　ワーク・ライフ・バランス（仕事と生活の調和）というけれど　1
2　発達研究で男性はどのように扱われてきたか　8
3　男性の幸福感・充実感は何に支えられているか　14
4　「男は仕事」というジェンダー規範の拘束性　19
5　男性の生き方に多様性はあるか　27
6　本書の目的と構成　30

## 第2章　男性の生活スタイルの多様化を確かめる（研究1-1）　33
1　男性の中にも多様化は生じているのか　33
2　男性の生活スタイルの3タイプ　35
3　生活スタイルのタイプによって満足度に差はあるか　40
4　タイプ別「自分の生き方」への満足度を高める要因　42
5　「仕事＝家庭型」の新しさとあいまいさ　44

## 第3章　男性にとっての家庭関与の意味を考える（研究1-2）　47
1　妻との役割分担のしかたで満足度に差はあるか　47
2　妻の就労形態と生活スタイルの組み合わせ　48
3　「仕事＝家庭型」の二つの下位タイプ　52
4　どのような家庭関与が満足度を高めるか　55
5　家庭関与は男性に何をもたらすか　61

## 第4章　「男は仕事」規範を相対化するプロセスを探る（研究2）　65
1　仕事や家庭への意味づけについての語り　65
2　「仕事と家庭のバランス」の二つの群（研究2-1）　68
3　仕事優先群はなぜ稼ぎ手役割を積極的に受容するか（研究2-2）　80
4　仕事優先群から仕事相対化群への変化プロセス（研究2-3）　95
5　仕事優先群と仕事相対化群の家族観（研究2-4）　115
6　「家族する」ことが男性を「男は仕事」規範から自由にする　131

ix

第 5 章　「家族する」尺度の作成（研究3-1）　135

1　男性の家庭関与はどのように測定されてきたか　135
2　予備版尺度の作成（予備調査）　139
3　「家族する」尺度の作成（本調査）　143
4　「家族する」尺度の信頼性と妥当性　145

第 6 章　「家族する」ことが男性の生き方を変えることを確かめる
　　　　　（研究3-2）　153

1　「家族している」男性と「家族していない」男性の比較　153
2　「家族している」男性のワーク・ライフ・バランス　155
3　「家族している」男性はどのように働いているか　158

第 7 章　「家族する」とはどういうことか　161

1　家庭関与の質が重要　161
2　「家族である」ことと「家族する」こと　166
3　「家族する」ことの応答性と生成性　171
4　「声に耳を傾ける」——人がまるごとの個人として尊重される　175
5　オルタナティブな価値観を獲得する意義　178

第 8 章　男性の発達としての「家族する」こと　187

1　発達とはどのようなプロセスか　187
2　「家族する」ことは個人の適応に資する——発達的可塑性　188
3　「家族する」ことによって自分の生き方をデザインする
　　——発達の主体的制御　190
4　「家族する」ことは社会を変える力を持つ——発達のニッチ構成　199
5　男性・女性の新たな生き方，新たな家族のかたち　202

初出一覧　205
引用文献　207
資　　料　219
あとがき　233
人名索引　239
事項索引　241

# 第1章　男性のワーク・ライフ・バランスと
　　　　ジェンダー規範

## 1　ワーク・ライフ・バランス（仕事と生活の調和）というけれど

**仕事に縛られる男性たち**

「はじめに」で述べたように，日本では家庭を持った男性は，働いて家族を養う役割を期待され，主たる稼得責任者として職業役割を中心とした生活を送るのが一般的である。

1日24時間の時間の使い方を調べる生活時間のデータから，育児期の男性がどれほど仕事中心の生活を送っているかがよくわかる（図1-1）。「平成23年社会生活基本調査」（総務省統計局，2012b）によれば，未就学の末子を持つライフステージでは，平日，夫が仕事に従事する時間は9時間を超える。それに対して，家事をする時間は，妻が無業[1]の場合で6分，夫婦共働きでも15分でしかない。育児についても，妻が無業で22分，共働きで28分と，妻の就業状態による差はほとんどない。手のかかる乳幼児を抱えて，家事・育児の必要量が最大となる育児期においても，男性の生活は大きく仕事に偏っている。これは共働きの女性が仕事と家事・育児に同程度の時間を割いているのとは対照的である。

そのような仕事中心の生活は果たして男性が自分で望んだものなのだろうか。「平成24年男女共同参画社会に関する世論調査」（内閣府大臣官房政府広報室，2012）では，成人男女にワーク・ライフ・バランスの希望と現状を尋ねている。図1-2のaとbを比べてみると，男性は女性より「仕事」を優先の生き方（①）を希望する者が多いことがわかる。しかし，その男性でも「仕事」を優先を希

---

注1）　無業とは，ふだん主に家事・通学・その他をしている者を指す。家事や通学のかたわらに仕事をしている人，年間に30日以上仕事をしている人は除く。共働き・有業とは，週に35時間以上就業している場合を指す。

望する者より，「家庭生活」を優先（②）や「仕事」と「家庭生活」をともに優先（④）を希望する者の割合のほうが高いのである。だが，男性の希望と現状をくらべてみると，現状が「仕事」優先になっている者は，それを希望する者の2倍以上にもなる（図1-2a）。

特に育児期にあたる30代から40代の男性の回答を取り出したのが，図1-2cと図1-2dである。「家庭生活」を優先（②）に関しては，希望と現状にそれほど顕著なギャップはない。しかし，「仕事」を優先（①）については，それを希望する人よりはるかに多くの男性が「仕事」を優先の生活を送っている現状が見てとれる。

ワーク・ライフ・バランスとは，「国民一人ひとりがやりがいや充実感を感じながら働き，仕事上の責任を果たすとともに，家庭や地域生活などにおいても，子育て期，中高年期といった人生の各段階に応じて多様な生き方が選択・実現できること」と定義されている（内閣府男女共同参画局仕事と生活の調和推進室，2008）。ここでいう「ライフ」は，本来は育児や介護を含む家庭生活，地域での活動や交流，自己啓発など，多岐にわたる「生活全般」を指す。だが幼い子どもを抱える育児期にいる人々の場合，必要となる育児量・家事量が特に多いので，「（ワークではない）ライフ」とは，まず第一に，育児や家事などの家庭生活を意味するだろう。したがってこのライフステージの男女にとっての「ワーク・ライフ・バランス」とは，「職業役割と家庭役割にどのようなバランスで関わるか」という形で，日常生活に直結する問題として経験されていると考えられる。

内閣府のサイト[2]によれば，ワーク・ライフ・バランスが実現した社会では，老若男女誰もが，①就労による経済的自立，②健康で豊かな生活のための時間の確保，③多様な働き方・生き方の選択（仕事と子育ての両立），が可能になると謳われている。実現した暁には，安定した生活基盤の上に，心身ともに充実した風通しのよい毎日が送れそうである。だが図1-2で示したように，マクロレベルのデータで見る限り，育児期にあたる年代の男性の生活は，自分が希望す

---

注2）内閣府男女共同参画局ホーム＞仕事と生活の調和ホーム＞仕事と生活の調和とは http://wwwa.cao.go.jp/wlb/towa/（2016年1月30日）

第1章 男性のワーク・ライフ・バランスとジェンダー規範

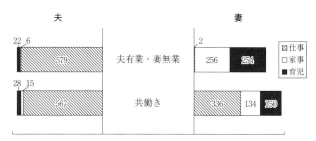

図1-1 末子未就学の夫婦が2次的活動にかける生活時間（分）の内訳
（総務省統計局，2012bより作成）

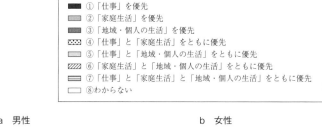

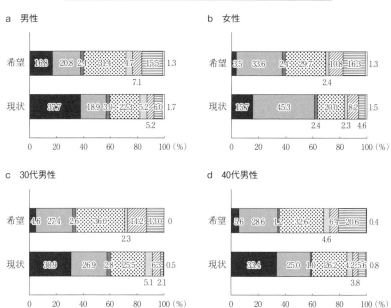

図1-2 ワーク・ライフ・バランス（仕事と生活の調和）に関する希望と現実
（a・bは内閣府男女共同参画局，2015，c・dは内閣府大臣官房政府広報室，2012より作成）

る以上に仕事に長時間拘束されており，仕事と家庭生活が調和しているとは言い難い状況にある。

### なぜワーク・ライフ・バランスは実現しないのか

　個人が「ワークとライフをどのようなバランスにするか」を考える場合，①個人の内部と，②個人間（家庭内や職場での役割分担）という二つの面において，職業役割と家庭役割の配分という課題に直面することになる。個人内においては，自分が持っている資源（時間，体力，エネルギーなど）をどのように職業と家庭生活に振り分けるか，資源配分バランスの設計が問題になる。同時に，生活を共にする世帯・家族システムの中でも，家庭運営に必須の機能である稼得役割と家庭役割を誰がどのようなバランスで分担するかを考えなくてはならない。特に家庭を持つ既婚者の場合，仕事と家庭生活のバランスをどのようにとるかは個人の自由な意思のみで決定できるものではない。世帯の生活を維持するために必要な経済と再生産労働が不足なく供給されるよう，夫婦間で互いに役割を分担・調整することが求められる。調整の結果，時には個人の意思に反するバランスにならざるを得ないこともあるだろう。

　先に見たような男性のワーク・ライフ・バランスの希望がかなわない現状は，どのような事情で出来しているのだろうか。男性は，家族内・夫婦間の役割分担の結果，仕事を優先せざるを得ない状況に追いやられているのか。それとも「希望と現実」は，いわば「建前と本音」のようなもので，男性本人の（自覚していないかもしれない）意思によって仕事優先の生活が選択されているのだろうか。

　ここで，夫婦間での役割分担の様相を知るために，夫婦の就業状況の組み合わせを見てみよう。未就学の子どもを持つ30〜40代夫婦のデータをピックアップして作ったのが表1-1である。両年代とも，妻は「就業」と「非就業」が約半数ずつなのに対して，夫は約95％が「就業」しており，「非就業」は1〜2％にすぎない（総務省統計局，2012a）。「夫＝非就業，妻＝就業」という組み合わせは1％にも届かない少なさである。若い学生のレポートには，よく「最近は専業主夫が増えているので」などと書かれているのだが，それはおそらくテレビドラマから作られたイメージなのだろう。

**表1-1 30代・40代夫婦の就業状況の組み合わせ別世帯数（%）**
（総務省統計局，2012aより作成）

| 30代 | | 夫 | | | 妻合計 |
|---|---|---|---|---|---|
| | | 就業 | 非就業 | 不詳 | |
| 妻 | 就業 | 1,274,969 | 20,565 | 702 | 1,296,236 |
| | | (42.5) | (0.7) | (0.0) | (43.2) |
| | 非就業 | 1,556,658 | 30,733 | 1,488 | 1,588,879 |
| | | (51.9) | (1.0) | (0.1) | (53.0) |
| | 不詳 | 7,273 | 281 | 104,858 | 112,412 |
| | | (0.2) | (0.0) | (3.5) | (3.8) |
| 夫合計 | | 2,838,900 | 51,579 | 107,048 | 2,997,527 |
| | | (94.7) | (1.7) | (3.6) | (100.0) |

| 40代 | | 夫 | | | 妻合計 |
|---|---|---|---|---|---|
| | | 就業 | 非就業 | 不詳 | |
| 妻 | 就業 | 521,230 | 10,543 | 383 | 532,156 |
| | | (43.4) | (0.9) | (0.0) | (44.3) |
| | 非就業 | 608,863 | 13,965 | 648 | 623,476 |
| | | (50.7) | (1.2) | (0.1) | (51.9) |
| | 不詳 | 3,309 | 136 | 41,951 | 45,396 |
| | | (0.3) | (0.0) | (3.5) | (3.8) |
| 夫合計 | | 1,133,402 | 24,644 | 42,982 | 1,201,028 |
| | | (94.4) | (2.1) | (3.6) | (100.0) |

　このように，結婚して家庭を持った男性にとって，「働かない」という選択肢はほとんどないようなものである。その原因は，一つには，男女雇用機会均等法があるにもかかわらず，依然として解消しない労働・雇用環境の男女格差にあるのかもしれない。妻が正規雇用であったとしても，女性の賃金は男性の7割程度という格差があるので，一家の大黒柱は男性であるほうが経済的な効率はよいことになる。

　そして，子どもの誕生が夫婦の役割分担に大きく影響を及ぼす。実は第一子出産を機に離職する女性の割合は約6割のまま，この30年間変化していないのだ。そこには職場の事情や，本人・周囲の価値観，保育所の絶対的な不足など，複合的な要因が絡んでいると考えられるが，育児休業を利用できる女性は，ほぼ正規雇用に限られているので（国立社会保障・人口問題研究所，2011b），多くの非正規雇用の女性は出産で退職せざるを得ない現状がある。正規雇用であってもいったん離職した女性は，再び仕事に就く場合は経済的安定性の低い非正

規雇用となるのが現状である。

### 男性に期待される／男性が自任するジェンダー役割

しかし，そのような現実の下で，男性がしかたなく主たる稼ぎ手として仕事優先の生活を受忍しているだけとは思えないようなデータも見られる。

「平成 24 年男女共同参画社会に関する世論調査」（内閣府大臣官房政府広報室，2012）では「夫は外で働き，妻は家庭を守るべきである」という伝統的な性別役割分業に賛成する割合は，男性（55.2％）のほうが女性（48.4％）より高いとはいえ，半数強である。また同年に 20～60 代の男性 3000 人を対象に行われた web 調査，「『男性にとっての男女共同参画』に関する意識調査」でも全く同じ質問がされているが，そこでの賛成の割合は 48.0％と，やはり半数程度であった（内閣府男女共同参画局，2012）。

しかし，web 調査のみで尋ねられている伝統的な男性の役割に関する項目への賛否は若干違った結果を示している。「家族を養い守るのは自分の責任である」という考え方を支持する男性の割合は 68.7％（30 代既婚に限ると 74.7％，40 代既婚は 79.1％）に上昇する。同様に，「家族のために，仕事は継続しなければいけない」という項目の支持率も 77.0％（30 代既婚，40 代既婚どちらも 79.1％）とかなり高いのである。ちなみに同 web 調査で，「家事は主に妻にしてほしい」という女性に対する伝統的な役割期待を尋ねる項目では，賛成の割合は 49.7％と半数程度に落ち着いている。

これらの調査結果を図 1-3 のように並べてみると，男性ではいわゆる性別役割分業規範のうち，男性ジェンダー規範についての支持・受容度が高いことが読みとれる。「夫は外で働き，妻が家庭を守るべきである」という設問は，男女に対するジェンダー規範について同時に賛否を問うダブルバーレル質問であったことから，男性の役割のみを尋ねる設問より支持率が低く抑えられたのだと考えられる。

既婚男性 805 名を対象とした大槻（2008）の調査でも，男性の自立にとって「経済的に自立している」ことが重要とした者は 99.0％，「家族を養うことができる」ことが重要とした者は 97.5％であった。ほとんどの者が，男性の自立の要件として，自分だけでなく家族も養うだけの経済力を持つことを重視してい

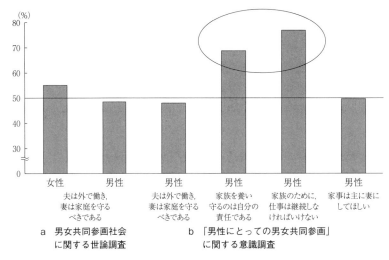

図1-3 男女のジェンダー役割に対する支持率のずれ
（aは内閣府大臣官房政府広報室，2012，bは内閣府男女共同参画局，2012より作成）

た。それに対して，女性の自立にとっての重要度は「経済的に自立している (75.8%)」，「家族を養うことができる (60.9%)」と，男性に比べると低く見積もられている。自立した個人として何を期待されるかは，男女で大きな差が見られるのだ。

これらの調査結果を大きくまとめると，「女性が働くべきかどうか」に関しては，男性の意見は賛否が分かれている，と見てよいだろう。つまり女性の生き方については人それぞれに様々な意見があるということだ。対照的に男性の役割については，多くの男性が「自立した男性は家族を扶養する能力を持つべきである」という考えにまとまるという偏りがある。これはすなわち，「男性はどう生きるべきか」は，女性と同じ程度に多様でありうるとは考えられていないことを意味する。

このことから，男性が家庭関与を望みながら仕事優先の生き方となっている現状は，ただ仕事領域が男性に有利にできているという外的要因だけでもたらされているのではないと考えられる。「男性＝仕事」，「男性＝稼ぎ手」であることを支持し，受容する男性本人のジェンダー観や規範意識と関連した，何らかの心理的機制が根底にあることがうかがえる。

## 2　発達研究で男性はどのように扱われてきたか

### 発達心理学研究における男性の扱われ方

　ここまで世論調査などの結果から、マクロな視点で男性の生き方・考え方について論じてきた。ここでもう一歩対象に寄って、男性にとって仕事や家庭生活がどのような意味を持っているのか、発達心理学の研究から明らかになっていることを概観したい。

　かつて、「発達心理学」は「児童心理学」とほぼ同義だったと言われる。「発達」とは未熟な子どもが大人になるまでの、能力が伸長していく過程であると考えられていた時代には、発達心理学の主な研究対象は子どもであった。1980年代の「生涯発達心理学」の誕生から30年余を経て、今や「人は誕生から死まで、生涯にわたって発達する」というテーゼは、発達心理学の世界では常識となっている。

　だが、そのテーゼが実証研究のレベルでも十分に展開されてきたかというと、必ずしもそうではない。柏木惠子は、『父親の発達心理学』（柏木、1993）や、子育て経験を通して成人である親も発達することを実証的に示した研究（柏木・若松、1994）などの著作を通して、①親（成人）は子どもの発達を規定し影響を与える"環境要因"としてのみ取り上げられてきたこと、②発達研究が扱ってきた"親"とは実際には母親のみであったこと、という二つの問題を指摘している。つまり成人男性の発達は、発達心理学の研究において二重に疎外されてきたのである。

　近年の大きな流れの方向としては、成人男性、特に親として・家庭人としての男性に注目した発達研究は増加傾向にある。筆者らが14年の間隔をおいて行った、2度の父親研究レビューを比較してみよう（大野・柏木、1997、2011）。主要な心理学会の発行する学術雑誌5誌に掲載された論文のうち、「父親」を取り上げたものは、1985〜96年秋までの12年間には27本しか見られなかったが、1996〜2010年秋までの14年間には91本であった。2度のレビューの間に対象雑誌の発行頻度が変わったものもあるので、それぞれの期間で発行された雑誌の冊数で論文数を割ってみると、1985〜96年には1冊あたり0.16本、

1996～2010年には0.35本の父親研究が掲載されたことになる。

　実際に調査に回答したのは誰かについても，1997年時点では，父親に関する変数も子どもや妻に回答を求めた研究が大多数だったのに対して，2011年には父親自身の回答による研究が増加している。これらのことから見て，男性を研究対象とする関心や，そのために男性本人にアクセスする必要性の認識は高まっていると見て間違いない。

　では，研究の内容はどうか。論文ごとにテーマを分類してみると，「男性の家庭関与が子どもや妻の心理・発達にどのような影響を及ぼすか」という観点からのものが多く，男性本人の発達や適応を検討している研究は少なかった（大野・柏木，2011）。たとえば，『発達心理学研究』の第1巻（1990年）から第23巻第3号（2012年）までの掲載論文で，成人男性（「高齢者」サンプルに成人男性が含まれる場合を除く）を調査対象に含んだ研究をカウントすると37本，そのうち男性本人の発達や適応の検討を主な目的とする研究は11本にすぎなかった。成人男性が発達する主体として扱われることが少ない状況は，いまだに続いているのだ。

### 男性の家庭関与の効果

　男性の家庭関与が子どもや妻に及ぼす影響を検討した研究では，概ねプラスの効果が見出されている。父親が子どもと関わることは子どもの認知能力や言語発達を促進する（中野・土谷・加藤，1992；上村・加須屋，2008），父親の育児関与が幼児の自発性や社会性を高め（加藤，2008；加藤・石井・牧野・土谷，2002），攻撃性を低下させる（尾形・宮下・福田，2005），父親の家庭関与の高さが中学生の精神的健康を高める（平山，2001）など，子どもの認知・情動・適応など諸側面への好影響があることが報告されている。

　有子女性を対象とした調査でも，育児をよくする夫の妻と，育児をしない夫の妻を比較すると，前者のほうが育児に対する肯定的感情は高く，否定的感情が低い（柏木・若松，1994），夫の道具的・情緒的サポートが妻の育児負担感・不安感を低下させる（荒牧・無藤，2008），子育て期の妻の結婚満足度は，夫の家事・育児分担に対する理想と現実のずれが大きいほど低い（相良・伊藤・池田，2008），夫の家事・育児関与が，妻の夫に対する愛情の低下を抑制し，それが

家族の雰囲気や妻の養育態度を介して，子どもの抑うつ症状を低減させる（菅原，1998）など，男性のサポートが妻の精神的健康や適応に資することが明らかにされている。

このように家庭人としての男性の関与が，妻や子どもに対する影響要因として扱われる背景には，女性の心理・発達の研究の進展によって性別役割分業の見直しの機運が高まったこと，少子化対策としての有効性が期待されること，という二つの事情があると考えられる。以下で順番に見てみよう。

**男性の家庭関与への注目の背景1：女性の視点の導入と性別役割分業の見直し**

1960年代，ウーマン・リブとして知られる第二波女性解放運動は，アメリカで学術研究としての女性学を誕生させた。当時，全米各地の大学に女性学講座が開講されたという。1970年代になると，その動向に刺激を受けた日本の女性研究者たちが，アメリカの研究状況に注目するようになった。同時期に国内でも，日本女性学研究会をはじめとする学術的な女性学研究団体が相ついで設立された（上村，1997）。

その頃から，日本の学術界でも女性の視点に立った研究があらわれる。たとえば，女子青年のジェンダー発達についての研究（柏木，1974；伊藤・秋津，1983など）では，女性に優しさや従順さなどを求めるジェンダー規範は，社会からは強く期待される一方で，当の女性たちにとっては重要と感じられていないことを示した。こうしたアンビバレンスが青年期女性の発達を難しくするという知見は，「自らの性別を受容すること」が青年期の発達課題であり，それを受容するのが健康な発達であるとする従来の発達観に一石を投じた。

女性の視点に立った研究は，家族の中に潜む問題も明るみに引きだしていった。高度経済成長期からオイルショックの頃にかけて，働き手の夫と専業主婦の妻に2人程度の子どもが愛情で結ばれた家庭を営む，「近代家族」像が一般化した。以来，「男性は仕事，女性は家事・育児」とする性別役割分業は，家族役割分担の標準的なスタイルとして，社会制度や人々の家族観に強く浸透してきた（落合，2004）。しかし1980年代以降，効率的と思われた性別役割分業というシステムが家族や女性の心理にもたらすひずみや綻びが，たびたびジャーナリズムやメディアに取り上げられるようになる（たとえば，斎藤，1982など）。

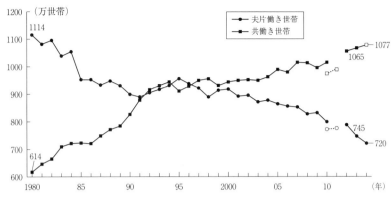

**図 1-4　雇用者の共働き等世帯数の推移**（内閣府男女共同参画局，2015 を改変）
注）2010 〜 11 年は岩手・宮城・福島の 3 県を含まない。

　心理学や社会学の研究においても，専業主婦の育児不安の強さ（牧野，1982）や否定的生活感情の高さ（永久，1995），家事・育児の分担に対する不公平感（平山，2002；岩間，1997；諸井，1996），多重役割の効果（土肥・広沢・田中，1990）など，様々な切り口から，女性が家庭役割＝"女性役割"に専従することが，かえって女性の精神的安寧を脅かしていることが報告されたのである。

　このように，女性学の誕生によって，女性のジェンダー規範への違和感・反発が「声」を与えられたことに加え，バブル経済へと向かう好調な経済状況が相俟って，仕事と家庭の両立を選択する女性が増加した。2014 年には 15 〜 64 歳の有配偶女性の就業率は 64.0％で，「結婚したら専業主婦」は女性の生き方の主流ではなくなった。図 1-4 に示されるように，1980 年には夫片働き世帯の半数ほどだった共働き世帯は増加の一途をたどり，1997 年からは明らかに夫片働き世帯数を上回っている（内閣府男女共同参画局，2015）。

　ところが，女性が家庭役割に加えて職業役割も持つことになっても，日本の男性の家事・育児関与は著しく少ないままであることは，この章の最初に示したとおりである。そのため，女性が職を持った場合には「男性は仕事，女性は仕事と家事・育児」という女性の二重負担状態になりやすい。こうした状態は「新・性別役割分業」と呼ばれている。夫の家庭関与が妻の心理に影響を及ぼす要因と扱われがちなのは，男性が家庭役割を分担することへの期待や，期待

を裏切る現状に対する不満のあらわれなのかもしれない。これまで家族や夫婦，子育てを扱った研究は女性学によって牽引されて発展してきたため，女性の目線からの研究が多いことと無関係ではないだろう。

### 男性の家庭関与への注目の背景2：少子化解消への期待

さらに，リアルタイムで進行中の事情として，男性の家庭関与と少子化問題との関連が挙げられる。

1990年のいわゆる「1.57ショック」以降，政府は喫緊の課題として少子化対策に取り組んできた。1990年代には，エンゼルプラン，新エンゼルプランなど，主に保育所の拡充によって女性の仕事と子育ての両立を支援することに重点が置かれていた。だが，思うような効果が上がらないことから，少子化対策のターゲットは次第に男性にも拡大されてきた。2003年に成立した次世代育成支援対策推進法は「働き方の見直し」にも踏み込む内容で，企業が子育て中の社員に対して仕事と子育てを両立させるための多様な働き方を提供することが義務づけられた（成立当時は従業員数300人以下，現在は100人以下の事業所では努力義務）。2004年の「子ども子育て応援プラン」では，子育てが女性だけの負担になっていることが少子化の一因であるとして，男性の育児時間を確保し，2017年までに男性の育児休業取得率を10％とする目標値が定められた。2010年6月に厚生労働省が発足させた「イクメンプロジェクト」など，官民の壁を超えて「イクメンの効果」が喧伝されるのも少子化対策というねらいがあるとされる。

第一子出生後の男性の家庭関与が多いほど，第二子以降の出生率が高まることは，データで確認されている（図1-5）。関心の焦点は少子化の解消であり，男性の生き方とは別のところにあるため，「家庭に関与することが男性本人の発達や適応にとってどのような意味を持つのか」は問われないまま，男性に家庭役割を求める論調が強まっているのだと考えられる。

### 男性の家庭関与は誰にとってプラスなのか

このように，様々な観点から男性の家事・育児参加の効果が注目されて，家庭責任を男女が共に担う必要性が認識されることは，固定化した性別役割分業

第1章　男性のワーク・ライフ・バランスとジェンダー規範

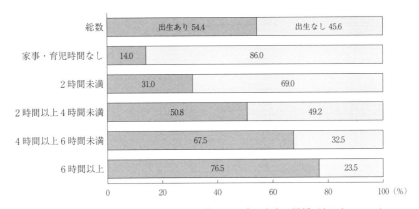

図1-5　夫の休日の家事・育児参加と第二子以降の出生の関係（内閣府, 2015b）

の見直しが進む上で望ましい変化の方向性に違いない。だが, そう思いつつ心のどこかでは, 笑顔で家族サービスをしながら時々「ふーっ」とため息をつくお父さんたちの姿が思い浮かんでしまう。「男性の家庭関与が当の男性にとってどのような効果・意味を持つのか」という問いを置き去りにしたまま男性に家庭関与を求めるとすれば, それは女性や為政者の立場からの一面的な主張になってしまわないだろうか。

　残念ながら発達研究において, 家庭に関与すること（もしくは, しないこと）が男性本人にとってどのような意味があるのかを中心的な関心に据えた研究は, 今までのところあまり多くない。しかし, それらを扱った研究は, 男性の家庭関与が妻子の発達・適応だけでなく, 男性本人にとってもプラスに作用することを明らかにしている。たとえば, 育児関与の高さが男性の親としての発達を促進する（森下, 2001）, 家庭への協力的な関わりが父親の前向きなストレス・コーピングや自我同一性の発達とポジティブに関連する（尾形・宮下, 1999, 2000; 尾形ほか, 2005）, 父親の家庭関与は短期的に見るとワーク・ファミリー・コンフリクトの増大や自己評価の低下などのネガティブな効果をもたらすことがあるが, 長期的には世代性（generativity）の発達を促進する（Pleck & Masciadrelli, 2004）, 子どもと関わることによって誇りや楽しみを感じ, 愛されていることを実感できる, 多くのことを学び視点の転換が起こる, 人格成熟, 人生の意味を見出す（Palkovitz, 2002）などである。

男性の家庭関与の一つの形として，育児休業取得がある。育児休業を体験した男性たちは，「妻や子どもとの絆が深まって，よい経験だった」という肯定的な述懐と共に，自分が成長したという感想をしばしば報告している。『「育休父さん」の成長日誌』（朝日新聞社，2000）や内閣府 web サイトに寄せられた体験記（内閣府，2008）を読むと，限られた時間内に子どもの世話と家事を同時に切り盛りする経験により，妻の負担が理解できて夫婦円満になった，生活力が向上した，お互いの仕事量に応じて家事・育児の分担ができるようになったなどのメリットが多数報告されている。また，地域の人間関係ができた，一時的に仕事を離れたことでかえって仕事を冷静に見られるようになった，効率のよい働き方を意識するようになったなど，家庭生活以外の面でも得るものが大きかったことが，多くの事例で語られている。庭野（2007）は，主体的に子どもの世話役割を果たすようになった 7 名の父親たちへの聞き取りで，「性別役割分業意識の変容」のみならず，「仕事に対する意識の変容」（出世へのこだわりがなくなり，仕事も生活も楽しみたいと考えるようになる）や「自分自身の内面に関する意識」（社会性や感受性が豊かになる）が変化したと報告している。また，菊地・柏木（2007）も，育児休業を取得した父親 7 名へのインタビューから，「働き方の変化」，「家庭役割への変化」，「親としての変化」という三つの側面で，仕事中心の生活では見えなかったであろう気づきを体験しているとまとめている。

　このように，男性が家事・育児に関与することが彼ら自身の生活スキルや人格の成長につながり，生活世界を広げるポジティブな意味を持つ経験であるという報告は随所で見られる。だが，家庭関与に積極的な男性が少数派であることを反映してか，体験記や研究も少数事例の質的な分析という形にとどまるものが多い。今後はメタ分析や量的な調査・分析などの手法も用いて，男性の発達に対する家庭関与の効果を検証していく必要があるだろう。

## 3　男性の幸福感・充実感は何に支えられているか

### 職業要因と稼得要因が重要

　では，家庭関与が男性本人にとってもメリットがあるとして，当の男性はそ

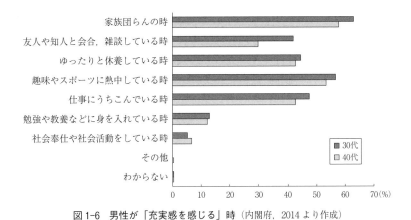

図1-6　男性が「充実感を感じる」時（内閣府，2014より作成）

のことに満足感や幸福感を感じているのだろうか。

「国民生活に関する世論調査」（内閣府，2014）では，「充実感を感じる」のはどのような時かを尋ねている。30〜40代の男性の回答を見ると「家族団らんの時」や「趣味やスポーツに熱中している時」という回答が多く，「仕事にうちこんでいる時」を選ぶ者はそれより少ない（図1-6）。シンプルな尋ね方をする限り，家庭は男性の充実感の源泉であるように見える。

だが，男性の満足感や幸福感，充実感などの規定因を詳細に検討した調査では，違った結果が見出されている。主観的な適応に関する指標を高めているのはむしろ職業要因であり，家庭要因の効果は副次的なのである。

伊藤・相良・池田（2004）は，職業生活と結婚生活が既婚男女の心理的健康に及ぼす影響を検討している。重回帰分析によって，職場満足度と夫婦関係満足度が主観的幸福感にどのように影響するかを見たところ，中年期男性では職場に対する満足度のほうが夫婦関係より大きな効果を示し，子育て期男性では両者がほぼ同等の影響力だった。

また，妻の就労形態別に検討を行なった伊藤・相良・池田（2006）でも，夫婦関係満足度より仕事満足度のほうが夫の主観的満足感を高める効果が高いという結果は，いずれの就業形態でも共通した結果であった。

就学前の子どもを持つ会社員を対象とした調査（加藤，2004）では，男性社員の充実感を規定する要因として，突出して寄与が大きいのは職場環境のよさや

仕事のストレスの低さなど仕事の内容要因で，次に寄与の大きい育児の質要因を大きく引き離していた。

　松岡ら（2006）は，「現実の自分が，誰の視点から見た理想像とギャップが大きいと自尊感情の低下につながるか」というユニークな枠組みで調査を行なっている。男性にとっては，職場の人が自分に対して望む理想と現実の自分のずれが大きいことが自尊感情に影響を及ぼすだろうという仮説が検証されているが，結果は仮説どおり，平等主義的な性役割観を持つ子育て期男性を除き，職場の人からの期待に応えられないことが男性の自尊感情を低下させる唯一の説明変数であった[3]。

　このように職業要因と家庭要因の相対的な影響力を比較した研究結果からは，世論調査の結果のように「男性の充実感の主要な源泉は家庭である」とはいいきれない。むしろ，職業要因が家庭要因以上の影響力を持って，男性の主観的な適応を左右している様相が浮かびあがってくる。

　職業役割を持つということは，労働の対価として経済力を獲得することでもある。世帯においては，職業役割を持つ人が，生活費を得る稼得役割もあわせて担うことになる。夫婦共働きが夫にとってどのような意味を持つ経験であるかを検討した裵（2007）によると，夫の稼得分担割合の高低は，他の要因と組み合わせなくても単独で夫のディストレス（ネガティブなストレス反応）の強さを規定するという。自身の分担割合が6割を切ると，夫のディストレスが顕著に高くなる。対照的に夫の家事参加度の高さは，その高低で比較しても夫のディストレスに差は見られない。夫の性別役割分業意識や妻の就労形態など別の要因と組み合わせ，詳細な条件ごとに比較して初めてディストレスに有意差が出てくる。稼得分担割合は，本人の価値観や生活実態とはかかわりなく直接適応を左右することから，多くの男性にとってそれだけ重要な意味を持つのだと考えられる。

　短大生の両親を対象に，「家事・育児」と「収入を得る仕事」に対する自分と配偶者の貢献度を尋ねた調査（赤澤，2005）では，夫婦がそれぞれ「互いの貢献をどれだけありがたいと評価しているか」が，夫婦関係満足度と生活充実感

---

注3）平等主義的な子育て期男性は，子どもからの視点のみが有意であった。

という2種の従属変数とどのように関連するかを検討している。夫については，夫婦関係満足度には自分と配偶者の「家事・育児」の果たし方が有意な効果を持っていたのに対して，生活充実感は，自分の稼得への貢献度が高く，妻がそれをありがたいと評価していると思うほど高くなっていた。夫婦関係という領域固有な満足度には家庭関与が，生活充実感という全般的な適応の指標には自身の稼ぎ手としての効力感が関連していたのである。

「どれだけ稼ぐか」だけでなく，稼いだお金の使われ方も男性の心理に影響を及ぼす。中年期の夫婦で，「使おうと思えば自分が使えるお金」（いわゆる「お小遣い」をイメージすればよいだろう）を家族のために切り詰めることは，夫妻どちらにとっても夫婦関係満足度の低下につながるという結果が得られている（木村，2004）。興味深いことに，切り詰める頻度が夫より妻のほうで高いほど，妻ではなく夫の満足度が低下するという。木村はこの結果を，「妻の満足度ではなく夫の満足度を低下させる理由は考えにくい」ので「夫妻関係の不満の結果として，夫が妻により多くの経済的犠牲を強いるのではないか」と考察している。しかし，説明変数の変動による基準変数の変化を予測する重回帰分析という手法の性質からすると，やはり「妻に経済的犠牲を強いることが夫の夫婦関係満足度を低下させる」という方向で解釈するのが妥当であろう。分析には心理変数が含まれていないので，そうなる理由は推測するよりほかはないが，「稼ぎ手としての甲斐性のなさ」による自己効力感の低下や，妻に対する勢力基盤の弱さが媒介していると考えれば，因果の方向にも説明がつく。

失業についての研究成果も，男性にとっての職業要因の重要性を別の角度から示している。20〜64歳の男女約8000人のサンプルで幸福度の決定因を検討した研究では，失業が幸福度を有意に低下させるのは男性のみで，女性にはそうした関係は見られない（佐野・大竹，2007）。高橋（2008）は，インタビューの質的分析によって，中高年男性にとって失業は，単に生業を失うことにとどまらず，愛着や絶対的な絆を感じていた対象の喪失，日常生活のリズムの崩壊，社会システムからの排除・孤立など，社会との繋がりを断ち切られる重大な経験となることを明らかにしている。

このように，男性の満足度や充実感，自尊感情などの適応に関する指標の規定因を探る研究では，職業要因や稼得役割を果たすことが重要な支えとして働

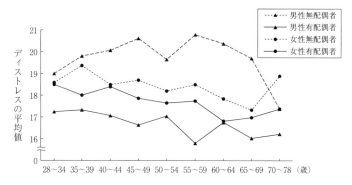

図1-7 性別・年齢別・配偶関係別に見たディストレスのパターン（稲葉，2008）

いていることがわかる。これらの結果からも，男性にとって「男性＝仕事」，「男性＝稼ぎ手」というジェンダー規範は内面化していることがうかがえる。

**家庭要因は重要でないのか**

では，男性にとって家庭要因はさして重要ではないのだろうか。佐野・大竹（2007）の分析で，幸福度の決定因となる程度に男女差が見られたのは，失業に加えて婚姻に関する状態であった。男性では既婚であることは有意に幸福度を高め，配偶者と離別していることは幸福度を低下させる。女性ではどちらも有意な効果は見られなかった。これは性別と配偶者の有無によってディストレスの強さを比較した稲葉（2008）の分析結果とも整合する。男女とも無配偶者は有配偶者よりディストレスが高いが，その差は男性で顕著である。有配偶者どうしで比較すると，男性は女性よりディストレスが低い。配偶者の存在が男性の精神的健康を支えていることがわかる（図1-7）。これは，男性は仕事関係以外の対人ネットワークが乏しい分，妻がほぼ唯一の情緒的サポート源となること，また夫婦間の情緒的ケアは妻から夫への一方向に偏りがちであること（平山，2002）を反映しているのだろう。

だが，夫婦のような対等な大人同士の関係においては，どちらかが一方的にサポートを受けるだけでは人間関係は続かない。関係が維持されるためにはサポートの受け手の側にも何らかの交換資源が必要となる。既婚女性の主観的幸福感の規定因を分析すると，無職の妻とパート勤務の妻では，「収入満足度」

が「夫婦関係満足度」を介して「主観的幸福感」を高める効果を持つ（伊藤ほか，2004）。この場合，妻本人の収入はゼロか低収入なので，「収入満足度」とは夫の稼ぎに対する満足度を意味すると考えてよい。夫の経済力は妻にとって，自らが提供するサポートと交換される資源として有効であるということだ。別の調査でも，夫婦関係満足度の低い妻は，夫を自分の個人と

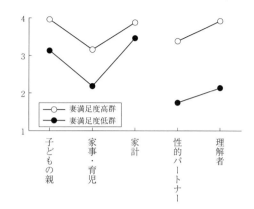

図1-8　妻の評価する「夫の役割重要度」
（池田ほか，2005）

してのパートナーとしては重要視しないが，「子どもの親として」，「家計の担い手として」は重要性を認めるという（図1-8）。人格的には魅力を感じなくなった夫でも，稼ぎ手役割を果たしている限りは，妻は関係を維持するのである（池田・伊藤・相良，2005）。

　これらのことから，男性の適応にとって家庭要因，特に妻との関係は重要ではあるのだが，唯一のサポート源である妻をつなぎとめ，妻からのケアを得るための資源となっているのが経済力なのだと考えられる（大野，2008a）。そのために職業要因と家庭要因の影響力を比較すると，男性にとっての主観的な重要度が高いのは職業要因になるのだろう。満足度との関係の強さという量的な指標だけでなく，男性にとって仕事と家庭生活がそれぞれどのような意味を持っているのかを質的に掘り下げる研究も必要だろう。

## 4　「男は仕事」というジェンダー規範の拘束性

### 男性のメンタルヘルスとジェンダー規範

　本章第1節で見たとおり，育児期の男性は，家庭優先，あるいは仕事と家庭をバランスよく優先したいという希望を持ちながら，現実には仕事優先の生活を送っている。そして，職業要因と家庭要因はどちらも男性の適応を左右する

要因であるが，男性にとって満足感や充実感，自尊感情などとより強く結びつくのは，優先したいはずの家庭要因より，職業要因とそれに付随する稼得役割のほうなのだった。

「男性本人が仕事から満足感を得ているというのなら，仕事優先の生活でも問題はないのではないか」という考え方もあるかもしれない。1950年代の日本のように，男性は職業役割を一心に果たし，定年退職後はほどなく死を迎えていた時代であれば，それで充実した人生を送ることができたであろう。だが，1950年には60歳前後だった日本人の平均寿命は，現在は80歳に届いている。定年退職の年齢は，寿命の延び分に相応するほどの延長はされないので，職業役割が終わった後の「第二の人生」をどう生きるかは現代人にとって大きな課題である。仕事中心の生活から家庭や地域へ軸足を移した生活への移行に適応できない男性が，人とのつながりを失って閉じこもりがちになったり（片桐，2012），うつやアルコール依存等，心身の健康問題を抱えたりするという話はよく耳にする。そうならないためには，定年退職以前からの生き方・働き方，すなわち発達課題の問い直しが必要であろう。

問題は退職以前にもある。社会の現実に目を転じれば，労働環境や経済状況は厳しさを増しており，働いて家族を養うことは誰もが苦労なくできることではなくなってきている。

2014年の労働力調査（総務省統計局，2015）では，男性従業者のうち，過労死ラインとされる週60時間を超えて働いている者の割合は，30代で16.9％，40代で16.0％と，6人に1人の割合である。雇用の流動化に伴って正規雇用と非正規雇用で労働時間が二極分化しており，正規雇用者に長時間労働の負荷がかかる傾向は強まっている（金井，2008）。労働時間の統計指標は様々あるが，一般雇用の男性の年間の総労働時間が約2000時間を切らない状況は1990年代から変わらず続いている。総労働時間から所定内労働時間を引いた所定外労働時間は，本来は業務の繁閑への調整弁であるはずのものだが，この20年ほどほぼ一定のまま推移しており，あらかじめ残業を前提として社員の業務量が決定されているかのようだという（荒金・小﨑・西村，2007）。平成23年社会生活基本調査（総務省統計局，2012b）でも，健康状態が「よくない」と回答する人の割合は週の労働時間が60時間を超えるグループで高いことが報告されており，

長時間労働と健康状態の悪さには明らかに関連がある。男性では正規雇用か非正規雇用かで成婚率が大きく異なること（厚生労働省, 2011）を考えると, 子育て世代の既婚男性は, 正規雇用者として長時間労働に従事する可能性の高い人々だろうと推察される。

この十数年, 自殺者数の高止まりが社会問題となっているが, 男性の自殺者数は女性の2倍以上の多さである。年間の自殺者数と完全失業率のグラフを重ねあわせてみると（図1-9）, 日本では男性の自殺者数が失業率と連動して推移していることが見てとれる（河西, 2009）。仕事を失えば絶望するのは無理からぬことと, ついつい納得してしまうが, しかしスウェーデンについて同様の方法でグラフを描いてみても, 日本のような関係は見られないという。仕事を失っても自死に至るほどの絶望感には陥らない社会もありうる中で, 日本男性にとっては, 失業や事業の失敗などが自ら命を絶つようなストレスになるほど, 生きがいと仕事の関係が深いことがうかがえる。

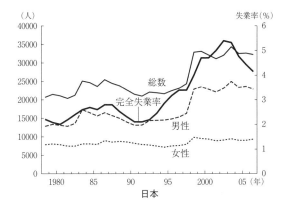
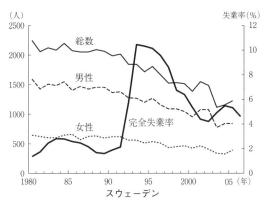

図1-9　年間自殺者数と完全失業率の推移（河西, 2009）

遺書などの残された資料から, 自殺の原因・動機を推定した集計によると, 自殺の理由で男女差が大きいのは, 健康問題（男性43.3%＜女性65.5%）, 経済・生活問題（男性21.5%＞女性5.4%）, 勤務問題（男性11.6%＞女性2.8%）である（内

閣府，2015a)。男性では，仕事や経済的な問題が自殺の引き金になりやすいことが読みとれる。川人（2012）は，労災と認定される精神疾患・自殺は2000年代から増加していることを指摘し，過重労働は自殺の主要な原因であるという。2014年度に過重な仕事が原因で病気になったと労災認定された件数は，脳・心臓疾患では男性は女性の約5倍，精神障害は約3倍にのぼる。そのうち，精神障害による自殺と認定されたのは男性が99件，女性は2件。過重労働の負荷は男性に多くかかっていることが読みとれる（厚生労働省，2015)[4]。

職場での昇進制度が厳しいと感じている男性は仕事中心の価値観を持ちやすい（福丸・無藤・飯長，1999）。そして，ワーク・アディクションや仕事ストレスが，共働きの夫の蓄積疲労を高めることが報告されている（蟹江，2006）。夫の「仕事へののめり込み」傾向の強さは，妻がパート勤務や無職の場合には夫の主観的幸福感を低下させるが，妻がフルタイム勤務の夫では幸福感に影響しない（伊藤ほか，2006）。これは，妻がフルタイム勤務だと夫がひとりで家計維持の重圧を担わないで済むことによるのではないかと考察されている。

このように，職業役割に囚われることが心身の健康を損なう結果をもたらしていることが多々報告されている。それなのに，なぜ男性は「男性＝職業役割」，「男性＝稼ぎ手役割」とする男性ジェンダー規範を支持・受容し続けるのだろうか。

大槻（2008）の調査では，分析対象とした25～49歳の既婚男性805人のうち，雇用が不安定と感じている者の割合は25.0％，転職・離職経験をした者は16.8％であった。「雇用が不安定と感じているか／いないか」で分けても，「転職・離職経験があるか／ないか」で分けても，「男性の自立にとっては，家族を養うことができることが重要」とする者の割合にはほとんど差が見られなかった。不安定雇用を経験しても，「男性＝仕事」とするジェンダー意識は揺らがないのである。

第2節で述べたように近年，男性の家庭関与を求める声が高まっているが，

---

注4）労災の請求件数に対して，業務上と認定された件数の割合は男性が47.1％で，女性が9.5％である。「『自殺の原因が仕事である』とみなされにくい」という女性に不利なバイアスがある可能性もある。

職業・稼得役割を手放さないままその要請に応えようとすれば，男性は職業・稼得役割と家庭役割の二重の負担を担うことになる。よしんば家庭役割を期待されなかったとしても，「生活費を稼ぐこと」は代替えの効かない機能である。現代では家事や育児は，経済力があれば市場で購入したり外部化したりすることも可能で，そのために経済力を持たない専業主婦の立場が不利になることもある。しかし，裏を返せばそれは，女性にふりわけられてきた家庭役割は，遂行の手段の選択肢が豊富だということもできる。それに対して稼得役割は，莫大な資産でもない限り，家庭内の誰かが果たさねばならないもので，外部化やサービスの購入で対処することはありえない。それがジェンダー規範に囚われた男性を追い込み，過重労働や過労死などに至る可能性は無視できないだろう。

　第2節で述べたように，1980年代以降，女性たちは「女性＝家庭」とする女性ジェンダー規範に対して不満や違和感を表明し，それを乗り越えようと行動を起こして，男性に家庭責任の分担を求めてきた。なぜ男性には同じことが起こらないのだろうか。働くことが厳しさを増しているのに，なぜ男性は女性のように，従来の伝統的なジェンダー規範への不満や抵抗を表明せず，職業役割と稼ぎ手役割を自認しつづけるのだろうか。「男性＝仕事」，「男性＝稼ぎ手」という男性ジェンダー規範を期待されることを，負担や重荷とは感じないのはなぜなのだろうか。そして，男性の発達課題の問い直しが必要とされる今，男性本人が，男性を職業と強く結びつけるジェンダー規範の囚われから脱して，それを相対化できるようになるには何が必要なのか。本書ではこの疑問に対する答えを探したい。

「男らしさの鎧」

　これまでの発達研究の中で，男性本人が発達主体として扱われることは少なかった。この状況は，心理学より一足早く男性問題への注目がはじまっていた社会学においても同様のようだ。社会学では，1990年代に伊藤公雄によって「男性問題」の議論が始まった。それから20年以上が経過した現在でも，「いまだに『男性問題』がどのようなものであるのかについては必ずしも明確になってはいない。(中略) ジェンダー研究のなかで『女性問題』を『女性が被っている社会的矛盾や女性自身の葛藤』として想定することが可能であるのとは対

照的」(田中，2009, p.20) な状況だという。それでも社会学においては，ジェンダー研究の中に「ジェンダーを背負った存在としての男性」を位置づける理論的な枠組みが構築されつつある。それらの議論は，「なぜ男性ジェンダー規範の拘束性は強いのか」を考える上で参考になる。ここでは視野を拡大して，ジェンダー研究の理論的な展開を概観してみよう。

日本の男性学の草分けである伊藤公雄は，1990年代以降の様々な「男性問題」(恋愛におけるシャイネス，過労死，中高年の自殺，定年離婚，「濡れ落ち葉」など) の背景には「男たちの〈男らしさ〉へのこだわり」があるとして，それを「〈男らしさ〉の鎧」と呼んだ。伊藤は，男性問題の多くは，この鎧をまとうことによって〈自分らしさ〉や豊かなコミュニケーションを見失ったことから生じているとして，「鎧を捨てて，自由に生きよう！」と呼びかけた (伊藤，1996)。

しかし，多賀太は，Messner (1997) がアメリカの男性運動を分析した際の「男性の制度的特権」，「男性性のコスト」，「男性内の差異と不平等」という三つの視点を引き，ただ男性に期待されるイメージに沿う苦しさ＝コストからの自由のみを志向することには釘を刺す。「コストからの解放という主張は，その『コスト』が経済力や権力ある地位といった『特権』を得ることの代償であることをしっかりとふまえている場合においてのみ正当性を持つ」(多賀，2006, p. 185)。つまり，男性優位な制度的構造を持つ現代の日本のような社会においては，男性ジェンダー規範を遵守することによって特権や優位性を維持することが可能になっているわけなので，ただコストの大きさのみを主張してそれから解放されようというのは虫がよいということである。逆に考えれば，多少のコストを払っても，それを上回る見返りがあることが，男性が「男らしさへのこだわりから降りる」ことを難しくしていることになる。

女性が女性ジェンダー規範を順守することにも，行動が制約されるなどのコストは伴うが，そうしたコストを払って「女らしい女性」になることで得られる社会的なメリットは，男性に比べて小さい。もちろん，反対に女性がジェンダー規範から逸脱しようとした場合にも，社会の規範に抵触したことに対する偏見や制裁など逆の方向のコストが伴う。だが，もともと劣位におかれた女性の場合，あえて「男性的」な行動を選択することによって経済力や社会的地位といった資源を獲得できるメリットもあるので，規範から逸脱したり逆らった

りすることのハードルが低いのだと考えられる。

多賀（2006）が依拠するレイウィン（ロバート・W.）・コンネル（Connell, R.）のジェンダー論では，男性優位の家父長制的社会とは，「すべての男性がすべての女性を支配する」といった単純なものではなく，権力や優位な地位と結びつく「主導的（ヘゲモニック）な男らしさ」が，そこから外れた「従属化された男らしさ」と「女性」を支配する構造を持つものであると考えられている。「一つの文化にはただ一つの男らしさしか存在しないのではなくて，男性であるためにはさまざまな方法がある。しかしそのうちの一つの男らしさが他の男らしさを文化的にしのいで称賛される傾向があり，その男らしさこそが女性を従属させるための集合的戦略の成功を物語っている」（Connell, 1987　森ほか訳，1993, p. 8）。複数の男性のあり方の間にも，支配―服従，優位―劣位に対応する階層が存在する。同性どうしの間に優劣を争う競争関係があることから，より優位な立場にたてる「主導的な男らしさ」を維持することが重視されてしまうのである。

### ジェンダーはどのように獲得されるのか

心理学では従来，自らの性別にふさわしい行動や特性を受容し身につける過程は，主に認知発達理論と社会的学習理論によって説明されてきた。

認知的発達理論は，ローレンス・コールバーグ（Kohlberg, L.）が，ジャン・ピアジェ（Piaget, J.）の発達段階を性の概念の発達に援用したものである（Kohlberg, 1966）。子どもは，まず自分が男の子であるか女の子であるかを理解し（「性の同一性」），次いで男女というカテゴリーを一貫したラベルとして使用するようになる（「性の一貫性」）。そして6～7歳頃までに人の性別が不変であることを理解する「性の恒常性」の段階に至る。性別についての認知的な理解が確立することによって，子どもは自分の性別と同じラベルを持つ人に同一視し，自らの性別にふさわしいとラベルづけされた行動や特性を好んで取り込むようになるとするものである。

社会的学習理論（Bandura & Walters, 1963）では，親や周囲の人からの強化によって，子どもがジェンダーを獲得すると考える。子どもは，自分の性別にふさわしい行動をとった時に正の，ふさわしくない行動に対しては負の強化を受けることによって，性別化された行動特性を学習し，それを受容した結果とし

て自らの性別についての意識が強化される（小橋川，1966）。また，直接の強化を受けなくても，親やその他の同性モデルへの同一視や観察を通じた学習過程も想定されている。

　自らの性別の認知が先か，強化によって認知が進むのかの違いはあるが，どちらの説でもジェンダーの発達は，社会化による既存のジェンダー規範の取り込みという形で進むと想定する点は共通である。

　今日では，ジェンダーの発達は「自らの性別にふさわしい行動や特性を身につけているか」でなく，「性別という次元に基づいて情報を処理，構造化する認知的枠組み＝ジェンダー・スキーマ（Bem, 1981）をどのくらい強く持っているか」と，一段階メタ化したレベルで論じられるようになっている。子どもが男女二分法的な性別カテゴリーによる認知枠組みを持つことは，生後1年に満たない早い段階から観察される（Martin & Ruble, 2009）。だが，ジェンダー・スキーマという枠組みを持っていること自体は，なぜ子どもが自分の性別に合致した特性や行動を身に付けるのかの説明にはならない。ジェンダー・スキーマの発達には，家庭や学校，社会における経験が関係することが報告されており，やはりなんらかの強化・学習のメカニズムに支えられると考えられている。そして強化の与え手は，社会化のエージェントとして，社会のジェンダー規範に合致する場合には正の，逸脱する場合には負の強化を与えることが多いであろうから，実際のところ，前世代からの規範を踏襲した性役割行動・特性やジェンダー・スキーマが再生産されることが多くなるだろう。

　しかし，ジェンダー発達の再帰性を当然視することに疑問を投げかける考え方も現れている。たいていの社会では，人は日常生活において男女どちらかのジェンダー・カテゴリーに分類される。それは生物学的な性別という自然概念に基づく分類と考えられてきたが，West & Zimmerman（1987）は，ジェンダーとは社会的な相互作用の中での「行為」を通して構築されるものだと定義しなおした（doing gender）。ジェンダー・カテゴリーの分類は，自分がどのカテゴリーのメンバーであるかを示す身元確認的なディスプレイに基づいて行なわれる。ある人がある場面でどのような行為をするか（たとえば，どのような服を着て，どのようなふるまいをするか等）が，慣習的なジェンダー秩序と照合され，「その人が男性（女性）のように見えるなら，男性（女性）であると分類される」

(West & Zimmerman, 1987, p.133)[5]のである。そのようにジェンダーが決定されるという意味で,彼らは「ジェンダーとは,その人が何であるかということでなく,もっと根本的に,その人が他者との相互作用において行̇なうこと,繰り返し行̇なうことなのだ」(West & Zimmerman, 1987, p.140;圏点は原文ではイタリック)と再定義している。

そのような考え方に立てば,ジェンダーの発達は,社会化のメカニズムだけでは説明できなくなり,多様な可能性の中から自らが主体的に選択・構築するプロセスであることが強調される。「(ジェンダーの)境界決定行動は(中略)ジェンダーの境界線を絶えず印象づけるために絶え間なく行なわれている。性差は,ただ単に存在するものではない。それは生じるものであり,生じるためには作られなければならないものである。そして同時に,それは,作らずにおくことも,変えることも,その重要性を低下させることもできるものである」(Connell, 2002 多賀監訳, 2008, pp.28-29)。そうなれば,社会のジェンダー期待と自らの抱く理想とのギャップは,ただの不適応の指標ではなく,主体的なジェンダー構築の原動力として捉えることも可能である。

## 5 男性の生き方に多様性はあるか

**男性は一枚岩か**

英語圏の学術研究では,「男性性」の語は単数形(masculinity)ではなく複数形(masculinities)で表記される。コンネルに限らず,欧米においては男性性はもはや単一の概念ではなく,「複数の男性性が存在する」という考えが定着しているためである。

日本でも女性性や女性の生き方が多様化しているという認識は,一般から学術研究まで広く浸透しているといってよい。たとえば,「世の中には専業主婦を希望する女性もいれば,女性役割に押し込められずにキャリアを追求したい

---

注5) 最もわかりやすいのは,「女性エンジニア」など,性別とその他の社会的アイデンティティが葛藤的な関係にあるような場合である。その人はあえて「男性のように」ふるまうことを通して,他者に対して「男性的な女性」「女性らしくない女性」という自らのジェンダーを構築するのである。

女性もいる」ということには，誰もがうなずくだろう。さらに近年では，自分は専業主婦として家庭役割に専従するが，夫には稼得役割と家庭役割の両方を求める「新・専業主婦志向」を持つ女性の存在も指摘されている（小倉，2003）。ジェンダーの問題は女性学に触発され牽引されてきたことから，女性の現状や希望は早くから可視化され，様々な女性の価値観や生き方のタイプが概念化されている。学術調査の世界でも，商業雑誌などのポップカルチャーにおいても，女性のライフコースを語る際には，「専業主婦」，「M字型就労」，「ワーキングマザー」，「負け犬」，「バリキャリ」など多種多様なタイプ分けがなされている。既婚女性をサンプルに含む心理学調査では，調査対象者の属性の一つとして，妻の就労形態（無職／パート／フルタイム）による差異を検討することは定番の手続きとさえいえる。

　翻って男性の生き方の扱われ方を見ると，大抵は一枚岩の存在として包括的に扱われている。学歴や職業等の社会的属性による比較が行なわれることはあっても，「仕事が主」以外の男性の生き方を想定してサブグループが設定されることは，まずない。せいぜい男性の家庭関与（家事遂行，育児分担等）の多寡か，性別役割分業に対する賛否によるグルーピングが分析変数として使われる程度である。もっともこれは，選択肢の少ない男性の生き方の現実を反映しているともいえる。第1節で見てきたとおり，日本の既婚男性の生き方のバリエーションは女性に比べて著しく少ないことが，既婚男性を職業人として，また家族を扶養する責任の担い手として一枚岩のように扱うことを自明視させるのだろう。

**男性の多様性についての研究**

　男性の育児関与の必要性を説く言説の普及を受けて，「育児をよくする男性／しない男性」というサブグループを設定した発達研究は散見される。欧米では古くから primary caregiving father を扱った量的研究がいくつかあるが (Field, 1978; Radin, 1994)，日本では，仕事より家庭役割を優先する男性，仕事にプライオリティを置く考え方を相対化した男性については，専業主夫や育児休業経験者へのインタビューや事例報告などエピソード研究的な手法が中心である（濱田，2003；治部，2009；春日，1989；菊地・柏木，2007；庭野，2007；八木，2009など）。

第1章　男性のワーク・ライフ・バランスとジェンダー規範

　舩橋惠子は,「育児を夫婦で共に行っている」とされる47組の夫婦について,役割分担の類型化を行なっている（舩橋, 2006）。稼得役割の分担についても触れられているが,主な切り口は夫婦間の役割分担の様相であり,「発達の主体として男性の生き方を考える」ということとは少し違っている。

　男性個人の生き方についての類型化を試みた研究には,以下のようなものがあるが,いずれも社会学者の手によるものであり,発達心理学の立場から見ると個人の内面についてより精緻な探究がほしいところである。

　矢澤・国広・天童（2003, pp.138-169）による都市部の若い父親を対象とした質問紙調査では,仕事と育児のバランスについての彼らの考え方から,父親は仕事優先,母親は育児優先がよいとする「性別役割型」,父親は育児と仕事に同じようにかかわり母親は育児優先がよいとする「二重基準型」,父親も母親も育児と仕事に同じようにかかわるのがよいとする「平等両立型」の3類型を抽出している。この調査では,「日頃大切にしていること」や「子どもとかかわる時間や熱意」などの回答の度数（%）を類型間で比較することによって,各タイプの特徴を明らかにしている。タイプごとの生き方や考え方の違いは興味深いが記述的で,多様性がなぜ,どのように生じるのかは検討されていない。

　小笠原（2009）では,小学生以下の子どもを持つ共働きの父親23名にインタビューを行ない,「育児を分担するか／しないか」と「育児のために仕事をセーブするか／しないか」の組み合わせから,仕事と育児の調整を3パターンに分類している（仕事をセーブするが育児を分担しない者は,対象者の中には見られなかった）。それぞれのパターンの性別役割分業意識の特徴を描出し,育児を分担しても仕事をセーブしない父親は,狭義の性別役割分業意識とは別に,男性の活躍の場は仕事領域だとする「仕事規範」が強いことを示した。職業役割中心になりがちな男性の生き方が変容するメカニズムを論じる上では,彼らはなぜ仕事規範が強いのかを明らかにすることで,仕事規範から自由になるための要因・方策を探らなくてはならないだろう。

　多賀（2001）は,従来のジェンダー役割の社会化理論は,「一枚岩の性別役割分業構造が維持・再生産される『調和的安定社会』の想定と,社会化エージェントの力を絶対視する『社会決定論的アプローチ』」（p.44）であったとして,社会でのジェンダー形成の説明として十分ではないと批判している。そして,

ジェンダー秩序が多元化し変動している現代を,「多元的変動社会」と定義して,そこでは既存のジェンダー規範を受容するかどうかは個人の主体的選択によって変動しうると論じた。「『多元的変動社会』とは,社会規範の作用に対する人々の主体的な抵抗を可能にする条件を備えた社会である。それと同時に,人々のそうした主体的行為が,その社会の多元的・動態的性格をもたらしているのである」(多賀, 2001, p.89)。

多賀 (2001) のインタビュー研究では,6名の既婚男性の語りの分析から3通りのジェンダー・アイデンティティ形成過程（アイデンティティ連続型／アイデンティティ不連続型／アイデンティティ拡散型）を同定し,ジェンダーの発達経路が多様であることを示して見せた。また,規範的男性性を体現できないでいる自分に否定的なイメージを抱いていた3名の独身男性の事例から,規範に沿わない自分を受け入れてくれる「重要な他者」との出会いや,対抗的規範への傾倒の経験によって,規範的男性性への「積極的抵抗」に至ったことを見出している。これは,男性が標準的な男性ジェンダー規範に対して積極的・主体的な抵抗に至る道筋を提示したといえるが,3名という少数事例から引き出された知見がどこまで一般化可能かはさらなる検証を要する。

これらの研究は,男性にも多様なサブグループがあることを記述的に示しているが,その多様性がどのように生じてきたかのメカニズムに関する知見は十分とはいえない。男性の職業役割への囚われが心身の健康を損ない,また発達的に見て問題をもたらしている今,規範的ジェンダー役割を受容・体現した多数派の男性だけでなく,少数派の男性も対象に含めながら,彼らの内面を探る心理的変数を用いて,意識や生き方の変容過程を探る発達心理学的な研究が求められるだろう。

## 6　本書の目的と構成

ここまで,男性の生活は職業役割が中心であり,男性の適応は第一に職業役割・稼得役割によって支えられているという心理学研究の結果を概観してきた。だが,ジェンダーの発達は主に社会化によるという見方を改め,男性の価値観や生き方の志向性が多様化しているという前提に立てば,職業役割重視という

男性一般の傾向の陰に隠れて、それとは異質の生き方を重視するサブグループの存在が見えてくるのではないだろうか。そして、たとえ少数派であっても、規範とは違う価値観・志向を持つ男性の一群を捕捉できれば、サブグループ間の比較によって、男性ジェンダー規範への囚われはなぜ起こるのか、どうしたら規範を相対化してその拘束から自由になれるのかの糸口を明らかにできるのではないか。

「はじめに」で述べたとおり、本書の問題意識の発端は「なぜ男性はジェンダー規範に強く拘束されるのだろうか」という疑問である。この大きな問いの答えを探るステップとして、次の二つのリサーチ・クエスチョンを掲げる。

**疑問1**　すべての男性が男性ジェンダー規範に囚われているのだろうか。男性の中にも多様化は生じていて、ジェンダー規範に拘束されない男性も現れているのではないだろうか。

**疑問2**　男性がジェンダー規範の拘束から自由になるには何が必要なのだろうか。

これらの疑問の答えを得るために設定された三つの研究目的について、研究1〜研究3の三つの研究を通して実証的に検討していく。

**目的1**　同質な存在として扱われてきた男性の中にも多様化が生じていることを確認する（第2章、第3章）。

**目的2**　男性が男性ジェンダー規範に強く囚われる心理のメカニズムを検討する（第4章）。

**目的3**　男性が男性ジェンダー規範への拘束から自由になるための要因を明らかにする（第4章、第5章、第6章）。

なお、本研究で取り上げる「男性ジェンダー規範」とは、「男性が家族内において稼得役割を果たすことを当然視し、職業役割を最優先にするべきだとする規範」と定義する。

図1-10は、以上の疑問を明らかにするために行なった調査と、本書の章立ての対応である。図中で*をつけた調査は、柏木を研究代表者とする平成12年度〜平成14年度文部省科学研究費補助金によるプロジェクト「社会変動・家族・個人の発達に関する発達・文化心理学的研究」で行なわれた調査の一部である[6]。プロジェクトでは幼児の親である育児期と、大学生の子どもを持つ

| 章 | 研究 | 目的 | 調査対象 |
|---|---|---|---|
| 第2章 | 研究1-1 | 目的1<br>男性の多様化の確認 | 〈質問紙調査〉*<br>3〜4歳児を持つ育児期夫婦520組を対象とした質問紙調査 |
| 第3章 | 研究1-2 | | |
| 第4章 | 研究2-1 | 目的2<br>男性が男性性役割規範に囚われるメカニズムの検討 | 〈インタビュー調査〉<br><br>6歳以下の子どもを持つ育児期男性27名を対象としたインタビュー調査 |
| | 研究2-2 | | |
| | 研究2-3 | 目的3<br>男性が男性性役割規範から自由になるための要因の検討 | |
| | 研究2-4 | | |
| 第5章 | 研究3-1 | | 〈予備調査〉**<br>企業の労働組合に所属する組合員男女とその一部の配偶者238名を対象とした質問紙調査<br>〈本調査1〉**<br>企業の労働組合に所属する組合員男女237名を対象とした質問紙調査 |
| 第6章 | 研究3-2 | | 〈本調査1〉**<br>上記のデータのうち,小学生以下の子どもを持つ既婚男性46名のデータ<br>〈本調査2〉<br>6歳以下の子どもを持つ既婚男性110名を対象とした質問紙調査 |

図 1-10 本書で紹介する調査の構成

中年期という二つのライフステージの夫婦を対象とした質問紙調査が行なわれたが,本書ではこのうち,主に育児期夫婦のデータを用いた研究を報告する。

また,**を付した調査は,公益社団法人国際労働経済研究所と応用社会心理学研究所が主催する「ライフパタン研究会」の共同調査の一部として行なわれたものである[7]。この調査において,筆者は第6章,第7章で報告する「家族する尺度」の項目作成・分析についての責任を負った。

---

注6) プロジェクトには柏木惠子(研究代表者)と筆者のほかに,菅野幸恵(青山学院女子短期大学,以下敬称略),平山順子(白百合女子大学生涯発達研究教育センター),田矢幸江(元武蔵野市立0123吉祥寺)が参加した。

注7) このうち家族に関する調査を担当した家族分科会のメンバーは,井田瑞江(関東学院大学社会学部),眞鍋倫子(中央大学文学部)と筆者の3名である。

# 第2章　男性の生活スタイルの多様化を確かめる
（研究 1-1）

## 1　男性の中にも多様化は生じているのか

### 研究 1-1 の目的

　第1章で述べたとおり，日本の既婚男性を対象とした調査では，男性の主観的幸福感や生活充実感は，主に職業要因によって高まることが明らかにされてきた（赤澤，2005；伊藤ほか，2004，2006；加藤，2004 など）。一方で，男性の中にも志向や生き方の異なるサブグループがいることを示唆する知見も見られており（小笠原，2009；多賀，2001；矢澤ほか，2003），仕事が生活の中で最も重要な位置を占める典型的な男性像とは違うタイプの男性がいる可能性も考えられる。そこで第2章と第3章では，男性の生き方の多様化が進行していることを，質問紙調査のデータを用いた量的な分析によって実証的に確かめていく。

　この章では研究 1-1 として，以下の2点を検討することを目的とする。第一に，男性の生き方の複数のタイプを探索的に抽出することを試みる。第二に，抽出されたタイプ別に，男性の「自分の生き方」への満足度を規定する要因を検討し，かつて女性の中に家庭役割に専従することに不満を抱くグループが出現したのと同様，男性の中にも従来の男性ジェンダー規範や性別役割分業に対して否定的な層があるのかどうかを明らかにする。

　ここでは，男性の生き方を「生活スタイル」と呼ぶ。生活スタイルとは，「個人の生活の主要な局面である職業生活と家庭生活，個人的活動のバランスに関する志向性」と定義する。

### 調査の概要

　この章で分析対象とするデータは，首都圏および中部地方の1都2県で，保育園・幼稚園の保護者を対象として行った質問紙調査によって得たものである。

調査手続きと分析に使用した調査項目の詳細は,巻末資料1を参照されたい。

分析の対象となったのは3〜4歳の子どもを持つ育児期男性520名である。年齢は20〜30代が約8割を占め,約4分の3が会社員であった。平均結婚年数が8年,平均子ども数は2.0人であった。約3分の2の家庭では,妻が専業主婦であった。

次節からの分析で使用する測定指標には,大きく分けて,①男性の生活スタイルを分類するための指標,②男性の生活実態に関する指標,③男性の考え方を尋ねる指標,④男性の適応の指標,の4種類がある。

① 男性の生活スタイルを分類するための指標

**家庭・仕事・個人的活動に対するエネルギー投入割合**:「仕事」・「家庭」・「自分個人のための活動」のそれぞれに対して,現実にどのくらいのエネルギーを投入しているかを尋ねた。回答は,全体を10として,それぞれに投入するエネルギーの割合を3分割した比の形(たとえば,5:3:2)で記入するよう求めている。後述のクラスター分析によって,男性の生活スタイルのタイプを抽出するために使用した。

② 男性の生活実態に関する指標

**家族役割分担**:家事(7項目),育児(3項目),稼得(1項目)について,それぞれ全体を10として「夫」,「妻」,「その他親族」,「購入・外注」の4者による役割遂行の分担割合を尋ねた。そのうちの夫の分担割合を分析に使用した。

**生活時間**:平日に「家族の誰かと一緒にいた時間」,「家族以外の誰かと一緒にいた時間」,「自分ひとりで過ごした時間(睡眠を除く)」がそれぞれ何時間かを尋ねた。労働時間については,通勤時間を含めた週あたりの労働時間を尋ねた。

**収入**:男性本人の税込み年収を尋ねた。

③ 男性の考え方を尋ねる指標

**家族観**:家族に関する価値観について,性別役割分業を肯定する「性別役割分業」(3項目),家庭内の役割は性別や立場によらず皆で分担するのがよいとする「共同参画」(2項目)に対する賛成度を5段階で尋ねた。

④ 男性の適応の指標

**生活満足度**:「自分の生き方」,「家庭生活」,「配偶者」,「仕事」についてど

のくらい満足しているかを，100点満点として評定を求めた。

## 2　男性の生活スタイルの3タイプ

520名全体での仕事・家庭・個人的活動の3領域へのエネルギー投入割合の平均は，図2-1の一番上の棒グラフに示した。10のうち「仕事」が5.07（$SD=2.31$），「家庭」が3.24（$SD=1.88$），「個人的活動」が1.69（$SD=1.41$）であった。約半分のエネルギーが仕事に向けられており，次いで家庭生活，個人的活動の順でエネルギー投入されていた。

### 三つのタイプの特徴

生活スタイルのタイプを抽出するために，3領域へのエネルギー投入割合の回答をもとにクラスター分析（Ward法）を実施した。エネルギー投入バランスの似たケースどうしをまとめていって分類した結果，クラスターごとのエネルギー配分の特徴が明確で説明しやすいと考えられた7クラスターを採用した[1]。

七つのクラスターのうち，人数が少ないものは特異な個別事情が背景にあるなど，一般的な男性の生活スタイルとはいえない可能性があると考え，人数が分析対象者数の概ね1割以下のクラスターは以下の分析から除外した。したがってこの後の分析の対象となるのは，第1，第3，第7クラスターに分類された計391名である。これは有効回答数520人のうち75.2％にあたる。三つのクラスターのエネルギー配分割合の平均（$SD$）は図2-1に示す。

第1クラスターは，エネルギーの約半分を仕事に，残りを家庭生活と個人的活動に投入しており，全体平均とよく似た割合を示す。生活の中で第一とされる領域は仕事であるが，仕事一辺倒の生活というほどではない。残りのエネルギーのほぼすべてを家庭生活に投入するほど家庭志向が高くもない。他の二つ

---

注1）クラスター分析は，同時に調査を実施した中年期のデータと合わせて行なった。3領域の合計が10にならなかった5ケースについては，比率はそのままで合計が10になるよう換算した。育児期と中年期を合わせた7クラスターそれぞれのエネルギー投入割合は，大野（2008b）を参照のこと。

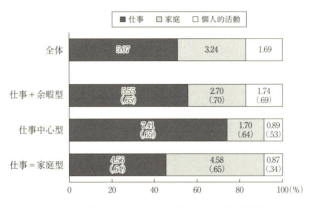

図2-1 生活スタイルの3タイプのエネルギー配分割合

のクラスターと比較した場合、個人的活動へのエネルギー投入割合が相対的に高く確保されていることが特徴となっている。こうした特徴から第1クラスターに分類された160ケースを「仕事＋余暇型」と命名した。

第3クラスターの最大の特徴は、7割を超える仕事へのエネルギー配分の高さであった。残りのエネルギーの振り向け先は、家庭が少々ある程度である。個人的活動へのエネルギー配分は1割に満たない。生活の中心が仕事であることから、このクラスターに分類された160ケースを「仕事中心型」と命名した。

第7クラスターに分類されたのは71ケースで、他の二つのクラスターより人数は少なかった。エネルギーの約半分を仕事に投入している点は「仕事＋余暇型」と同様であるが、それとほぼ同じだけのエネルギーを家庭生活に振り向けている点が注目に値する。このクラスターの男性は"仕事が第一"ではなく、仕事と家庭に同等のバランスで関与しているのだ。このようなバランスは、仕事を生活の第一の座に置き、最大のエネルギーを投入する他の2タイプとは一線を画しているので、このタイプを「仕事＝家庭型」と命名した。

エネルギー配分割合にタイプ間で差があるかどうかを比較したところ、3領域すべてで有意差が見られた[2]。多重比較の結果、仕事領域では、「仕事＝家

---

注2) 分散分析の結果、仕事は $(F(2, 388) = 585.82, p<.001)$、家庭は $(F(2, 388) = 461.01, p<.001)$、個人的活動は $(F(2, 388) = 107.43, p<.001)$ であった。

庭型」＜「仕事＋余暇型」＜「仕事中心型」の順に多くのエネルギーを配分していた。家庭領域では，「仕事中心型」＜「仕事＋余暇型」＜「仕事＝家庭型」と，逆の順であった。個人的活動では，「仕事中心型」・「仕事＝家庭型」＜「仕事＋余暇型」であった。

　三つのタイプの社会的属性に偏りがあるかどうかも検討したが，有意な偏りが見られたのは，夫の学歴のみであった[3]。調整された残差から「仕事＝家庭型」で「高校・高専以下」が多く，「大卒以上」が少ないことが読みとれた。その他は，夫の年齢，結婚年数，子ども数にタイプ間で有意差はなく，夫の職業，妻の就業形態（フルタイム／パート／無職），家族形態（三世代同居か，核家族か）にも有意な偏りは見られない。「仕事＝家庭型」には妻がフルタイム勤務のケースが多いのではないかと予想したが，そのような属性の違いは見られなかったのである。

### 生活スタイルのタイプと生活実態の対応

　「生活スタイル」という変数（タイプ）は，「このようなタイプが存在するはず」という仮説は持たずに，「エネルギー配分割合」という抽象的な概念に関する主観的な認知の類似度を手がかりに，探索的に析出された類型である。そのような変数が，現実の「男性の生き方」の指標となりうるのかどうかを確かめなくてはならない。エネルギー配分割合の異なる3タイプの特徴が，生活実態や行動面の指標と整合するかどうかを見るために，生活時間，家族役割分担，労働時間，年収について，分散分析によってタイプ間の比較を行なった。

　分析の結果，「夫の年収」と，家族に関する価値観のうち「性別役割分業」への賛成度以外の変数では，タイプの特徴に対応するような有意差が見られた（図2-2〜図2-5）。

　生活時間と労働時間（図2-2，図2-3）に関して見ると，「仕事中心型」は平日に家族と過ごす時間が最も短く，家族以外の人と過ごす時間が長い。仕事に多くのエネルギーを割くこのタイプの男性が，現実の生活でも家庭外での付き合いに長時間拘束されていることが示されたわけだが，有職の男性が平日に一緒

注3）　$\chi^2(4) = 9.48$, $p < .05$。

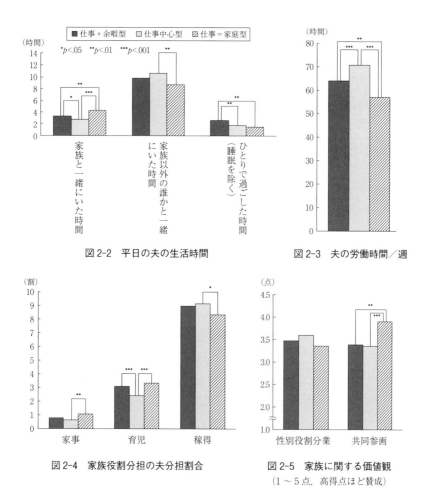

図2-2 平日の夫の生活時間

図2-3 夫の労働時間／週

図2-4 家族役割分担の夫分担割合

図2-5 家族に関する価値観
（1～5点，高得点ほど賛成）

に過ごす家族以外の人といえば，多くは職場関係の人と考えてよいだろう。「仕事中心型」は，労働時間も3タイプ中で最も長かった。

　反対に，「仕事＝家庭型」は家族と過ごす時間は長く，家族以外の人と一緒の時間や，ひとりで過ごす時間は短い。労働時間も3タイプ中最短であった。

　「仕事＋余暇型」は，ひとりで過ごす時間が3タイプの中で最も長かった。家族と一緒に過ごす時間，家族以外の人と過ごす時間は，他の2タイプの中間に位置していた。「仕事中心型」ほど仕事偏重ではなく，かといって「仕事＝

家庭型」ほど家庭関与はしていないということである。労働時間も「仕事中心型」と「仕事＝家庭型」の中間であった。

　家族役割分担については「仕事中心型」の分担割合は，〈家事〉，〈育児〉では「仕事＝家庭型」より低く，〈稼得〉では「仕事＝家庭型」より高かった。〈育児〉は，「仕事＋余暇型」とくらべても有意に低い。つまり「仕事中心型」は他の2タイプに比べて，相対的に家庭に関与する程度が低いことがわかる。

　一方，「仕事＝家庭型」は，「仕事中心型」との比較で，〈家事〉，〈育児〉の分担割合は高く，〈稼得〉は低い。一言でいうなら「仕事中心型」とくらべ，家庭内の役割分担が性別役割分業とは逆の方向にずれているということである。自身の年収額は他のタイプと有意差はないので，「家庭への相対的なエネルギー投入が高いのは仕事を疎かにしているからだ」という解釈は当たらないだろう。また，妻の年収を比較しても他のタイプと有意差は見られないことから，夫の〈稼得〉割合が他のタイプに比べて低いのは，「妻の稼得役割への貢献をどの程度と見積もるか」の認識が違うのではないかと考えられる。

　さらにこのタイプは，家族に関する価値観についても「共同参画」への賛成度が他の2タイプより高かった。このことはこのタイプの男性が，行動面に加えて価値観の面でも性別規範に囚われない傾向を持つことを示している。一方で，「性別役割分業」に関しては他の2タイプより賛成度が低いわけではないというあいまいな結果も見られた。

　これらの結果から，時間という有限資源を何にどのくらい使うか，家庭内の役割にどのように関与するかといった行動的な指標は，各タイプのエネルギー配分の特徴とほぼ対応しているといえよう。価値観の面でも，家庭へのエネルギー配分が一番多い「仕事＝家庭型」が，他の2タイプにくらべて共同参画への賛成度が高いことが示された。前述のとおり，「生活スタイル」のタイプは，「エネルギー配分」という抽象的な概念に基づいて構成された変数であるが，生活時間や家族役割分担等の具体的な生活実態の指標との整合性が確認されたことから，実在する男性のサブグループとしてのリアリティはあると見てよいだろう。その中で，職業役割や稼得役割が生活の中心にある一般的な男性像にくらべて，仕事を自分の生活の最優先事項としない「仕事＝家庭型」の男性がサンプル全体の2割近く見られ，一つのクラスターとして抽出されたことは特

筆できる。仕事が生活の第一の座を占める生き方とは異なるタイプの男性の存在は，「男性の中にも価値観や生活スタイルの多様化が生じているのではないか」という本書の前提を支持する結果といえる。女性に比べてジェンダーに関する意識・態度の変化が遅いといわれる男性の間でも，確実に変化・多様化が生じているのである。

## 3　生活スタイルのタイプによって満足度に差はあるか

　第1章第3節で見たように，男性を単一のグループとして調査を行なうと，彼らの満足度や充実感は職業要因・稼得要因と強く結びついている。男性の多様化を受けてサブグループごとに比較した場合にも，仕事への関与が高いタイプのほうが満足度は高い傾向が見られるのだろうか。

### タイプごとの生活満足度の比較
　「自分の生き方」，「妻」，「家庭」，「仕事」の4領域への満足度を生活スタイルのタイプ間で比較したが，いずれの領域についても65〜80点ほどの範囲に収まっており，統計的に有意な差は見られなかった。
　満足度の水準には差は見られなかったものの，四つの領域に対する満足度の相関パターンからは，3タイプの男性の意識の違いが読みとれる。タイプ別に四つの満足度の相関を見ると，どのタイプでも満足度の間には領域間で概ね有意な正相関があり，生活に満足している者は生活の様々な側面に満足していることがわかる（表2-1）。中でも関連が強いのは「妻」と「家庭」の相関であった。
　相関係数の値が有意水準に達しなかった組み合わせは，3タイプ合わせても二つしかなかった。「仕事＋余暇型」の，「仕事」と「妻」および「仕事」と「家庭」の間の相関である。「仕事＋余暇型」で「仕事」と有意な相関があるのは「自分の生き方」のみであった。さらにこのタイプでは，どのタイプでも概ね高い「妻」と「家庭」の満足度の相関が，.80と特に高い値であることも目を引く。家庭生活に満足する者ほど，妻に対しても満足している，また家庭生活に不満な者は妻に対しても不満ということである。これらを総合すると，

表 2-1　生活スタイルごとの満足度どうしの相関

|  | 仕事＋余暇型 | | | 仕事中心型 | | | 仕事＝家庭型 | | |
| --- | --- | --- | --- | --- | --- | --- | --- | --- | --- |
|  | 自分の生き方 | 妻 | 家庭 | 自分の生き方 | 妻 | 家庭 | 自分の生き方 | 妻 | 家庭 |
| 妻 | .30*** | — |  | .40*** | — |  | .42*** | — |  |
| 家庭 | .33*** | .80*** | — | .57*** | .65*** | — | .45*** | .61*** | — |
| 仕事 | .48*** | .13 | .14 | .58*** | .23*** | .21** | .53*** | .27* | .58*** |

***$p<.001$, **$p<.01$, *$p<.05$

「仕事＋余暇型」の男性は，仕事と家庭を別の世界と捉えて，自分の領域は仕事，家庭は妻の領域と，夫婦で棲み分けるような意味づけをしていることが示唆される。

「仕事中心型」では，「自分の生き方」に対する満足度と，「仕事」，「家庭」がほぼ同程度の相関を示した。仕事中心の生活を送るタイプだが，自分の生き方に対する満足度と関連するのは仕事だけではないのだ。

「仕事＝家庭型」では，他の2タイプと違って，「仕事」と「家庭」の満足度に比較的高い相関が見られた。つまり，仕事に対する満足度は家庭に対する満足度と互いに関連し合っていることを意味する。このタイプは，仕事と家庭を別の領域として独立に捉えていないことがうかがえる。

## 男性にとっての「仕事と家庭の両立」の意味

第1章で述べたとおり，日本の男性の家事・育児参加は少なく，女性は就業状況にかかわらず家事・育児をひとりで担うことになりやすい。松田 (2006a) は，育児期の共働き世帯の夫婦について，一日あたりの労働時間を10時間，家事・育児を3時間と同条件に統制しても，仕事と家庭の両立葛藤は妻のほうが高いことを示している。残業の有無等の時間的条件を同一にしてもなお夫婦間差が見られるとすれば，それは仕事と家庭の意味づけなどの心理的な要因が夫と妻で異なることを意味する。加藤・金井 (2006) によれば，仕事と家庭の葛藤のうち精神的健康の低下につながるのは，女性にとっては仕事と家庭の両立で時間が足りないという「時間葛藤」であった。これは，女性にとっては仕事と家庭を両立させることは大前提であり，両立させた結果として，有限資源である時間が不足することがストレスになるということだろう。それに対して，

男性は「仕事か家庭か」の二者択一的な選択を迫られる「選択葛藤」がストレスになる。これは，「男は仕事」という男性ジェンダー規範のために，「仕事と家庭を両立させる」という選択ができないことがストレスになるということかもしれない。あるいは，「男は仕事」という規範に疑問を持たない人であれば，「仕事か家庭か」という選択を迫られるような状況自体が，規範に抵触する脅威と受け取られてストレスになることも考えられる。

　仕事を最優先にすることを当然と考え，それが可能な家庭状況にある男性にとっては，家庭は仕事とは独立の領域で，自分とは関わりの薄い世界と意味づけられるだろう。しかし，「仕事＝家庭型」のように，仕事にも家庭にも同等に関与しようとするならば，両者の間を調整しバランスをとる必要に迫られる。調整がうまくいって，どちらにも関与できる状態にある時は双方に満足できるが，調整がうまくいかなければ双方の領域に対して不全感を抱くであろう。そうした心理が，「仕事＝家庭型」での「仕事」と「家庭」の満足度の正相関に現れているのではないかと考えられる。

## 4　タイプ別「自分の生き方」への満足度を高める要因

　先に見たように，生活スタイルの異なる3タイプの間で，満足度の水準そのものには有意差は見られなかった。どのタイプの男性も同程度に満足しているとして，では，その満足が何によってもたらされるのかは，タイプによって違いがあるのだろうか。各タイプの「自分の生き方」への満足度の規定因を検討してみよう。タイプ別に，自分の生き方への満足度を基準変数とし，説明変数には通勤時間を含めた週当たりの労働時間，年収，価値観，家族役割分担，満足度など，生活実態や役割分担に関する変数を投入した重回帰分析（強制投入法）を行なった。変数間の相関行列は表2-2に，重回帰分析の結果は表2-3に示す。

　「仕事＋余暇型」と「仕事中心型」では，自分の生き方への満足度に対して最も強い予測力を持つのは「仕事」への満足度，次いで「家庭」への満足度であった。「仕事＝家庭型」では「仕事」への満足度は有意ではあるが，$\beta$の値は「家庭」への満足度よりも低く，他のタイプにくらべても低かった。これは

第 2 章　男性の生活スタイルの多様化を確かめる（研究 1-1）

表 2-2　生活スタイルのタイプ別の生活実態・役割分担の変数と「自分の生き方」への満足度の相関

| | | 労働時間 | 年収 | 性別分業 | 共同参画 | 家事分担率 | 育児分担率 | 稼得分担率 | 満足度（家庭） | 満足度（仕事） |
|---|---|---|---|---|---|---|---|---|---|---|
| 仕事＋余暇型 | 夫の年収（額） | -.06 | | | | | | | | |
| | 「性別分業」 | -.03 | .08 | — | | | | | | |
| | 「共同参画」 | .11 | -.05 | -.16* | — | | | | | |
| | 「家事」の夫分担率 | -.02 | -.01 | -.12 | .11 | | | | | |
| | 「育児」の夫分担率 | -.05 | -.02 | -.00 | .23** | .17* | — | | | |
| | 「稼得」の夫分担率 | -.10 | .13 | .25** | -.19* | -.33*** | .02 | — | | |
| | 満足度（家庭） | -.09 | .08 | .06 | .07 | .02 | .16* | .08 | | |
| | 満足度（仕事） | .02 | .11 | .05 | .00 | -.04 | .07 | -.14 | .14 | |
| | 満足度（自分の生き方） | .05 | .22** | .08 | .01 | .02 | .15 | -.02 | .33*** | .48*** |
| 仕事中心型 | 夫の年収（額） | .06 | — | | | | | | | |
| | 「性別分業」 | -.17* | .05 | | | | | | | |
| | 「共同参画」 | .12 | -.10 | -.18* | — | | | | | |
| | 「家事」の夫分担率 | -.08 | -.13 | .05 | .22** | | | | | |
| | 「育児」の夫分担率 | -.13 | -.05 | .03 | .21** | .29** | | | | |
| | 「稼得」の夫分担率 | -.02 | .26** | .10 | -.15 | -.43*** | -.05 | — | | |
| | 満足度（家庭） | .01 | .05 | -.02 | .17* | -.08 | .19* | .06 | | |
| | 満足度（仕事） | -.04 | .24** | .10 | -.08 | .02 | .00 | .02 | .21** | — |
| | 満足度（自分の生き方） | -.18* | .08 | .06 | .04 | .03 | .19* | .03 | .57*** | .57*** |
| 仕事＝家庭型 | 夫の年収（額） | .08 | | | | | | | | |
| | 「性別分業」 | -.06 | -.13 | | | | | | | |
| | 「共同参画」 | .12 | -.22 | -.18 | — | | | | | |
| | 「家事」の夫分担率 | -.09 | -.11 | -.49*** | .26* | | | | | |
| | 「育児」の夫分担率 | -.09 | .02 | -.13 | .20 | .33** | — | | | |
| | 「稼得」の夫分担率 | .24* | .36** | .29* | -.05 | -.38*** | -.07 | — | | |
| | 満足度（家庭） | .19 | .06 | -.08 | .25* | .18 | .01 | .23 | | |
| | 満足度（仕事） | .18 | .32** | -.15 | .03 | .05 | -.15 | .10 | .58*** | — |
| | 満足度（自分の生き方） | .20 | .22 | -.03 | .12 | .11 | -.05 | -.16 | .45*** | .53*** |

***p<.001，**p<.01，*p<.05

「仕事＝家庭型」でも仕事への満足度は自分の生き方への満足度を高める効果は持つものの，その影響力は他の 2 タイプほど強くないことをあらわしている。

　労働時間の長さは「仕事中心型」でのみ，自分の生き方に対する満足度を有意に低下させる方向で寄与していた。「仕事中心型」には，自ら進んで仕事中心の生活を送る男性と，「働かされている」男性が混在すると考えられるが，このタイプの中でも特に長時間労働に従事している者は，さすがにそのような生活に不満を感じているということだろう。

表2-3 生活スタイルのタイプごとの「自分の生き方」への満足度を規定する要因

|  | 仕事＋余暇型 | 仕事中心型 | 仕事＝家庭型 |
|---|---|---|---|
| 労働時間／週 | .09 | -.17** | .15 |
| 年収（額） | .13 | -.06 | .33** |
| 「性別分業」 | .04 | -.02 | .27* |
| 「共同参画」 | -.04 | .05 | .07 |
| 「家事」の夫分担率 | .03 | -.00 | .01 |
| 「育児」の夫分担率 | .07 | .09 | -.02 |
| 「稼得」の夫分担率 | .00 | .02 | -.52*** |
| 満足度（家庭） | .30*** | .39*** | .33* |
| 満足度（仕事） | .40*** | .55*** | .27* |
| $R^2$ | .34*** | .63*** | .50*** |

***$p<.001$, **$p<.01$, *$p<.05$

　興味深いことに「仕事＝家庭型」で最も $\beta$ の値が大きかったのは、「稼得」の夫分担割合であった。しかも自らの稼得分担割合が高いほど、自分の生き方への満足度が低下するという負の効果が示されたのである。この点が「仕事＝家庭型」の新しさだといえよう。

## 5　「仕事＝家庭型」の新しさとあいまいさ

　「生活費を稼ぐ」ことについて「購入・外注」という手段を使うことは考えられないので、稼得の夫分担割合が高いことは、相対的に妻やその他の親族の稼得分担割合が低いことを意味する。実際にはこの分析で分析対象とした391ケースのうち、夫と妻の稼得分担割合の和が10になるケース（つまり夫婦以外に稼ぎ手がいないケース）は362組（92.6％）であり、多くのケースでは夫と妻の稼得分担割合はゼロサムの関係にある。したがってこの結果は、「『仕事＝家庭型』では、妻の稼得分担割合が高いほど、夫の『自分の生き方への満足度』が高まる」と言い換えてよいだろう。

　第1章で概観したとおり、男性全体で見れば「自分が一家の大黒柱であること」は男性のアイデンティティの大きな柱となっている。つまり、自分の稼得分担割合が高いほど満足度も高いのが、一般的な男性の傾向である。「仕事＝家庭型」の男性の稼得分担割合は平均で8割強で、「夫の稼得分担割合が低い

ほど」とは言っても，やはり夫が一家の主たる稼ぎ手である範囲内での話ではある。それでも，男性一般の傾向とは正反対の結果は，自分も家庭責任も果たすのと同時に，妻にも応分の稼得責任を求めているという点で新しい。これは自身の生活の中心を仕事においたまま，できる範囲で妻に協力するという「お手伝い的」な家庭志向とは異なる。男女双方が，職業役割にも家庭役割にも当事者として関わることを理想とする「真の共同参画」志向といえるかもしれない。

一方で，自身の年収の高さも生き方満足度に対してプラスの寄与を示していることから，このタイプが，収入の多い妻に経済的に依存することで満足度が高まるわけではないことがわかる。協働的な夫婦関係が結べていることが満足度を高めるのか，夫婦2人で収入を得ることによって生じる経済的ゆとりが満足度の源泉となるのかは，この分析からは明らかにはできない。しかし，いずれにしてもこのタイプの男性は，自身の家庭志向の高さに加えて，妻と協同で稼得責任を果たすことによって生き方満足度が高まることが明らかになった。

ただし，「仕事＝家庭型」のみが「性別役割分業」への賛成度が生き方満足度に対してプラスの寄与を示したことから，このタイプが従来のジェンダー規範を明確に否定しているとまではいいきれないあいまいさも残った。カップルの役割分担のパターンを類型化した舩橋（2004）は，類型は固定的な属性ではないという。それは，ジェンダー規範に合致する方向に向かうジェンダー・ベクトルとそれに反する対抗ベクトルとのせめぎ合いの結果として析出される均衡点であり，「常に揺れ動いており，流動的なもの」（舩橋，2004，pp. 22-23）であると捉えている。本章の分析結果に見られた「仕事＝家庭型」のあいまいさも，「性別役割分業」と「共同参画」という相反する二つの価値観の間で揺れ動きながら，長期的には共同参画へと向かう過渡的な状態のあらわれなのかもしれない。

それでも，「仕事＝家庭型」の「共同参画」意識が他の2タイプより有意に高いことと，「性別役割分業」への賛成度が生き方満足度を高めるという特徴は，このタイプの男性が自らの価値観に基づいてこうした生活スタイルをとっていることを示唆している。この点は，このタイプのもう一つの「新しさ」といえよう。これまで男性の家事分担割合を高める要因としては，妻の労働時間

（松田, 2006b；松田・鈴木, 2002）や妻の職業役割（松信, 1995），妻の稼得分担割合（大野・田矢・柏木, 2003）などが挙げられてきた。妻側の要因による他律的な家事参加でなく，内発的に家庭に高く関与する男性が現れたことは，ジェンダー規範に関して保守的といわれる男性の中にも価値観の変化が生じていることを示しているだろう。

*

　研究 1-1 の目的は，①男性の中に生き方の多様性が生じていることを確認すること，②男性の「自分の生き方」への満足度を規定する要因を検討し，従来の男性ジェンダー規範や性別役割分業に対して否定的な層があるのかどうかを明らかにすることであった。

　探索的なタイプ抽出を行った結果，男性の生活スタイルには複数のタイプがあり，生活の最優先事項が仕事であるタイプとは質的に異なる，新しいタイプが存在することが確かめられた。仕事が最優先ではなく，仕事と家庭に同等のエネルギーを投入する「仕事＝家庭型」は，自身の家庭志向の高さと，妻にも稼得役割を求める点で，共同参画を志向する「新しい」男性と思われた。だが同時に，性別役割分業に賛成する人ほど自身の生き方満足度が高いという，相反する特徴も見出された。

　このあいまいさはどこからくるのか，「仕事＝家庭型」は真の共同参画志向と考えてよいのかどうか，次章の分析でさらに掘り下げてみたい。

# 第3章　男性にとっての家庭関与の意味を考える
（研究 1-2）

## 1　妻との役割分担のしかたで満足度に差はあるか

### 研究 1-2 の目的

　前章（研究 1-1）では，個人が職業生活と家庭生活に対してエネルギーを配分するバランスに注目し，育児期男性の生き方に多様化が生じていることを確認した。具体的には，仕事を生活の第一の座に据える男性がいる一方で，仕事と家庭に同等のエネルギーを投入する男性も存在すること，彼らの生き方満足度は稼得役割を妻と共同で果たすほど高くなることを見出した。これは，個人の心理的な適応を高める「仕事と家庭生活の調和がとれた状態」は，個人内の調整のみで達成できるものではなく，夫婦間での役割の分担・調整とも関係することを意味する。男性が自らの生活の中で職業役割と家庭役割のバランスを希望のとおりに実現できるかどうかは，妻との間で職業役割と家庭役割がどのように分担されるかによっても左右されるだろう。

　そこで本章では，研究 1-2 として，前章で取りあげた三つのタイプの男性のデータとその妻のデータを突き合わせ，個人内の職業役割と家庭役割のバランスおよび夫婦間の職業役割・家庭役割の分担が育児期男性の心理に及ぼす影響を検討する。

　研究 1-2 の目的は次の二つである。第一は，研究 1-1 で使用した育児期男性のデータに妻の変数を組み合わせて，生活スタイルのタイプごとに，どのような妻との組み合わせが高い心理的適応につながるのかを明らかにすることである。それによって，男性の心理的適応が実際に，妻の生き方や妻との役割分担のしかたによって左右されるかどうか検証する。

　第二には，そうした夫婦間の役割分担状況下で，どのような家庭関与のしかたが男性の心理的適応と関連するかの検討を通して，男性にとっての家庭関与

の意味について考えることである。

### 調査の概要
本章の分析には，研究 1-1 と同じ調査データを用いた。調査方法やサンプルの詳細は巻末に資料 1 としてまとめた。前章で夫が 3 タイプのいずれかに分類された 391 組のうち，妻の就労状態についてのデータが得られている 332 組の夫票・妻票が分析対象である。

本章の分析で使用する測定指標は以下の七つである。

① 夫からの回答

**男性の生活スタイルのタイプ**：研究 1-1 において，仕事・家庭・個人的活動に対する現実のエネルギー投入割合に基づいて分類された 3 タイプ。

**家族役割分担**：「家事」と「育児」，「稼得」についての夫の分担割合。本章では夫婦間の役割分担に焦点をあてるため，夫婦の分担割合の合計が 10 になるよう換算した。

**生活満足度**：「自分の生き方」，「家庭生活」，「配偶者」，「仕事」についてどのくらい満足しているか，100 点満点として評定を求めた。

**生活時間**：夫が「家族の誰かと一緒にいた時間」は何時間か，平日・休日それぞれについて数字を記入するよう求めた。労働時間については，通勤時間を含めた週あたりの労働時間を記入するよう求めた。

**収入**：夫本人の税込み年収。

② 妻からの回答

**妻の就労形態**：妻の現在の就労形態が，無職・パートタイム・フルタイムのいずれであるか。

**妻の性別役割分業観**：家族に関する価値観のうち，「性別役割分業」の下位尺度得点。得点が高いほど性別役割分業を肯定していることをあらわす。

## 2　妻の就労形態と生活スタイルの組み合わせ

### 本章のサンプルにおける 3 タイプ
本章で分析対象とする 332 ケースでの各タイプの内訳は，「仕事＋余暇型」

第 3 章 男性にとっての家庭関与の意味を考える（研究 1-2）

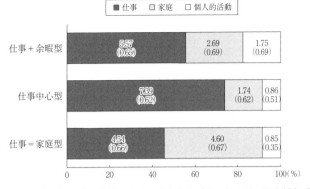

図 3-1 妻就労データ有の生活スタイルの 3 タイプのエネルギー配分割合（SD）

は 140 ケース,「仕事中心型」が 134 ケース,「仕事＝家庭型」が 58 ケースであった。「妻の就労に関するデータがそろっていること」という条件でケースを絞り込んだため,各タイプの人数は前章の分析（研究 1-1）より少なくなっているが,「仕事＋余暇型」と「仕事中心型」が 4 割ずつ,「仕事＝家庭型」が 2 割弱という出現割合はほぼ同じである。

夫の生活スタイルのタイプによって社会的属性に偏りがあるかどうかを検討したが,いずれの属性にも有意な偏りは見られなかった。

タイプごとのエネルギー配分の内訳は,図 3-1 のとおりであった。各タイプの人数に変動があった分,エネルギー配分割合の値は若干変化したが,各タイプの生活スタイルの特徴は研究 1-1 と同様である。各領域に対する配分割合のタイプ間差も,前章（研究 1-1）と同じパターンが得られた。

### 妻の就労形態との関連

332 ケースの妻の就労形態の分布は表 3-1 に示した。タイプごとに妻の就労形態の分布に差が見られるかどうかの $\chi^2$ 検定を行なったが,分布に有意な偏りは見られなかった[1]。ここでも,研究 1-1 と同様に,「仕事＝家庭型」にフルタイム就労の妻が多いということはなかった。

男性の生活スタイルのタイプと妻の就労形態の組み合わせによって,男性の

---

注 1） $\chi^2(4) = 1.43$, n.s.

表3-1　生活スタイルの3タイプと妻の就労形態ごとの人数（%）

|  | 仕事＋余暇型<br>（N＝140） | 仕事中心型<br>（N＝134） | 仕事＝家庭型<br>（N＝58） |
| --- | --- | --- | --- |
| 専業主婦 | 94（67.1） | 94（70.1） | 40（69.0） |
| パートタイム | 22（15.7） | 17（12.7） | 6（10.3） |
| フルタイム | 24（17.1） | 23（17.2） | 12（20.7） |

***$p<.001$

「自分の生き方」への満足度に差はあるのだろうか。特定の組み合わせの場合に満足度が高い，あるいは低いということがあるのかどうかを検討するために，タイプ（3）×妻の就労形態（3）を要因とする二元配置の分散分析を行なった。水準ごとの満足度の平均値は図3-2のとおりである。

分散分析の結果は，タイプの主効果と交互作用がそれぞれ5%水準で有意であった[2]。

タイプの主効果についてTukey法による多重比較を行なったが，有意なタイプ間差は特定されなかった。タイプによる「自分の生き方」満足度の差は，どのタイプとどのタイプに差があるとはっきり特定できるほどの差異ではなかったということである。

また，交互作用が有意だったことは，妻の就労形態による生き方満足度の違いは，タイプごとにパターンが異なることを示している。そこで，タイプごとに妻の就労形態による「自分の生き方」満足度の多重比較を行った（Tukey法）。

「仕事＋余暇型」では，妻の就労形態による差は見られなかった。このタイプは仕事に最も多くのエネルギーを割いてはいても，過重労働というほど仕事に束縛される状況ではない。余暇的な活動にエネルギーを割く余裕もあり，その余裕が緩衝材として働いて，妻の仕事の状況によって自身の生活が即座に切迫した影響を受けることが少ないのではないか。そのために，妻の就労形態によって「自分の生き方」満足度に差が生じないのだと推察できる。

「仕事中心型」では，パート勤務の妻を持つ男性（平均54.7）より，専業主婦の妻を持つ男性（平均67.6）のほうが，「自分の生き方」満足度が有意に高かっ

---

注2）タイプの主効果は$F(2,320)=4.08, p<.05$，交互作用は$F(4,320)=2.85, p<.05$。

た（$p<.05$）。仕事に多くのエネルギーをとられる「仕事中心型」は，家庭責任を全面的に妻が引き受けることで維持できる生活スタイルであると考えられる。そのため，妻の職業役割への参入によって自分に家事分担の必要が生じることは，自身の生活に対する圧迫と感じられ，満足度が低下するのだろう。フルタイム群よりパート群のほうが満足度が低かったのは，夫婦ともフルタイム勤務のケースで

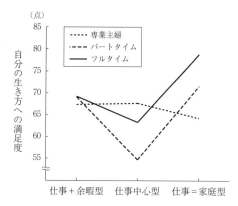

図3-2 男性の生活スタイル×妻の就労形態による男性の「自分の生き方」満足度

は，保育所の利用や家事の合理化など，家事・育児の負担を減らす工夫が既にされていることによるのではないか。パート勤務の場合には，妻の家庭役割への関与の減少分が，家庭外の資源による代替えによって手当てされることは少ないだろう。そのため妻の行なう家事の水準が下がったり，夫に家事分担が求められたりすることが，物理的・心理的負担となって生き方満足度の低さにつながると考えられる。

伊藤ら（2006）においても，妻の仕事へのコミットメントが夫の心理的変数に対して何らかの影響を及ぼすのは，妻がパート勤務の場合のみであることが報告されている。伊藤らは，夫にとって妻のパート勤務は，家庭に支障のない範囲である分には不満はないが，そうでなくなると不満を持つようになると考察している。夫の生き方が仕事中心である場合にはなおさら，妻のパート勤務への不満が高まるのであろう。

「仕事＝家庭型」でも，妻の就労形態による有意差は認められなかった。妻が専業主婦の群（平均64.2）と妻がフルタイム勤務の群（平均78.8）の間で平均点の差が14.6あり，「仕事中心型」で有意だった妻パート群と妻専業主婦群の差（12.9）より大きかったにもかかわらず，多重比較の結果は有意水準に達しなかったのである。

## 3 「仕事＝家庭型」の二つの下位タイプ

### なぜ有意差がでなかったのか

「仕事＝家庭型」では，妻の就労形態による「自分の生き方」に対する満足度の平均値の差は大きいのに，有意差が見られなかった。これは，このタイプで満足度のばらつき（$SD$）が大きいことを意味する。そこで「仕事＝家庭型」について，妻の就労形態ごとに男性の満足度の得点分布を図示してみたのが図3-3である。全体の人数が少なく度数に偏りはあるものの，特に妻が専業主婦の群で得点の分布が広い傾向が読みとれる。

このことは，「仕事＝家庭型」の中には，妻の就労に関して異なる価値観を持つ男性がいることを示唆している。前章の分析で，このタイプには，共同参画志向の高さと性別役割分業へのこだわり（性別役割分業に賛成するほど自分の生き方に対する満足度が高い）という，相反する特徴が共存しているという結果が出たのも，そう考えると納得できる。

男性の類型化を行った研究では，家庭志向の高い男性には，自分は家庭役割と職業役割の両方を志向するが，妻には家庭役割専従を求める二重基準タイプと，夫婦がともに家庭役割と職業役割の両方を果たすことを望む平等志向タイプがいることが，報告されている（矢澤ら，2003；舩橋，2006）。この研究のサンプルでも「仕事＝家庭型」の中に，エネルギー配分割合は似かよっていても，考え方の異なる下位タイプが混在している可能性がある。操作的に定義するなら，妻が専業主婦であると高い満足度を示す男性，また妻がフルタイム勤務すると満足度が低い男性は，「夫は仕事と家庭に同じように，妻は家庭優先」とする「二重基準型」に相当することになる。反対に，妻が専業主婦だと満足度が低い，もしくは妻がフルタイム勤務だと満足度が高い男性は，「夫も妻も，仕事も家庭も同じように関わるのがよい」とする「平等志向型」と分類することができよう。

### 「仕事＝家庭型」の二つの下位タイプ

そこで，「仕事＝家庭型」の男性の「自分の生き方」満足度の平均値（68.0）

を基準に,妻が専業主婦かつ満足度が平均値以上の者を「二重基準型」,平均値未満の者を「平等志向型」と二分することで,下位分類を設けることにした。同様に妻がフルタイムのケースについても,満足度が平均値以上の者を「平等志向型」,平均値未満の者を「二重基準型」と再分類した。妻パート群については,パートの働き方が多義的であるため,下位分類には含めなかった。

その結果,「二重基準型」には19ケース,「平等志向型」には33ケースが分類された。仕事・家庭・個人的活動へのエネルギー配分割合は,どちらのタイプでもほぼ同じで,対応のない$t$検定を行っても3領域とも有意差は見られなかった。

さらに,研究1-1で行なった重回帰分析(表2-3)を,下位分類の2タイプで再度行なってみたところ,両タイプで「自分の生き方」満足度の規定因は異なっていることが明らかになった[3](表3-2)。

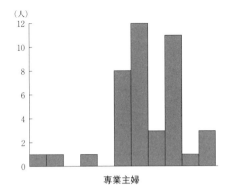
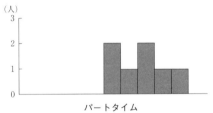
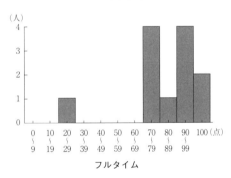

図3-3 妻の就労形態別に見た「仕事=家庭型」の「自分の生き方」満足度の得点分布

---

注3) もともと少数派である「仕事=家庭型」をさらに分割したため,「二重基準型」と「平等志向型」は人数が少ない。したがって以下の分析結果は,探索的研究であることに留意すべきであろう。しかし,多数派の傾向に埋没しがちな少数派を補足し,その特徴を把握して考察することは,今後の男性の生き方を考える上で意味がある。

表3-2 「仕事＝家庭型」の二つの下位タイプにおける「自分の生き方」満足度の規定因

|  | 二重基準型 | 平等志向型 |
|---|---|---|
| 夫の労働時間（通勤時間を含む）／週 | -.02 | .09 |
| 夫の年収（額） | .28 | .13 |
| 「性別役割分業」 | .28† | .18 |
| 「共同参画」 | .29† | .13 |
| 「家事」の夫分担率 | -.20 | .21 |
| 「育児」の夫分担率 | -.09 | -.25 |
| 「稼得」の夫分担率 | -.16 | **-.72***　 |
| 満足度（家庭） | **.69**** | .28 |
| 満足度（仕事） | **.48*** | -.19 |
| $R^2$ | **.89**** | **.50*** |

***$p<.001$, **$p<.01$, *$p<.05$, †$p<.10$

　「二重基準型」では家庭に対する満足度，仕事に対する満足度の高さが「自分の生き方」への満足度を高めるのに有意な効果を示した。仕事に対する満足度より家庭に対する満足度のほうが，「自分の生き方」満足度を強く規定しているところは，やはり「仕事＋余暇型」や「仕事中心型」とは違う，家庭志向の高さをあらわしている。10％水準ではあるが，性別役割分業に対する価値観の2変数「性別役割分業」と「共同参画」は，賛成しているほど「自分の生き方」満足度が高いという有意傾向が見られた。これも，このタイプが家庭志向の高さと性別役割分業志向を併せ持っていることの証左といえる。前章の「仕事＝家庭型」で最も予測力の高かった「稼得」の夫分担率については，有意水準には達しなかった。

　「稼得」の夫分担率が有意な効果を見せたのは，もう一方の「平等志向型」であった。稼得の夫分担率が低いほど，言い換えれば妻の分担率が高いほど，このタイプの「自分の生き方」満足度は高かった。

　前章の分析では，「仕事＝家庭型」には「家庭志向を持ちながらも性別役割分業をよしとする二重基準的な志向を持っている可能性もある」というあいまいさが残った。このように，二つの下位タイプを設定してみたところ，「仕事＝家庭型」が示した相反する特徴は，両下位タイプに分け持たれる結果となった。このタイプの性格のあいまいさは，同じく高い家庭志向を持ちながらも特徴の違う二つの下位タイプが混在していたためと考えられる。

このように，育児期男性の生活スタイルのタイプを妻の働き方と組み合わせることで，男性の生き方が多様化している様相をより精緻化することができた。特に家庭へのエネルギー配分の高い男性にも複数のタイプが見られたことは注目に値する。二つの下位タイプは同程度に家庭関与を志向してはいるのだが，どのような関与のしかた，どのような妻との役割分担を望むかの内容は一様ではないことを示しているからだ。男性の家庭関与を論じる場合，その程度や量的な側面を見るだけでは十分ではない。家庭関与の内容や質にも目を向けなければ，男性の生き方を具体的に捉えることはできないのである。

## 4　どのような家庭関与が満足度を高めるか

### 4タイプの家庭関与の比較

それでは，新たに設定された下位分類を含めた4タイプ間で，家庭関与の内容や質にどのような違いがあるだろうか。この点を検討するため，家庭関与に関する指標について，分散分析によるタイプ間比較を行なった。

分析の結果，「休日，家族と一緒に過ごす時間」と「夫の年収」にはタイプ間で有意差が見られなかった。その他の変数のタイプ間差は図3-4〜図3-6のとおりである。

これらの結果から，家庭志向の高い2タイプのうち「平等志向型」は，仕事が生活の第一の座を占める「仕事+余暇型」，「仕事中心型」にくらべて，労働時間を短く切り上げて家族と過ごす時間を長くとり，家事分担割合が高いことがわかった。家事の分担割合は，もう一つの下位タイプ「二重基準型」とくらべても有意に多い。「平等志向型」の家庭関与の特徴は，「一緒に過ごす時間の長さ」という量的な面だけでなく，「家事」をよくするという質的な面にもあると考えられた。

「二重基準型」は，家事の分担割合以外は「平等志向型」との有意差はないのだが，同時に「仕事+余暇型」とも有意差がないことから，家庭志向は高いながらも仕事にも時間を使っているという，まさに二重基準的な性格を持つことが読みとれる。

「仕事中心型」は，時間に関しても，家事や育児の分担に関しても，家庭関

与は少ないことがわかる。「休日に，家族と一緒に過ごす時間」は他のタイプと変わらないので，家庭関与は「休日に」「一緒に過ごす」ことが中心であると考えられる。

**生活スタイルのタイプごとに家庭関与の意味は異なる**

では，これらの家庭関与に関する変数は，男性の「自分の生き方」満足度にどのように影響しているのだろうか。「自分の生き方」満足度を基準変数として，家庭関与に関する諸変数がどのように満足度を規定しているか，重回帰分析によって検討していく。

100点満点で採点してもらった「自分の生き方」満足度のレベルには，有意なタイプ間差が見られており[4]，「二重基準型」が，「仕事中心型」および「平等志向型」にくらべて有意に満足度が高いという結果であった（図3-7）。

重回帰分析に先立ち，モデルに投入する変数間の相関をタイプ別に確認したのが表3-3である。〈稼得〉分担割合および夫自身の性別役割分業観は，「仕事＝家庭型」の下位分類基準と内容的な重なりが大きいため，分析から割愛した。

続いて家庭関与のしかたが男性の「自分の生き方」満足度とどのように関連するかを検討するため，満足度を基準変数に，家庭関与に関する変数を説明変数として，タイプ別に階層的重回帰分析を行なった（表3-4）。第1ステップでは男性本人の家庭関与に関する変数のみで分析を行なう。第2ステップとして夫婦の役割分担に関する妻側の意識として妻の性別役割分業観を加えた時に，結果にどのような変化が現れるかに注目する。第1ステップから第2ステップにかけての$R^2$の増加量が有意だったのは「二重基準型」のみであった。

「仕事＋余暇型」は，いずれのステップでもモデルの説明力が有意ではなかった。このタイプの男性が自分の生き方に満足しているかどうかは，自分の家庭関与や夫婦間の役割分担によっては説明されないということである。前章の分析（表2-2）で，このタイプは家庭は妻の領分と考えていることが浮かびあがったが，ここでも家庭関与を自分の生き方と結びつけていないことがうかがえる結果となった。

---

注4) $F(3, 319) = 3.76$, $p<.05$。

第3章 男性にとっての家庭関与の意味を考える（研究1-2）

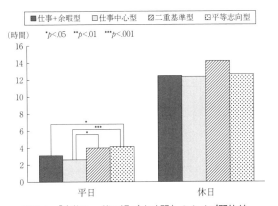
図3-4 「家族と一緒に過ごす時間」のタイプ間比較

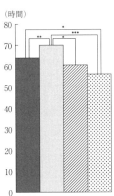
図3-5 労働時間／週のタイプ間比較

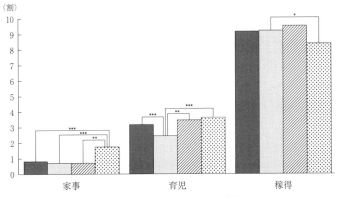
図3-6 家族役割分担の夫分担割合

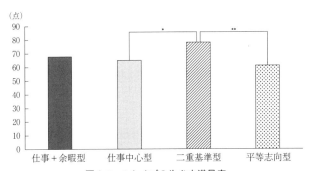
図3-7 4タイプの生き方満足度

表3-3 生活スタイルのタイプ別の家庭関与と「自分の生き方」満足度の相関[5]

| | 仕事＋余暇型 | | | | | | 仕事中心型 | | | | |
|---|---|---|---|---|---|---|---|---|---|---|---|
| | 平日 | 休日 | 家事 | 育児 | 分業観 | | 平日 | 休日 | 家事 | 育児 | 分業観 |
| （夫）平日家族といた時間 | — | | | | | （夫）平日家族といた時間 | — | | | | |
| （夫）休日家族といた時間 | .10 | — | | | | （夫）休日家族といた時間 | .10 | — | | | |
| （夫）家事分担割合 | **.24**** | .08 | — | | | （夫）家事分担割合 | .05 | .10 | — | | |
| （夫）育児分担割合 | **.22*** | -.06 | **.26**** | — | | （夫）育児分担割合 | .04 | .16 | **.26**** | — | |
| （妻）性別役割分業観 | .00 | **-.24*** | **-.28***** | -.05 | — | （妻）性別役割分業観 | .09 | -.06 | -.16 | .10 | — |
| （夫）生き方満足度 | **.22**** | .01 | .06 | **.20*** | -.13 | （夫）生き方満足度 | .07 | **.21*** | .02 | **.24**** | .08 |

| | 二重基準型 | | | | | | 平等志向型 | | | | |
|---|---|---|---|---|---|---|---|---|---|---|---|
| | 平日 | 休日 | 家事 | 育児 | 分業観 | | 平日 | 休日 | 家事 | 育児 | 分業観 |
| （夫）平日家族といた時間 | — | | | | | （夫）平日家族といた時間 | — | | | | |
| （夫）休日家族といた時間 | -.10 | — | | | | （夫）休日家族といた時間 | .02 | — | | | |
| （夫）家事分担割合 | -.19 | .39 | — | | | （夫）家事分担割合 | .03 | -.07 | — | | |
| （夫）育児分担割合 | -.18 | -.10 | .31 | — | | （夫）育児分担割合 | **.39*** | -.25 | **.37*** | — | |
| （妻）性別役割分業観 | .13 | -.09 | -.02 | -.09 | — | （妻）性別役割分業観 | .04 | -.19 | -.31 | -.02 | — |
| （夫）生き方満足度 | .01 | .24 | -.07 | .01 | **.80***** | （夫）生き方満足度 | -.11 | .05 | **.57***** | .01 | -.20 |

*** $p<.001$, ** $p<.01$, * $p<.05$

　「仕事中心型」では，夫の育児分担率が高いほど，また休日家族と一緒に過ごす時間が長いほど，満足度は高まることが示された。この結果から「休日に子どもと関わることができれば満足度は高まる」という意識が見えてくる。し

---

注5）表中「二重基準型」の平日一緒にいた時間と育児分担割合の相関は外れ値を除いた値である。外れ値の性質と削除の手続きについては，大野（2012）を参照。

表3-4 生活スタイルのタイプごとに見た「自分の生き方」満足度に対する家庭関与の効果

| | 仕事＋余暇型 | | 仕事中心型 | | 仕事＝家庭型 | | | |
| --- | --- | --- | --- | --- | --- | --- | --- | --- |
| | | | | | 二重基準型 | | 平等志向型 | |
| ステップ | 1 | 2 | 1 | 2 | 1 | 2 | 1 | 2 |
| (夫) 平日家族といた時間 | .13 | .14 | .02 | .01 | -.11 | -.17 | -.08 | -.08 |
| (夫) 休日家族といた時間 | .01 | -.02 | .18* | .19* | .43 | .44* | .06 | .06 |
| (夫) 家事分担割合 | -.06 | -.10 | -.06 | -.05 | -.37 | -.27 | .66*** | .66*** |
| (夫) 育児分担割合 | .19* | .18 | .22* | .21* | .21 | .22 | -.20 | -.20 |
| (妻) 性別役割分業観 | — | -.13 | — | .06 | — | .84*** | — | -.00 |
| $R^2$ | .06 | .07 | .09* | .09* | .16 | .85*** | .38* | .38* |
| $R^2$ の増加量 | | .01 | | .00 | | .69*** | | .00 |

***$p<.001$, *$p<.05$

かし前項で見たように，このタイプは他のタイプにくらべて，そもそも育児の分担割合は低い。平日は仕事に忙殺される上に，一緒に過ごせる休日であっても子どもと十分に関われているとは限らない。「平日の長時間労働に加えて，休日も子どもと関わる時間もないほど仕事にエネルギーを取られている場合には満足度が低下する」と解釈すべきかもしれない。

家庭に対して仕事と同等のエネルギーを投入する「仕事＝家庭型」の二つの下位タイプは，重回帰分析では対照的な結果を見せた。「二重基準型」では夫自身の家庭関与を説明変数とする第1ステップでは $R^2$ は有意ではなかったが，第2ステップはモデルの説明力が著しく高まった。これは，自身がどのように家庭関与するかは満足度に影響せず，妻の性別役割分業観が伝統的か否かのほうが満足度を大きく左右する要因であることを意味している。妻が伝統的な性別役割分業観を持っているほど，男性の「自分の生き方」満足度は高まるという結果から，「家庭役割は妻に果たしてほしい」，また「妻は家庭にいてほしい」という考えがうかがえる。さらに，妻の性別役割分業観が説明変数に加わると，「休日，家族と一緒にいた時間」のβがわずかながら上昇し，有意水準に達していた。「二重基準型」の家庭志向の高さとは，妻が家庭役割を果たす場に「一緒にいる」ことで満足できる性質のものであるといえるだろう。

もう一方の「平等志向型」では，妻の性別役割分業観を加えてもモデルの説明力にはまったく変化がなかった。このタイプの「自分の生き方」満足度を高

めているのは，夫自身の家事分担率が高いことであった。自分が実際に家事を通して家庭に関わることにプラスの意味を見出しているのだと考えられる。

### 家事関与と育児関与の意味の違い

総務省統計局（2012b）の「平成23年社会生活基本調査」によると，末子が就学前の子どもを持つ男性は，家事は一日に11分，育児は37分と，家事より育児を多く行なっている。男性にとって育児は，家事よりもハードルの低い家庭関与であるようだ。

家事は育児に比べると，楽しみや遊びの要素が少なく，誰かがやらねばならない義務的な側面を持つ行為である。それに対して育児は「子どもをお風呂に入れるのは半分遊びみたいなもので，楽しいことは僕がやるけれど，洗濯とかご飯を作ってあげるとか大変なことはしない」（研究2でインタビューした父親の発言）ことも可能である。国立女性教育会館（2006）が調査した，「日本の父母が子どもと一緒にすること」を見ると，父親が子どもと一緒にする活動は，「一緒に食事をする」「一緒にテレビを見る」など，生活の場を共にすることで必然的に起こる共行動や遊びが中心であり，子どもの身の回りの世話や子どものためにわざわざ時間を使うような活動は少ない（大野，2010：図3-8）。しかも，その関わり方は，「受動的」かつ「趣味的」であるとされている（平山，2008）。

だが育児も，主たる世話役として自立的・自律的に行なおうとすれば，子どもに食べさせる物を自分で用意したり，着替えが不足しないように衣類の洗濯をしたりなど，おのずと家事行為が付随してくるものだ。つまり，一口に家庭関与といっても，育児のみに関わるケースと，家事をするケースとでは，家庭関与の質や意味は異なるのである。子どもの世話をしたり一緒に遊んだりすることは，子どもの発達にとって大切な活動であるが，ただ子どもとの直接の関わりに終始するだけでは，子どもの命を守り育てることはできないだろう。

衣食住に関わる家事労働は，生活の基盤を整え，家族の心身の健康や生命を支える活動である。稼得役割を妻と分担することを望み，自身が家事労働に関与することで満足度が高まる「平等志向型」の男性は，職業人であると同時に自立・自律した家庭人でもある，真の共同参画を志向する人々だといえるであろう。

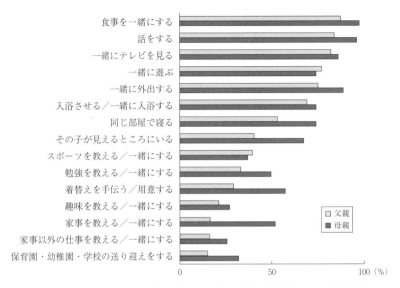

図 3-8　父母が子どもと一緒にすること（国立女性教育会館, 2006 より作成）

## 5　家庭関与は男性に何をもたらすか

**男性の家庭関与＝脱性別役割分業規範ではない**

　人間は誰でも一つの身体しか持たず，一日は誰にとっても 24 時間である。個人の持つ資源が有限である以上，多くの既婚男性の家庭関与は，職業役割とのバランスによって制約を受ける。また，世帯にとって最低限必要な経済や再生産労働を不足なく供給するため，稼得・職業役割ならびに家庭役割は誰かが果たさなければならないものであり，夫婦のどちらがどのように分担するかが問題になってくる。

　これまでの研究では，男性（夫・父親）の家事や育児への関与は，共同参画志向の高さや脱性別役割分業的な意識を示す兆候と捉えられてきた。それが子どもの発達や妻の精神的健康にとって肯定的な効果を持つという知見から，男性の家庭関与は「よきもの」とされ，その必要性が論じられてきた。しかし，職業と家庭生活のバランスから抽出した生活スタイルのタイプごとに家庭関与の意味を検討した本章の分析から，男性の家庭関与の高さは必ずしも男性ジェ

ンダー規範からの自由度の高さをあらわしていないことが明らかになった。

　妻が家庭役割を果たすことを望む「二重基準型」の男性は，家庭志向は高いが性別役割分業規範を脱しているとはいえない。妻に家庭役割への傾注を期待するということは，すなわち稼得責任・扶養責任は自分が中心になって果たす心づもりであるということで，その点では仕事を第一に考える「仕事＋余暇型」や「仕事中心型」と違いはない。「二重基準型」の家庭志向の高さが，「家庭役割は妻が果たしてくれることを望むが，自分も手伝っている」という認識であるならば，家庭にはりついて家事育児の第一責任者となることを当然視される妻側の不全感が問題になる場合があるだろう。またこのタイプの男性が，妻への配慮や親としての責任感から，できる限り仕事と家庭の二重負担を引き受けようとしているのであれば，男性の過重負担が懸念される。中谷（1999）は，近年の男性の家庭関与への関心の背景には，ビジネスマンとして「できる男は育児・家事もできなくてはならぬ」という新たな男性ジェンダー規範が存在すると指摘しているが，それではパーフェクトであることをよしとする「〈男らしさ〉の鎧」（伊藤，1996）の変形版にすぎない。やや踏み込んで解釈するならば，「二重基準型」の「自分の生き方」満足度の高さは，男性は強く，達成的・自己犠牲的であれという男性ジェンダー規範への過剰適応傾向とも見える。男性の家庭関与の内容や意味づけを見ることなく，その量のみを取りあげて論じることは，男女双方にとってかえってジェンダー規範の拘束力を強める結果になる可能性もあるのだ。

　これに対して「平等志向型」の分析結果は，誰かがやらねばならない義務的な性質を持つ家事を分担することによって，家庭役割の共同責任者になろうという意思がうかがえるものだった。妻には稼得役割の分担を期待し，自分は「いいとこどり」の可能な育児でなく，家事に関わるほど満足度が高まるところから，このタイプは，男性には職業役割や稼得役割を，女性には家庭役割を期待するジェンダー規範のベクトルに逆行していると考えることができよう。つまり，仕事・家庭両面での夫婦協働がこのタイプの「自分の生き方」満足度を高めている。しかし，「平等志向型」の「自分の生き方」満足度が4タイプ中最も低かったことは，ジェンダー規範の強い現状では，このタイプが理想とする真に共同参画的なワーク・ライフ・バランスの実現が困難なことを示唆し

ているのかもしれない。

### 家庭関与の内容や質が重要

研究1-2では，①生活スタイルのタイプごとに，どのような妻との組み合わせが，男性の高い心理的適応につながるのかを明らかにすること，②どのような家庭関与のしかたが男性の心理的適応と関連するのかを検討すること，という二つの目的に向けて分析を進めてきた。

一つめの目的については，仕事が第一の生き方をする二つのタイプ（「仕事＋余暇型」，「仕事中心型」）では，妻の就労による影響が自分の生活に及ぶかどうかによって満足度が異なることがわかった。

一方，家庭志向の高い「仕事＝家庭型」の男性が皆，共同参画志向の高さや男性ジェンダー規範からの自由度の高さをそなえているわけではないことも明らかになった。二つめの目的についての分析から，一口に家庭関与といっても，「どのような関与のしかたが満足度につながるのか」は，家事をすることか，育児をすることなのか，それともただ家族と一緒にいたいだけなのか，など様々な形があることが示されたからである。男性のジェンダー意識や態度を知るには，その男性の家庭関与の量だけでなく，内容や質，意味づけ方にも目を向けなくてはならない。そのためには，仕事と家庭のバランス，妻との間での役割分担のバランスまで含めた広い視野で論じることが必要だろう[6]。

＊

---

注6）研究1の結びとして，この調査が実施された2001年以降の労働や生活状況に関する変化について確認しておく。2001〜14年の間に，非農林業に従事する男性労働者の週間労働時間は47.0時間から43.9時間になった（総務省統計局，2007a，2015）。労働時間が短縮されたように見えるが，「平成23年社会生活基本調査」の結果要約（総務省統計局，2012c）によれば，統計に表れる近年の労働時間の短縮は，労働時間の長い正規雇用の労働者が減少したことによる変化であり，同じ雇用形態で比べれば，労働時間自体はほとんど変化は見られないか，むしろ上昇している。また2001年（総務省統計局，2007b）と2011年の「社会生活基本調査」（総務省統計局，2012b）のデータを比較すると，男女が一日に仕事や家事・育児にかける時間の増減は10分以内の範囲に留まっている。バブル崩壊以降，経済の低迷が続いた「失われた10年」は，リーマンショックを経て「失われた20年」へと延長している。社会的経済的な状況や夫婦間の役割分担の様相は，調査時点も現在もほぼ変わりはないと考えられる。

昨今の「イクメン」（育児を楽しむ男性）や「カジメン」（家事をする男性）ブームで，男性の家庭関与が全般的に高まっているかような印象がもたらされている。だが，本当に家庭関与は増えているのか，単なる流行やファッション感覚とは違うのかどうかは，彼らが家事や育児の「何をどのくらいしているのか」だけでなく，「どのようにしているのか」，「どのように意味づけているのか」を知らなければわからないだろう。次の章では，インタビュー調査の質的分析によって，ワーク・ライフ・バランスや家族役割分担という文脈の中で，男性の家庭関与の内容や質を具体的に捉えてみたい。

# 第4章 「男は仕事」規範を相対化するプロセスを探る（研究2）

## 1 仕事や家庭への意味づけについての語り

### 研究2の目的

　第2章，第3章では，質問紙調査による量的データから，心理学研究において同質な集団として扱われがちな男性の中にも，生き方や志向（生活スタイル）の多様化が生じていることを述べてきた。そこで抽出された四つのタイプは，それぞれ生活時間や家族役割分担割合などの指標と整合性のある関連を示していたことから，観念的な差異ではなく，リアルな生活実態の個人差を捉えたものであるといってよいだろう。そして，妻との分担を視野に入れた場合，「家庭関与が高い」と自認する「仕事＝家庭型」の中に，さらに関与の内実の異なる下位タイプがあることが示唆された。ここから，男性の家庭関与の様相をとらえるには，関与の量だけでなく質にも注目する必要があると考えられた。このことは，「家庭関与が高いこと」が，"第一に仕事ありき"という男性ジェンダー規範を相対化できていることと同義ではないことを意味している。

　そこで，研究2では，男性の生き方や志向の多様性を質的に捉えるためにインタビュー調査を行なった。調査の目的は，第一に男性のライフスタイルが多様化する中，家庭役割や職業役割，稼ぎ手役割に対する関与の内容や質，男性本人による意味づけにはどのようなバリエーションがあるかを，生活の文脈に即して具体的に描出し，男性が男性ジェンダー規範に囚われる心理のメカニズムを明らかにすること，第二に，そのバリエーションの中から，「男性＝仕事」，「男性＝稼ぎ手」という男性ジェンダー規範への態度の異なるケースの比較を通して，規範に拘束されない生き方を可能にするものは何かを明らかにすること，である。

調査の概要

　男性ジェンダー規範は職業役割との結びつきが強いので，仕事最優先の生き方から脱却している男性は少数派だと推測される。少数派であるがゆえに，そのような生き方を志向するにいたる心理的過程は個別性が高いであろう。そこで調査方法は，それぞれに異なる状況に置かれたケースごとに，仕事や家庭の意味づけの違いを質的に捉えるため，半構造化インタビューを採用した。

　インタビューに協力してくれたのは，6歳以下の子どもを持つ男性27名である。調査の初期には6歳以下の子どもを持つことのみを条件に，知人の紹介で協力を依頼した。調査中期以降は，個人内の仕事と家庭のバランス，夫婦間の役割分担のバランスの面でバリエーションを広げることに留意した理論的サンプリングを行ないながら，対象者を拡大していった。各ケースの情報は巻末資料2の表に示す。

　対象者本人の年齢は30代が中心で，平均36.0歳。職業は，会社員や公務員などの雇用労働者が20名（うち1名は育児休業中），自営業5名，無職2名だった。育児休業中の1名と無職の2名を除いた24名の週当たりの労働時間（自営業の場合は実働時間でなく営業時間）の平均は47.0時間であった。

　妻の平均年齢は34.0歳であった。妻の就労状況は，全体の約半数となる14名が，フルタイムまたはフルタイム並み勤務（週あたり35時間以上）であり，うち1名は育児休業中だった。パート勤務は6名，専業主婦は7名であった。

　子どもの人数は，1人から3人まで分布し，約3分の2（17名）が子ども1人だった。

　インタビューでは，男性の日常生活の具体像を把握することを念頭に，オープン・クエスチョンで幅広く話を聞く形をとった。家事・育児の分担状況，父親の役割についての考え，労働状況，家計の分担状況，仕事の意味づけ，育児休業制度についての考え，男性ジェンダー規範についての考え，仕事・家庭・個人的活動へのエネルギー配分バランス，現在の自分や状況に対する満足度などを，探索的に尋ねていった。その際，質問の順番は厳密に定めず，会話の流れにあわせながら，全ての質問に言及するよう留意した。また面接は1回限りであるため，限られた時間の中で対象者との親和的な関係を作れるよう，学歴や年収など，答えにくい事柄は尋ねなかった。

語りは，対象者の了解を得てICレコーダーで録音し，逐語プロトコルを作成した。個人の名前や地名，会社名等の固有名詞は，名称と無関係なアルファベットに置き換えた。

### 分析方法の選択

第1章で述べたとおり，本書では男性の生き方についての態度や価値観は多様性・個別性を増していると考え，研究1ではそれが検証されている。また，個人のライフスタイルは，現実には，当人の価値観や志向のみで決まるものではなく，パートナーとの役割分担や，職場や家庭の状況によっても左右される。表現型としてよく似たライフスタイルをとるケースであっても，背景にある当人の意識や意味づけまで類似しているとは限らない。個人差が大きいと予測されるテーマであることから，インタビューの語りの分析にあたり，ア・プリオリな分析枠組みは設定しないほうが望ましいと考えた。

さらに，対象者たちの語りは，一つの発話の中に，家庭と職場，個人の価値観と周囲の期待，社会規範と個人的な願望などいくつもの領域にわたる内容が含まれており，発話を細かい分析単位に切片化する手法はなじまないと感じられた。そこでデータの切片化は行なわず，データの中に表現されているコンテクストを重視して，当人にとっての経験や行為の意味の流れをくみとる修正版グラウンデッド・セオリー・アプローチ（木下，2003；以下M-GTA）の手法に基づいて分析を行なうこととした。

M-GTAは，人間と人間の複雑な相互作用プロセスの中で起こる現象の「変化の様態」を捉えることに適した方法である。M-GTAではプロトコルの切片化は行なわずに，オープン・コーディングという手法をとる。これは，プロトコルを読みながらデータのある箇所が気になったら，その意味を掬いあげて概念を生成する方法である。生成した概念が他のケースや別のデータ（プロトコル）も説明できるかどうか，データとの比較を繰り返して検討する継続的比較分析を行ないながら，複数のケースに通底するプロセスを説明しうる概念へと精緻化していく。生成された概念の定義と具体例は，概念ごとに分析ワークシートにまとめられる。その過程では，ある概念の対極例や類似例が存在するかどうかを，データに照らして確認していく理論的サンプリングも行なわれ，そ

の結果として新たに概念が生成されることもある[1]。

概念抽出の後,概念間の関係を検討し,複数の概念の関係から成るカテゴリーが生成される。さらに概念・カテゴリーの関係を一つずつ検討する収束化の作業を通して,明らかにしようとするプロセスがどのように進行するかを表現するプロセス・モデルの作成を目指すのが M-GTA の分析方法である。

**本来の M-GTA と,ここでの分析手法の違い**

社会学者によって開発された M-GTA では,いったん概念が抽出されれば,分析レベルは個別のケースから概念間の関係に移行するとされている。したがって,通常は個々のケースの語りの「個人差」には注目しない。「データ提供者の個別性は分析過程には反映されないということ,また結果は度数の問題ではなく概念の関係である」(木下,2003 ; p.102)と考えられている。概念生成過程で,一部のケースのみの分析でも理論的飽和に達したと判断すれば,残りのケースに対して継続的比較分析を行なう必要はないとされる。

しかし,本書のように男性の生き方の多様性に着目する場合は,必然的にある個人と別の個人の間の差異を問題にすることになる。そこで概念が理論的飽和に達したと判断した後も,全てのケースから具体例の抽出を行なう作業は継続することにした。そして,木下 (2003, 2007) の手法にはないが,どのケースがどの概念・カテゴリーに具体例を提供したかを示す,ケース×カテゴリーのマトリックスを作成し,データの個別性も考慮しながら解釈を進めた。

## 2 「仕事と家庭のバランス」の二つの群(研究 2-1)

### 研究 2-1 の目的

インタビュー調査の目的は,男性の生き方や志向の多様性を描出することに

---

注1) M-GTA では,データから概念を生成する作業が「研究する人間」の解釈に拠ることを重視する。そのため,「複数の分析者によるコーディング結果の一致をもって分析の信頼性を担保しようとするのは —— その立場のあることを否定するものではないが ——,ディテールの豊富さをつぶしてしまい説明力の乏しい平板な結果になる可能性が高くなる」(木下,2003, p.164) という立場をとる。したがって,M-GTA においては,信頼性の指標として分析者間の一致度を算出することは必須とはされていない。

加え,「男は仕事」とする男性ジェンダー規範に拘束されない生き方への変化はどのようにして実現するのかを探ることである。そのため,まず男性各人の仕事と家庭のバランスのバリエーションについて,「仕事最優先の生き方」をしているケースと「仕事優先という価値観を相対化した生き方」をしているケースを分類・同定する必要がある。以下では,前者を「仕事優先群」,後者を「仕事相対化群」と呼んでいく。

なお,本文中の〈　〉内は M-GTA の手法で抽出された概念の名称を,『　』内は概念をまとめたカテゴリーの名称を表す。プロトコルからの抜書きは,発言をした対象者の記号を添えて,1字下げで表記した。プロトコル中の［　］は,発言の意味を補うための筆者による補足である。発言の中に対象者の職業等が特定できる表現が含まれていた場合は,筆者の判断で,意味を損なわないよう留意して,より一般的な表現に置き換えてある。

**仕事と家庭のバランスに関する概念の整理**

まず 27 名のプロトコルを読みこみ,M-GTA の手法で概念生成を行なった結果,仕事と家庭のバランスに関して,表 4-1 にあげる 2 カテゴリー,6 概念が抽出された。

カテゴリー 1『仕事と家庭のどちらを重視しているか』の三つの概念は,実際の行動はさておき,気持ちの上での仕事と家庭の重みづけのバランスに関する語りから抽出した概念である。それに対してカテゴリー 2『家庭のために仕事を調整することがあるか』の 2 概念,〈家庭のために仕事の調整はしない〉,〈家庭のために仕事を調整する〉は,実際の行動として家庭の都合や事情のために仕事のスケジュールを調整したり,働き方を変えたりすることがあるかどうかに関する概念である。〈家庭のために離職・制度利用〉は,インタビューで語られた心理ではなく,調査対象者の経歴についての語りから抽出した。家庭役割に関連する理由で離職して無職になった,育児休業を取得した,育児のための短時間勤務などの両立支援制度を利用した等,家庭役割のために働き方を大きく変えた経験があることを示す概念である。

表 4-1　仕事と家庭のバランスに関するカテゴリー・概念

| カテゴリー | 概念 | 定義 |
| --- | --- | --- |
| 1 仕事と家庭のどちらを重視しているか | 家庭より仕事を重視 | 気持ちの上では家庭より仕事を重視している、仕事のほうにより重みを感じていること。仕事を第一に考えている、考えたいという言明。 |
| | 仕事より家庭を重視 | 気持ちの上では仕事より家庭に価値を置いているという言明。（実際は仕事優先になっていても） |
| | 仕事と家庭の両方が大事 | 仕事と家庭の二者択一でなく、個人が両方にバランスよく関わっていることが必要だという考え。 |
| 2 家庭のために仕事を調整することがあるか | 家庭のために仕事の調整はしない | 家庭役割のために仕事を調整することはしない、したくない、できないという言明。 |
| | 家庭のために仕事を調整する | 家庭役割のために働き方や仕事のほうを調整する。気持ちではなく実際の行動として仕事のほうを調整することがある。 |
| | 家庭のために離職・制度利用 | 家庭役割と関連する理由で、離職や両立支援制度の利用など、一般的に男性には珍しいとされる経験がある。 |

### 各ケースの仕事と家庭のバランス

どの概念に対して、どのケースが具体例を提供したか、ケース×概念のマトリックスを作成したのが表4-2である。ある概念に相当する語りが見られたケースに〇印をつけてある。

前述のように、M-GTAのオープン・コーディングはあくまでもデータからのボトムアップで概念を生成する手法をとる。したがって、概念どうしの独立性・相互排他性は担保されておらず、内容的に相反する複数の概念に具体例を提供するケースが存在する可能性もある。実際、カテゴリー1『仕事と家庭のどちらを重視しているか』を見ると、仕事のほうを重視している旨の発言をしたのと同じ人物が、インタビューの別の箇所では、家庭により重みを置いているという発言をする場合が見られた（Bさん、Eさん、Hさん）。

また表4-2を見ると、BさんからUさんまでの6名（表中の網掛け部分）は、気持ちの上では少なくとも仕事と同程度以上に家庭を重視していると語りながら、実際の行動としては家庭のために仕事を調整することはしていなかった。〈仕事より家庭を重視する〉と述べた人物が、子どもの保育年数や登園スケジュールを把握していない等、発言内容にそぐわない様子が見られるケースもあった。ただ、『妻の負担』に言及したカテゴリー3の2概念〈妻は多分不満だ

表 4-2　仕事と家庭のバランスに関する各ケースの反応

| カテゴリー | 概念 | A | L | P | Q | T | AF | B | E | H | A E | N | U | J | K | S | C | D | M | AA | AC | AB | AD | F | G | I | AG | AH |
|---|---|---|---|---|---|---|---|---|---|---|---|---|---|---|---|---|---|---|---|---|---|---|---|---|---|---|---|---|
| 1 | 家庭より仕事を重視 | ○ | ○ | ○ | ○ | ○ | ○ | ○ | ○ | | | | | | | | | | | | | | | | | | | |
| | 仕事より家庭を重視 | | | | | | | ○ | ○ | ○ | | ○ | | ○ | ○ | ○ | ○ | ○ | | | | | | | | | | |
| | 仕事と家庭の両方が大事 | | | | | | | | ○ | ○ | | | | | | | | | ○ | ○ | ○ | ○ | | | | | | |
| 2 | 家庭のために仕事の調整はしない | ○ | ○ | ○ | ○ | ○ | ○ | ○ | ○ | ○ | ○ | ○ | ○ | ○ | | | | | | | | | | | | | | |
| | 家庭のために仕事を調整する | | | | | | | | | | | | | | ○ | ○ | ○ | ○ | ○ | ○ | ○ | ○ | ○ | ○ | | | | |
| | （家庭のために離職・制度利用） | | | | | | | | | | | | | | | | | | | | | | | ○ | ○ | ○ | ○ | ○ |
| 3 | 妻は多分不満だろう | | | ○ | | ○ | | ○ | ○ | ○ | ○ | | | | | | | | | | | | | | | | | |
| | 妻に家庭責任を負ってもらっている | | ○ | | | | ○ | | | ○ | | ○ | ○ | | ○ | | | | | | | | | | | | | |

表 4-3　カテゴリー 3『妻の負担』の概念

| 概念 | 定義 | 具体例 |
|---|---|---|
| 妻は多分不満だろう | 妻が現状に不満を抱いていたり，ネガティブに捉えているであろうという推測。 | (Bさん) 妻にとっては，子どもはお互いの子どもだから，同じなんだけども，でも自分［Bさんの妻］は働く時間に制限つけられてると，夫は制限がつけられない，それが許されると。そうすると対等っていうか，平等じゃないということを感じるところはあると思う。 |
| 妻に家庭責任を負ってもらっている | 妻が家庭責任を引き受けてくれているので自分が免責されていることに対する感謝や負債感の表明。 | (Nさん) 私がのびのびと仕事をさせていただいたという結果論として，"N"がその職場において一応評価されたわけですよ。(中略) そういう意味では，これまでの積み重ねの中で，かなり奥さんに犠牲になってもらったのかなというふうに，これはいつも思っているし，彼女にも言うことなんです。 |

ろう〉，〈妻に家庭責任を負ってもらっている〉（表4-3）と合わせて見ると，これらの6ケースは，妻の不満を薄々感知しているようでもある。自分が職業役割を果たすために，家庭役割については妻を犠牲にしているという自覚を持っていたりと，潜在的な問題の存在を意識しており，現在の状況に自信を持っているわけではないことがうかがえる。

同一人物の語りの中で矛盾するような発言が見られるのは，語りの信ぴょう性の低さというよりは，仕事と家庭の重要度が二者択一的にはわりきれないことを意味するのだろう。家庭と仕事のどちらに重きを置くべきか気持ちが揺れ

動いていたり，気持ちの通りに行動できない現実の制約があったり，生活の中には単純化できない要素が多々あることは想像に難くない。仕事と家庭のバランスについての意識・行動の多重性や複雑さがあらわれた，質的分析ならではの結果ともいえるが，個人のライフスタイルの分類・同定の基準とするにはこうした揺らぎを内包する概念は適さないと考えられた。

　一方，カテゴリー2『家庭のために仕事を調整することがあるか』に含まれる2概念，〈家庭のために仕事の調整はしない〉，〈家庭のために仕事を調整する〉は，両方に該当したケースは見られなかった。個人の特徴を一義的に表現しうることから，ライフスタイルの分類基準には，こちらのカテゴリーを使用することにした。

　仕事と家庭の都合が葛藤する場面で，どちらを調整するかを二者択一で迫られた場合，人は，自分にとっての重要度が高いほうを選択するであろう。あるいは，自分にとって仕事と家庭が同程度の重要度だとしたら，自分という存在の重要度が高いと感じる領域を優先するだろう。したがって，〈家庭のために仕事の調整はしない〉という人は，「自分にとっては家庭より仕事のほうが重みを持っている」もしくは「自分は家庭より職場でより必要とされている」と考えていると推測できる。その場合，自分の効力感の中核に近いのは仕事であり，家庭人としてのアイデンティティはより周辺的・副次的であると考えられる。そこで，〈家庭のために仕事の調整はしない〉に具体例が挙がったケースを「仕事優先群」，〈家庭のために仕事を調整する〉に具体例を提供したケースを「仕事相対化群」とすることにした。どちらの概念にも具体例の挙がらなかった1ケース（AHさん）は，家族と過ごす時間がとれない過重な働き方から抜け出そうと，転職の準備のために退職した男性で，インタビュー時には無職の状態だった。稼ぎ手の地位を完全に離れていること，会社都合の失業ではなく自らの意思で離職していることから，仕事相対化群に分類した。

　このような手続きで，仕事優先群15名，仕事相対化群12名が分類・同定された。

### 仕事に対する態度・意味づけの比較

　では，仕事優先群と仕事相対化群の働き方や仕事への意味づけにはどのよう

な違いがあるのだろうか。

　仕事に対する態度に関しては，表4-4のような概念，カテゴリーが生成された。これらの概念をケースと対応させた表4-5からは，〈家庭のために仕事を調整する〉仕事相対化群と，〈家庭のために仕事の調整はしない〉仕事優先群それぞれの，仕事に対する態度を読みとることができる。カテゴリー4『仕事の意味づけ』について比べてみると，「男性は家庭より仕事を優先するものだ」という規範の存在を感じている男性は，どちらの群にもいた。また，自分の仕事の社会的な意義や楽しさを感じているケースが，どちらか一方の群に偏る傾向は見られなかった。ここから，仕事相対化群の男性は，仕事に意義を見出せないという消極的理由から家庭を選択しているわけではないことがわかる。

**仕事優先群の仕事に対する態度**
　仕事優先群に多く見られたのは，カテゴリー5『仕事に入れ込む』に関する語りであった。仕事優先群の男性たちは仕事に強い自我関与を感じていた。〈自分がいないと仕事が滞る〉と，自分が職場に不可欠な存在であると自負していた。〈もっと仕事に関与したい欲求〉を抱き，現状以上のエネルギー傾注を望んでいる人が多かった。

・(Nさん)［仕事は］生きがいですかね。うん，ひとつのね。お仕事だけが生きがいじゃないけれど，生きがいですよね。(中略)家庭以外に自分の存在感を，立ち位置を決めていますからね。(中略)そういう意味では，私は役立っているという風に思っていますから。

・(AEさん)これは誰にでもできる仕事ではないっていうところに安心感というか，自己同一性を見出しているっていうか。(中略)［誰でもできる仕事だと思いながら働くのは］きっと辛いことだと思いますね。そういう風に感じたら私は精神的につぶれてしまうかもしれませんね。

・(Pさん)仕事じゃないですか。まぁ育児も大事ですけど。だって，男だから"サクセス"しないと，やっぱ上昇じゃないけど，あんまり遠いゴールを見るのも難しいけど，とりあえずの目標として，「家を建てる」。そういう目標を持ってやってた場合に，仕事しないと。仕事が唯一の手段じゃないですか，頑張れる。世の中の。

表 4-4 仕事に対する態度に関するカテゴリー・概念

| カテゴリー | 概念 | 定義 | 具体例 |
|---|---|---|---|
| 4 仕事の意味づけ | 男性＝仕事優先という規範がある | 一般論として，男性にとって仕事は何よりも優先すべきものという規範が存在するという認知。 | (Iさん)[子どもの病気で休もうとすると]「奥さんいるでしょ」って言うんですよ。「かみさんパートで働いてて」「休ませろよ。かみさんのパートと自分の仕事どっちが大事なんだ，わかるか？」っていうふうになっちゃうんだ。 |
| | 仕事は社会貢献 | 仕事の，人のため，社会貢献という側面にやりがいを感じているという意識。 | (Fさん)この仕事をすることで社会の役に立ってるというか，そういう役割を担ってるというか，そういう認識があるので。 |
| | 仕事は楽しい | 仕事が好き，楽しいという言明。 | (ABさん)仕事自体は楽しいですね。(中略)[色々なテーマの仕事が来るので]そのテーマに沿って勉強するっていうことが非常に。自分の好きなことばっかりやってるんじゃないんですね。意外性が面白いですかね。 |
| 5 仕事に入れ込む | 仕事＝自我関与 | 仕事を自分自身と強く結びつける考え。仕事を自己実現と捉え，仕事によって自分のアイデンティティが形成されている。仕事の成否が自分の存在意義や自己効力感を左右する。 | (Tさん)自分の居場所の確立っていうか，そういう気がする。職業柄自分を求めて来ている人がいるわけだから，すごくやりがいがあるというか。生きがいを感じるよねぇ。 |
| | 自分がいないと仕事が滞る | 自分は職場にとってなくてはならない人間なので，自分がいないと仕事に支障がでるという考え。 | (Lさん)自分の年齢・立場になったら，そこまでする必要はないんですよ，本当は。私のちょっと下がそういう気配りとか，いろんなところをやってくれるようになっていけばいいんですけど，私から見るとまだ不十分だなと思うので，じゃあ俺がやるよってやってる部分もありますね。 |
| | もっと仕事に関与したい欲求 | 現状よりもっと多くの仕事に関与したい，できるだけ多くの時間働いていたい，もっと多くの仕事上の責任を負いたいという欲求がある。 | (Kさん)たとえば降ってきた仕事も，結局僕はこだわってやっちゃうんですよね。これぐらいでやめとけってならないんですよ。結局自分が許せないので，自分が納得できるポイントまではやるんですね。そうしたらそうしたで充足感とか生じるんですね，これ。 |
| | 仕事のチームに同調して残業 | 仕事上の人間関係への気兼ねやつきあいで，必要以上に職場に長くとどまってしまうという言明。 | (Lさん)みんな忙しくやってるのに，「じゃあね」とか，なんかある時に「じゃあね」っていうふうには帰れないですね。 |

第4章 「男は仕事」規範を相対化するプロセスを探る（研究2）

| カテゴリー | 概念 | 定義 | 具体例 |
|---|---|---|---|
| 6 周囲に影響される働き方 | 仕事は人から評価されてこそ | より高い仕事の満足感や充実感は人から評価されることで得られるという認識。 | (Nさん) 仕事もボランティアも役に立ってるなっていう満足度っていうのは，自己満足じゃないんですよね。やっぱり，社会的評価があるからなんですよ。それは何かって言うと，上司であったり同僚であったり部下であったり，その中において自分の存在があるわけですよね。それがなかったら，あんまり意味がないと思いますね。 |
| 7 仕事から距離を置く | 仕事に入れ込まない | 仕事や会社組織に対して，ある一定レベル以上にいれ込まないように線引きする自制心を持っているという言明。 | (Dさん) 仕事の関係で，どっちでもいいんだけど，でも出たほうがいいなって時には土曜日にも家族をおいて会社に行くことを，たとえば20代とか30代前半くらいまでは思っていたと思います。ただ，今は会社へは行きません。土曜日，迷ったら行きませんし，行かないですむように全力を尽くしていますね。 |
| | 仕事のつきあいをわりきる | 人間関係に引きずられてずるずる職場に留まることはしないというわりきりの言明。 | (Cさん) 帰る時は帰る。たとえば，他のチームの人で仕事に引っ張られてる人がいた時，自分が手伝うことだったらある程度手伝うかもしれないけど，手伝えないっていうことがはっきりするんだったら帰る。 |
| | 自分が休んでも仕事は回る | 自分が休むと仕事が滞るから休めないというのは思い込みであるという信念。 | (ACさん) 仕事でよくありますけど「俺がいないとこの業務は滞ってしまう」って考えてるのは，それは絶対勘違いで，あなた試しに1か月休んでみなって，絶対あなたはいらなくなってることがよくわかると思う。本当に，この世であなたでなければできない仕事をしてる人なんてほとんどいないと思います。 |
| 8 ワーカホリック | 仕事は他者との闘い | 仕事を闘いや人との競争というメタファーで捉える考え方。 | (AEさん) 靴をみがくのもやっぱり妻の仕事。夫が外で戦場に出て闘っているので鎧をそろえるのは妻の仕事。スーツをそろえとく。Yシャツにアイロンをかける。 |
| | 働かされている感 | 労働時間や仕事のペース，業務量などを自分でコントロールすることができず，働かされている感を持っている状況であるとの言明。 | (Jさん) やっぱり代わり[代替要員]がいないから。(中略) 上[の立場の人]は楽して，自分たちががむしゃらに頑張ってても，正直一寸先は闇だし。 |
| | 仕事が頭から離れない | 家にいても仕事のことを考えてしまうなど，仕事に侵食される感覚があるという言明。 | (Lさん) 仕事中心なんですよね。だから，家帰ってきても思ったりとか，忘れないようにメモしてたりとか。 |

| カテゴリー | 概念 | 定義 | 具体例 |
|---|---|---|---|
| 8 ワーカホリック | 不安で休めない | 職場で自分が存在意義を失うことに対する不安からくる、仕事を休むことへの心理的抵抗感。 | (Aさん) 業界的にも小さい会社だから、仲間内の会社でそんなことが認められてる会社なんてないね。一流企業だったら男の育児休暇とかあるけど、休んでる間に自分の立場なくなっちゃうよね。 |
| | 仕事による心身の疲労・消耗 | 仕事が原因で心身の疲れを感じている状態の言明。 | (Uさん) 最初のうち[家事も]やってたけど、最近はちょっと疲れてできないですからね。自分のご飯も食べないで出て行っちゃうかなって感じになっちゃってますから。 |
| 9 仕事での不完全燃焼感 | 仕事をセーブすることによる職場への気兼ね | 自分が仕事を最優先にしないことが職場に迷惑をかけているという気兼ね、負い目を感じているという言明。 | (Uさん) やっぱり自分にとってそういうふうに[休暇を]お願いするのは、負債の念があるというか、会社に対して。会社というか、皆そうしてない人たちがいるわけですから、自分のやってることは迷惑かけてるみたいに、どうしても思ってきちゃいますよね。 |
| | 仕事に100%の力を発揮できない不全感 | 仕事をセーブしようとしているため、自分の実力を100%発揮していないことへの不完全燃焼感。 | (Gさん) もっと仕事をしてこう、なんていうか活躍したいっていうふうな思いもある一方で、ただ一方でそういうふうに仕事仕事仕事ってやってる人たちに対して、やっぱり自分のほうが豊かな生活をしているのではないかなぁっていう感じはありますけどね。 |

表4-5 仕事に対する態度に関する各ケースの反応

| カテゴリー | 概念 | 仕事優先群 | | | | | | | | | | | | | | | 仕事相対化群 | | | | | | | | | | | |
|---|---|---|---|---|---|---|---|---|---|---|---|---|---|---|---|---|---|---|---|---|---|---|---|---|---|---|---|---|
| | | A | B | E | H | J | K | L | N | P | Q | S | T | U | AE | AF | C | D | F | G | I | M | AA | AB | AC | AD | AG | AH |
| 4 | 男性=仕事優先という規範がある | ○ | | | ○ | ○ | ○ | ○ | | ○ | | | | ○ | | | ○ | | ○ | ○ | | | | ○ | ○ | ○ | ○ | |
| | 仕事は社会貢献 | | | ○ | | ○ | | | | ○ | ○ | | | | | | ○ | ○ | ○ | | | | | ○ | | | ○ | | |
| | 仕事は楽しい | ○ | ○ | | ○ | ○ | ○ | | | | | ○ | | | | | ○ | ○ | | | | | ○ | | | ○ | | | |
| 5 | 仕事=自我関与 | ○ | ○ | ○ | ○ | | ○ | ○ | ○ | ○ | | | ○ | ○ | | | | | | ○ | | | | | | | | | |
| | 自分がいないと仕事が滞る | ○ | | | ○ | | ○ | ○ | ○ | ○ | ○ | | | ○ | ○ | | | | | | | | | | | | | | |
| | もっと仕事に関与したい欲求 | ○ | | ○ | ○ | | ○ | ○ | ○ | | | ○ | ○ | | ○ | | | | | | | | | | | | ○ | | |
| 6 | 仕事のチームに同調して残業 | | ○ | | | | ○ | ○ | | | | | | | | | | | | | | | | | | | | | |
| | 仕事は人から評価されてこそ | ○ | ○ | | ○ | | | | ○ | | | ○ | | | | | | | | | | | | | | | | | |

第4章 「男は仕事」規範を相対化するプロセスを探る（研究2）

| カテゴリー | 概念 | 仕事優先群 | | | | | | | | | | | | | | | 仕事相対化群 | | | | | | | | | | | |
|---|---|---|---|---|---|---|---|---|---|---|---|---|---|---|---|---|---|---|---|---|---|---|---|---|---|---|---|
| | | A | B | E | H | J | K | L | N | P | Q | S | T | U | AE | AF | C | D | F | G | I | M | AA | AB | AC | AD | AG | AH |
| 7 | 仕事に入れ込まない | | | | | | | | | | | ○ | | ○ | | | ○ | ○ | ○ | ○ | ○ | ○ | ○ | ○ | ○ | ○ | ○ | ○ |
| | 仕事のつきあいをわりきる | | | | | | ○ | | | | | | | | | | ○ | | | | ○ | | | ○ | | | | |
| | 自分が休んでも仕事は回る | ○ | | | | | | | | | | | | | | | ○ | | | | ○ | | | | ○ | | | |
| 8 | 仕事は他者との闘い | ○ | | | | | | | | | | ○ | | | | | | | | | | | | | | | | |
| | 働かされている感 | | | | ○ | | ○ | ○ | ○ | | | | | | | | | ○ | | | | | | | | | | |
| | 仕事が頭から離れない | | | | | | ○ | ○ | ○ | | | ○ | ○ | ○ | | | | | | | | | | | | | | |
| | 不安で休めない | ○ | ○ | ○ | | | | | | | | | | | | | | | | | | | | | | | | |
| | 仕事による心身の疲労・消耗 | | | | | | ○ | | | | | | ○ | ○ | | | | | | | | | | | | | | |
| 9 | 仕事をセーブすることによる職場への気兼ね | | | | | | | | | | | ○ | | | | | | ○ | ○ | | | | | | | | | |
| | 仕事に100%の力を発揮できない不全感 | | | | | | | | | | | | | | ○ | | ○ | ○ | | ○ | | | | | | ○ | | |

・（Aさん）俺，基本的に1から10まで仕事やったら，11か12やんないと気がすまない。（中略）やっぱりね，仕事だよ。仕事目一杯して，できるだけ給料もらって帰ってくるしかない。

しかし，周囲に合わせて必要のない残業をしていたり，人から高く評価されることを仕事上の達成の重要な要件と考えていたりするなど，他者の評価軸に左右されていることを示すカテゴリー6『周囲に影響される働き方』についての語りも見られた。

・（Eさん）やっぱ仕事に，ね，周りの職場の人がみんな仕事してる時に帰るとか，なかなかそれって抵抗あるよね，やっぱね，それは。

・（Aさん）でも会社には必要なことであって，自分じゃないとできないっていうことを持っておかないと，いつ会社に捨てられるかわからないっていうこともあるんだよね。「これに関してはAに聞かないとちょっとわかんない」っていうものを持っておけば，会社は手放さない。（中略）自分しかわからないことを持っておかないと，いつ捨てられるかわかんないよね。会社から見ると兵隊だもん。

- (Lさん)［会社員である］自分は，周りに認められたいと思っているのは，あると思うんですよ。そういう不安もあるんですよ。だから一生懸命頑張る。そこで失敗したりすると，周りからどう思われるのかっていう不安があります。だから，一生懸命やります。で，それなりに，頑張ったね，いい結果を残せたね，お客様から喜んでもらえたねっていうとすごく安心するんです。自己満足が。

中には，仕事を闘いや人との競争というメタファーで捉える〈仕事は他者との闘い〉，自分のペースで働いていると感じられない〈働かされている感〉，家にいても〈仕事が頭から離れない〉，休んだら自分の仕事がなくなるのではないかと〈不安で休めない〉等，カテゴリー8『ワークホリック』的な心理を語る人もいた。

- (AEさん)やっぱり仕事は闘いですから。闘いに負けたらそれこそリストラですから。［調査者：その場合の敵って何なんですか？］おのれ自身だったり，取引先だったり，同僚だったりすると思うんですよ，普通は。私の場合の敵は反社会勢力ですが。あとは自分自身。自分の怠け心がありますから。具体的にはやっぱりそういう，闘いですね。
- (Eさん)もうこき使われるだけだからさ，会社に。メーカーはそうですよ。
- (Tさん)仕事関係で何か調べたいものとかあると，それは夜の時間になっちゃう。そうすると，やっぱり時間使っちゃうし。だからけっこう仕事は頭から離れない時間が多いかな。家にいる時は。
- (Lさん)長くは休めないと思いますね。戻って仕事がなくなるのが怖いですよね。あと立場もなくなったりとか。

**仕事相対化群の仕事に対する態度**

対照的に仕事相対化群は，カテゴリー7『仕事から距離を置く』態度が多く語られるのが特徴的だった。全員が〈仕事に入れ込まない〉ようにしていると語った。そのために，〈仕事のつきあいをわりき〉って残業や飲み会を断ることもある。〈自分が休んでも仕事は回る〉という考えは，自分に力がないという効力感の低さではなく，組織のリスクヘッジはそうあるべきだという視点から，もしくは自分を過大評価しないという自戒を込めての信念として語られた。

- (Mさん) 家族がいようがいまいが，仕事のために生活してるんじゃなくて，生活するために仕事してるだけなんで，(中略) 仕事のために自分の生活を犠牲にして，仕事なんてしてられへんなって思うので。
- (ADさん) 仕事でエキスパートになっていこうとするのならば，ほんとに，どんなに時間かけても足りないくらいだと思うんで，やっぱりどっかで一線を引いておかないと。だから家に帰ってきて仕事する時間とか，ほとんど今はないです。子どもが横で遊んでるのに仕事することもないし，やっぱりそこで一線を引いておかないと。
- (AAさん) たとえば，自分が遅く出勤したり早く帰ることによって，迷惑っていうか，その分の仕事をやらなくちゃいけない人だって出てくるかもしれないですけど，でもそういうのを考えてたら絶対休めないし。うん……結局，多分そういう状況が耐えられるか耐えられないかっていう，その人の性格っていうか。
- (AGさん)［仕事を休めない人は，自分でないと］できないっていう過度の自信とか，あると思うんですよね。そんなことはないんですよ。別に，誰かがいなくたってなんとかなるんですよ。(中略) あの人がいないといけないとかは，会社の一部だから，ないと思うんですよね。一応，組織の中の一人なんだから。

仕事相対化群では，仕事の過重負担やワークホリック的な特徴はほとんど見られなかった。しかし，仕事に100％の力を投下しないよう自重することで，カテゴリー9『仕事での不完全燃焼感』を抱いていることは，いくつかのケースで語られていた。

- (Cさん) 常に自問自答したり悩んだりしながらやってます，正直言って。やっぱり悩むよ。平日の9.5時間×5日間だったら，50時間ぐらい使ってるわけだから，その中での自分でやったことに対する評価を度外視して，そこで時間を費やしてるっていうのは，それは寂しくなるけどさ。寂しくなるって言ったら変だけど，なんかこう，あるよね，モヤモヤというか。［調査者：割に合わないというか？］そうそうそうそう，割に合わないでもないんだけど，なんかこう……カタルシスを得られないっていうのはあるかもしれないけど，それはさっき言った通り，意図的に軸足をそっち

［家庭］においてるんで，それは俺が自ら選んでる方向性だと思ってやっている。
・(Gさん) けっこう女の人でも「24時間仕事しまっせ」っていうふうな働き方をしてる人は周りにたくさんいますから。そういう中では，自分なんかは保育園のお迎えがある時は17時半にもう帰りまーすって帰るわけで，そういうことでやっぱり仕事の結果ということに関しては，そういう人たちにどうしてもかないませんから。そこでの負い目というか，それはもう本当に……もうちょっと仕事したいなっていうふうなところは正直ありますね。

　ここまで，27ケースの男性を，生き方の異なる二つの群に分類して，その働き方や仕事への意味づけを比較してきた。
　両群の仕事に対する態度を見ると，群の性格づけに即した違いが見受けられた。仕事優先群の男性は，仕事への自我関与が強く，仕事が生きがいになっている一方で，他者の目を気にしたり，自分で働き方をコントロールできない働かされ感を感じたりしてもいた。ワークホリック的な問題とも見える心理・状況を語る者もいた。対する仕事相対化群の男性は，仕事や仕事の人間関係に入れ込まないよう努めていた。仕事相対化群が仕事から一線を画そうとするのは，仕事に魅力を感じないがゆえの消極的選択ではないのである。仕事のやりがいや楽しさは仕事優先群と同じように感じているのだが，それをある程度犠牲にして，結果的に多少の不全感を抱くことがあっても，自らの信念に基づく主体的選択として家庭に関与することを選びとっているのだと考えられた。

## 3　仕事優先群はなぜ稼ぎ手役割を積極的に受容するか（研究2-2）

### 研究2-2の目的

　研究2-1では，仕事優先群と仕事相対化群で，仕事に対する態度や働き方が異なっていることが明らかになった。男性の職業役割は，家族の中での稼ぎ手役割・扶養役割と関係が深い。家族を扶養する責任が自分の肩にかかっていると思えば，職業役割から距離をとることは難しくなるだろう。「男は仕事」とする男性ジェンダー規範に囚われるかどうかは，自分が男性であることを社会

的な役割とどのように結びつけているかによって異なると推測される。この節では研究2-2として，仕事優先群と仕事相対化群の稼ぎ手役割に対する意識・態度を軸に，それが他の役割（父親役割や男性性役割）に対する意識や，男性性に対する認識とどのように関連するかを検討する。そして，男性が「男は仕事」とするジェンダー規範に囚われるメカニズムを考えていく。

### ジェンダー役割に関する概念の抽出

研究2-1と同様に，27名全員のプロトコルに繰り返し目を通し，M-GTAの手法によって稼ぎ手役割に対する態度や，ジェンダー観，男性性についての考え方など，19の概念を抽出した。概念は，その意味の共通性からさらに五つのカテゴリーにまとめられた。カテゴリーと概念の名称，定義，具体例の一覧は表4-6のとおりである。

どの概念に対して，どのケースが具体例を提供したか，ケース×概念のマトリックスを作成したのが表4-7である。ある概念に相当する語りが見られたケースに○印をつけたものである。

なお，表4-7の最上段に記載した妻の就労に関する情報は，語りでなく，インタビュー前に記入してもらったフェイスシートから，解釈の補足資料として抜き出したものである。フルタイムか，週に35時間以上のフルタイム並み勤務をしているケースには○印，6～34時間のものには△印，無職を含め，就労時間が週に5時間以下のケースには×印を付してある。

### ジェンダー役割観の比較1：稼ぎ手役割に対する態度

カテゴリー10『稼ぎ手役割に対する態度』では，仕事優先群に多く見られた〈稼ぎ手役割の積極的受容〉が，仕事相対化群では一人も見られなかった。

- （AEさん）［自分が稼ぎ手であるのは］当たり前でしょうね。もうちょっと稼ぎがあれば大変すばらしいと思いますけど。まぁちょっとすごいくらいです。平均よりは結構稼いでいるので，その部分は尊敬をほしいと思うんですけどね。まぁ，しょうがない。
- （Pさん）男は見栄っぱりなんで，甲斐性があって，人一人くらいちゃんと養えよ，と。人一人じゃないね。子ども含めて。家族ぐらい養いましょう。

表 4-6 性差についての考え方・ジェンダー観に関するカテゴリー・概念

| カテゴリー | 概念 | 定義 | 具体例 |
|---|---|---|---|
| 10 稼ぎ手役割に対する態度 | 稼ぎ手役割の積極的受容 | 稼ぎ手役割をプライドを持って積極的に引き受ける，または稼ぎ手であることが自分のアイデンティティの一部となっていることを示す言明。 | （Lさん）現実として［収入が妻と］逆転してるケースっていうのは，その男が，俺はいけないと思う，いけないっていうか負けてると思うんですよ。勝ち負けじゃないとは思うんですけど。ちょっと……自分だったらたぶん，うわー辛いなーって思うと思うんですよ。 |
| | 稼ぎ手役割の消極的受容 | 「しかたない」，「それでもいい」など消極的ではあるが，自分が一家の稼ぎ手である現実を受け入れていることの言明。 | （Dさん）［自分が稼ぎ手であることは］自分の中で違和感は全く無くて，あのー，それでいいんだろうと思っています。 |
| | どちらが稼ぎ手でも構わない | 稼ぎ手役割は夫婦のどちらが果たしても構わないという言明。 | （AAさん）別にどっちでも構わないと思います。僕が10稼いで妻が完全に主婦であっても，逆に，妻が10稼いで僕が0で完全に主夫になっても構わないと。10あるんだったらそれはそれでいいんじゃないかと。 |
| | 職業役割は二人で果たすべき | 職業役割は夫婦が二人とも果たすのがよいという考え。単なる経済的必要性や経済的余裕が増すという理由でなく，価値観・信念としてそうあるべきだという考えの言明。 | （Fさん）今はやっぱり女の人にすごいお任せしてるんだと思いますよね，子育てを。任せすぎちゃって，子育ての大変さをもっと担わないとダメなんじゃないかなと思いますね，男の人も。でも裏返しで，女の人もちゃんと稼ぐ役割を担ってほしいというのが，一方で僕の中ではあるのかもしれないですけどね。 |
| | （妻の就労時間） | ○…週に35時間以上<br>△…週に6〜34時間<br>×…週に5時間以下 | ［フェイスシートとインタビュー中の語りから抽出］ |
| 11 分業の理由づけ | 妻が育児をするので自分が働く | 性別役割分業が選択された理由づけが，「育児が妻の役割である」ことが前提で，だから「自分が働き手になる」という順序で語られるケース。 | （Dさん）家族が暮らすための収入を得てくるということは，男だからなのかな，うーん，そこは思います。それは裏返しなんです。何の裏返しかというと，さっき育児のところで母親，お母さんが家にいて「おかえりなさい」って言って子どもを迎えてほしいという，これは自分の希望。それを実現するためには，裏返せば男はそれを保障するための収入を確保してくる。そうしないとお母さん，家にいられませんよね。 |
| | 自分は仕事があるので妻が育児 | 性別役割分業が選択された理由づけが，「自分には仕 | （Jさん）仕事やってても［子どもの］体調悪くなったら［妻には］すぐに駆けつけてあ |

82

第4章 「男は仕事」規範を相対化するプロセスを探る（研究2）

| カテゴリー | 概念 | 定義 | 具体例 |
|---|---|---|---|
| | をする | 事がある」ことが前提で，だから「育児は妻がする」という順序で語られるケース。 | る程度対処してほしいし，ある程度かくてやばいっていう状況だったら俺がぬけないっていうこともあるけど。(中略)もともと俺の仕事の事情が，人それぞれ人のいろんな[顧客の]家庭によってまちまちだし，俺らみたいな本当にひとりでやってる人間は，そのひとりでそのコースしか抱えていないわけだから代役がいないのよ。 |
| 12 親役割に対する態度 | 父親の役割は身体性 | 父親の役割は，身体を使った遊びや腕力の扱い方の指針を示すなど，身体性に基づいたものが向いているとする考え方。 | (Kさん) 筋力的に強いとか，男性として生物学的にどうだっていうのはあると思うんですよね。そういうことに起因するような，男性として持ってる特徴ですよね。そういうもので，たとえば女性を，たとえば腕力が劣るような人たちを傷つけたり，そういうようなことは絶対しちゃいけないっていうことは，やっぱり父親が言ったほうが，何か説得力があるというか。 |
| | 父親は強く厳しく | 父親は強く厳しく権威を持った存在であるのがよいとする考え方。 | (Jさん) 今はちっちゃいけど4歳，5歳とかでいろいろ反抗期になってきた時に，やっぱり旦那の力っていうのも必要になってくるんじゃないかな。いざ本当に怒る時は怒る，優しくするときは優しくするっていうのは必要だと思ってるから。 |
| | 母親は本質的に育児に向いている | 産む性である母親は本質的に育児向きにできているので，母親が育児をするほうがよいという考え。 | (AEさん) 3歳児ぐらいまではどうしてもやっぱり，私の考えでは，お母さんが面倒を見てあげなきゃいけないと思ってる。やっぱり，母乳をあげたりとか，寝る時に一緒に寝てあげたりとか。まだどうしてもやっぱり母親には代われない，父親は。動物としての本能的な部分はやっぱり母親じゃないと。父親で勝てない部分だと思ってますね。 |
| | 生物学的性差はある | 男と女は違うという言明。「親として」とか「役割上」とかではなく，生物として男と女の違いは確かに存在するという認識。 | (Iさん) 男女平等だとか言ってるけど，そんなの絶対有り得ないんですよ。性別が違うんだから。(中略)労働基準法で[聞き取り不能]だとかそういうところは，女性は入っちゃいけないってなってるんですよ。なんで男は入って女は入っちゃいけないのか。それは女だから。女は子どもを作るからっていうのがあるから。絶対対等っていうのはないわけ。 |
| | 生物学的性差以 | 生理学的な身体の構造に由 | (Mさん) [父親と母親]どちらも全部やら |

| カテゴリー | 概念 | 定義 | 具体例 |
|---|---|---|---|
| | 外に親役割上の差はない | 来する面以外で、男性と女性が育児において果たすべき役割に違いはないという信念。 | んとアカンって思いますね。どっちかがやらんでいいってものはないと思います。 |
| 13 男らしさについての考え | 男らしさ＝身体的力 | 男らしさを身体的な力強さと結び付ける考え方。 | （AEさん）体力であり、頭脳であり、もちろん運動能力もそうですし。うーん、優しさもそうだし。女性の優しさとはちょっと違った優しさ。厳しい優しさかな。あと、明確な善悪の判断の基準をする基準……がまぁ、男らしさですかね。 |
| | 男らしさ＝精神的な強さ | 男らしさを、信念・決断力・頼りがいなどの精神的な強さに結び付ける考え方。 | （AFさん）そうですね、頼りがいがあるとか頼られるとか、そういう部分ですよね。 |
| | 男らしさ＝自己犠牲 | 男らしさを、自己を犠牲にしても他者を守ることと結び付ける考え方。 | （Cさん）一般的な男らしさって言ったら、犠牲的精神みたいなことかな。（中略）働き蜂的な感じ。 |
| | 男らしさを意識しない | 男らしさ、女らしさという男女差の存在を意識しない、もしくは男女差はないという考え。 | （Kさん）うーん、社会的な男らしさとか、女らしさっていうのは、もう何か特に感じなくなっちゃいましたよね。 |
| 14 男性ジェンダー規範に対する態度 | 男性ジェンダー規範を受容している | 男性ジェンダー規範を受容しているので、それを負担に感じることはないという言明。 | （AFさん）うーん、［負担と感じることは］あんまりないですね。自分が思ってるとおりのことを周りが言ってきて、その周りの期待に応えるように努力はしてるんで、理不尽なことは［ない］。多分、周りが思う「男だからこうなんじゃないの？」っていうのは自分自身も同調できてると思うんですよ。 |
| | 男性的文化への親和性 | ヘゲモニックな男性的文化への親和性の高さと、その裏返しとしての異性（女性）に対する忌避感、苦手意識の言明。 | （AEさん）男性として生きることの大変さ？うーん、やせがまん、かなぁ。やっぱり後輩と会った時には基本的に全部奢るとか。そんなに小遣い多いわけじゃないのになぁっていう。（中略）［男性であり先輩であることが一番責任が重いので］雑談してても、そこで何かがあったと、それこそ強盗が入ってきたら、後輩を守るのが先輩の役目だし、グループのリーダーっていう感じですからね。ちょっと体育会系すぎるかもしれないですけど。 |
| | 男性ジェンダー | 男性ジェンダー規範によっ | （Uさん）仕事しなきゃいけないとかね。そ |

第 4 章 「男は仕事」規範を相対化するプロセスを探る（研究 2）

| カテゴリー | 概念 | 定義 | 具体例 |
|---|---|---|---|
| | 規範の拘束を感じる | て何がしかの制約や負担，不自由さを感じているという言明。 | ういう社会で対外的に全部男がやらなきゃいけないみたいな感じがやっぱり社会の中にあるから，それは多少負担かなっていうふうに思いますけどね。 |
| | 男性ジェンダー規範の拘束は感じない | 男性ジェンダー規範による拘束を感じる機会がないので，負担・不満感は特にないという言明。規範を受容しているから負担とは思わないという意味ではない。 | （D さん）特に男性だからこうだろうとか，こうじゃなきゃだめだよなとか，そういうことはほとんど感じていないので，感じなくなってますので，したがって生きづらさも感じない。 |

表 4-7　性役割についての態度に関する各ケースの反応

| カテゴリー | 概念 | 仕事優先群 A | B | E | H | J | K | L | N | P | Q | S | T | U | AE | AF | 仕事相対化群 C | D | F | G | I | M | AA | AB | AC | AD | AG | AH |
|---|---|---|---|---|---|---|---|---|---|---|---|---|---|---|---|---|---|---|---|---|---|---|---|---|---|---|---|---|
| 10 | （妻の就労時間） | × | △ | × | × | ○ | ○ | △ | ○ | ○ | ○ | ○ | ○ | × | △ | × | × | × | × | △ | ○ | ○ | ○ | ○ | ○ | ○ | ○ | △ |
| | 稼ぎ手役割の積極的受容 | ○ | ○ | | | | ○ | ○ | ○ | | | ○ | ○ | | | | | | | | | | | | | | | |
| | 稼ぎ手役割の消極的受容 | | | | ○ | | | | | ○ | | | | | | | ○ | ○ | ○ | | | | | | | ○ | | | |
| | どちらが稼ぎ手でも構わない | | | | | | | | | ○ | | | | | | | ○ | ○ | ○ | ○ | | | | | | ○ | | |
| | 職業役割は二人で果たすべき | | | | | | ○ | | | ○ | | | | | | | ○ | ○ | ○ | ○ | | | | | | | | |
| 11 | 妻が育児をするので自分が働く | ○ | | | | | | ○ | | ○ | | ○ | | | | | | | | | | | | | | | | |
| | 自分は仕事があるので妻が育児をする | | | | | ○ | | | | | | | | | | | | | | | | | | | | | | |
| 12 | 父親の役割は身体性 | | | | ○ | | ○ | ○ | | ○ | ○ | | | | ○ | | | | ○ | | | | | | | | | |
| | 父親は強く厳しく | ○ | ○ | ○ | | | | | | | | | | | | | | | | | | | | | | | | |
| | 母親は本質的に育児に向いている | ○ | | | | | | | | | | | | | | | | | | | | | | | | | | |
| | 生物学的性差はある | ○ | ○ | ○ | | | | | | | | ○ | | | | | ○ | ○ | ○ | | | | | | | | | |
| | 生物学的性差以外に親役割上の差はない | | | ○ | | | ○ | | | | | | | | | | ○ | ○ | | ○ | | | | | | | | |
| 13 | 男らしさ＝身体的力 | ○ | ○ | | | | ○ | ○ | ○ | ○ | | | | | | | | | | | | | | | | | | |
| | 男らしさ＝精神的な強さ | | | | | ○ | | | | | | | | | ○ | | ○ | ○ | | | | | | | | | | |
| | 男らしさ＝自己犠牲 | ○ | | | | | ○ | ○ | ○ | | | | | | | | ○ | | | | | | | | | | | |

| カテゴリー | 概念 | 仕事優先群 | | | | | | | | | | | | | | | 仕事相対化群 | | | | | | | | | | | |
|---|---|---|---|---|---|---|---|---|---|---|---|---|---|---|---|---|---|---|---|---|---|---|---|---|---|---|---|
| | | A | B | E | H | J | K | L | N | P | Q | S | T | U | AE | AF | C | D | F | G | I | M | AA | AB | AC | AD | AG | AH |
| 14 | 男らしさを意識しない | ○ | ○ | | ○ | | | | | | | | | | | | ○ | ○ | ○ | | ○ | | | | | | | |
| | 男性ジェンダー規範を受容している | | | | | | | ○ | | | | | | ○ | ○ | | | | | | | | | | | | | |
| | 男性的文化への親和性 | | | | ○ | | | | ○ | ○ | | | | | ○ | | | | | | | | | | | | | |
| | 男性ジェンダー規範の拘束を感じる | | | | | | ○ | | | | | | ○ | ○ | | | ○ | | | | | | | | | | | ○ |
| | 男性ジェンダー規範の拘束は感じない | ○ | ○ | | | ○ | | ○ | ○ | | | | | | | | ○ | ○ | ○ | | | ○ | ○ | ○ | | | ○ | ○ |

　妻の働き方を見ると，仕事優先群と仕事相対化群で，妻の就労の有無に明確な差異はないように見える。妻が週35時間以上のフルタイム（育児休業中，自営業を含む）か，フルタイム並みの勤務をしているケースは，仕事優先群では15ケース中6名（40.0%），仕事相対化群では12ケース中7名（58.3%）で，$\chi^2$検定をしても分布に有意差はない[2]。しかも仕事優先群の男性に多い〈稼ぎ手役割の積極的受容〉をしているケースは，妻の就労時間が短いケースと対応するとはいえない（表4-7）。この群の男性が，稼ぎ手役割にプライドを抱き，アイデンティティの一部として取り込んでいるかどうかは，自分が一家で唯一の稼ぎ手であるという経済面の実態に由来するものではないようだ。

　一方の仕事相対化群では，妻の就労が週5時間以下の3ケースで〈稼ぎ手役割の消極的受容〉が見られた。これは家計維持の必要上，自分が一家の稼ぎ手である状況を受け入れざるを得ないという語りであった。

・（Fさん）ただ現実問題，今は僕のほうがどうしても収入が多かったりするので，僕が稼がなきゃっていう思いが今はなくはないですけど，でも別に今の状況がそうなんですけど，でも基本的には僕じゃなくて妻も一緒に稼げればいいと思うし。

　その他の仕事相対化群では，〈どちらが稼ぎ手でも構わない〉，〈職業役割は二人で果たすべき〉という考えを述べたケースが多かった。

---

注2）　$\chi^2(1)=.90$, *n.s.*

・(Gさん)［平等な夫婦とは］まず経済的に両方が自立しているというか，ていうことはあるんじゃないかなと思うんですね。そこのバランスが崩れていると，やっぱりどこかちょっと崩れてくることが起きる可能性があるかなっていう感じがするんですね。

　これらの結果から，仕事に入れ込む男性は，自分が唯一の稼ぎ手ではない場合でも，稼ぎ手としての効力感を強く抱くことがわかる。つまり，男性が自分が稼ぎ手であることにこだわるのは，必ずしも経済的な必要に迫られてのことではないのだ。一方で，仕事に入れ込まない男性は，実際には自分が一家の主たる稼ぎ手であったとしても，あくまでも消極的な受容に留まっており，それがアイデンティティの核とはならないことがうかがえた。

**ジェンダー役割観の比較2：性差やジェンダー規範に関する考え方**

　ではこのような両群の違いはどこから生じるのだろうか。性別役割分業的な偏りのある役割分担をしているケースで，そのような分担をしている理由についての語りを拾ったのが，カテゴリー11『分業の理由づけ』である。自分が仕事中心にならざるを得ないから妻には育児中心にしてもらわねばならない，〈自分は仕事があるので妻が育児をする〉としたのは，仕事優先群でも1ケースのみであった。他はすべて，妻が育児をすることが前提としてあり，だから自分は仕事中心になるという論理〈妻が育児をするので自分が働く〉で理由づけがされていた。このことは，性別役割分業をよしとする根底にあるのは，実は「男は仕事」という規範ではなく，育児に関する母親の役割・存在を絶対視する母性神話であることを示唆している。

・(Aさん)基本的にうちは，俺が結婚してから今まで，嫁に「働け」と言ったことはない。ていうのは，自分のサラリーだけでやってきたっていうのはあるし，でも，そこにね，こだわっているわけではない。でも，今まで子どもらが3人生まれてきてね，今［結婚して］13年。ね，で，一番上の子が10歳。その前の年に妊娠してるわけでしょ？　そうすると11年。で，この長女のまえに，もう何回か経験してるから，実際には。長女はこれ3回目の妊娠なのね。その前の2年間に，2回妊娠してるの。［その前の2人は］縁がなくてできなかったでしょ？　できなかったんだよ。で，

[長女が]できました。それで，[2人目]できました。で，[3人目]できました。なので[嫁が]働ける期間なんてない，実際の話。だから，働くなって言ったわけでもないし，働けって言ったわけでもない。ただうちとしては，[嫁が]働いて，余分に給料もらって，っていう生活よりは，俺が働きますと。

・(Nさん)男性と女性っていうのは，まぁ違いますよね。生理的にね。やっぱりその，私たちが思春期の時，第二次性徴の時に，明らかに体型やホルモンのバランスが違う場合のように，男っていうのは太く強くできてるし，女の人は柔らかくできている。それは子どもを産む準備。逆にいうと男[が太く強いの]は，家族を守る準備っていうか。たぶん，それが超自然的な原理だと私は思ってるから，それに合ったものでいいと思いますよ。

仕事相対化群でも，妻が専業主婦で自分が唯一の稼ぎ手である男性2名が，〈妻が育児をするので自分が働く〉ことをその理由として挙げていた。

**ジェンダー役割観の比較3：親役割と性差**

親役割に関して，性差はどのように意味づけられているだろうか。カテゴリー12『親役割に対する態度』のうち，男性は妊娠・出産・授乳ができないという生物学的な身体機能の性差についての言及〈生物学的性差はある〉は，どちらの群にも見られた。だが，産めない父親にくらべ，産む性である女性に子育てにおける優位性を認める〈母親は本質的に育児に向いている〉という考えを語るのは，仕事優先群に多かった。

・(Bさん)多分，母性とかあるわけじゃない？　母性の中にそういったところが入ってるんじゃないかな。ちゃんとケアするっていうかね，世話をするっていうか。男性はそういったところが本能的に女性には劣るところがあるんじゃないですかね。

・(Qさん)ほんとはやっぱり女性は子どもをやっぱり産んで，やっぱりどっか気持ちはちょっと違うからと思うから，少しずつ女性のほうが子育てが多い感じにするのがうまくいくような感じがしますけど。

さらに仕事優先群では，父親の役割は，身体を使った遊びや腕力をもって子どもを制することなど，身体的な力の強さを発揮することだとする〈父親の役

割は身体性〉，父親は母親と違って子どもにとって厳しく立ちはだかる存在であるべきだとする〈父親は強く厳しく〉など，子どもに対する親としての役割においても，父親と母親は異なる役割を負うものとする言明が見られた。

・(Pさん) 母親にしかできないこと，父親にしかできないことっていうのはあると思いますけど，子どもが男の子と女の子なんで，男の子はやっぱ父親とそういう，動きを伴う遊び，かけっこか。身体を使う遊び，そういうふうなので［父親の］役割があると思いますけどね。

・(Eさん) それは人に迷惑をかけないようにする，迷惑かけたらガツーンって。教育は，そこらへんはやらなきゃいけないって感じはありますよね。（中略）［子どもが］男2人なので，（中略）大きくなったら，力強くなってくるんで，やっぱそれに負けないくらいの元気と体力くらいはないとなめられちゃうので，なめられちゃうと，やっぱり親として大変じゃないのかな。

一方，仕事相対化群では〈生物学的性差以外に親役割上の差はない〉，つまり産むこと・母乳を与えることを除けば，父親であっても子どもに対して母親となんら変わらない役割を果たすことができるという信念を持つ人が多かった。

・(ADさん) どっちがやらなきゃいけないってことはないと思うんですけどね。……そうですね，別に何をどっちがやらなきゃいけないとかはないと思います。母乳だったら母乳でしょうがないかと思いますけれど，それ以外のことの育児に関しては別に，誰がやるとかはないと思いますね。［調査者：どっちでもできる？］そうですね。基本的にどっちでもできることだと思います。

・(AAさん) 多分，これは父親がやったほうがいいっていうのは，ないですね。どっちでも多分，誰でも多分。特にこれが父親がやらなきゃいけないっていうことは多分一つもないと思いますね。［調査者：逆にこれは母親がやったほうがよいっていうことは？］それは，それもないですね。さっきも言ったように，母乳の場合はしょうがないですけど。男も母乳が出ればそれはそれに越したことはないと思うけど（笑），多分，普通に考えて出ない。ただ，ミルクをあげることはできますし。そうですね，特に母親じゃないと駄目だってこともないと思いますね。［調査者：父親も母親も

本質は同じ？］うん，そうですね。多分子どもが求める「母親的なもの」みたいなのはあると思うんです。でもそれは誰がやっても同じな気がします。［調査者：母親的な？］母親的なもの，は誰がやっても。そうですね，それこそ，おばあさんとかおじさん・おばさんとか。保育園に預ければ，保育園の職員のスタッフの人たちが同じことをしてるかな。そうですね。［調査者：違いはないと？］違いはないと思います。

**ジェンダー役割観の比較4：男らしさについての考え方**

「男らしさとは何か」についての言明を集めたカテゴリー13『男らしさについての考え』を見ると，男らしさを身体的・精神的な強さや自己犠牲の精神と結びつける考え方は，仕事優先群に多く見られた。こうした「男らしさ」を強さと結びつける発想が，先に述べた親役割の性差である〈父親の役割は身体性〉，〈父親は強く厳しく〉につながるのだと考えられる。

- （Pさん）やっぱり自分がしっかりしてないと肉体的にも精神的にも，それが男らしさとか。やっぱりちゃんと芯のとおってる，芯の太い人じゃないと。強さっていうか，しっかりしてる人じゃないと，仕事できない。
- （Bさん）男性として何ができますか，という時に，精神的にもそうだし肉体的にも弱い立場にいる人たちを守る，そういったことが男の役目としてあるんじゃないですかね。一時期教育も問題になってましたよね。男女平等にあまりにも縛られ過ぎて，女の子も男の子みたいに，男の子も女の子みたいにっていうか，そういう教育の仕方も一時期やってましたけども，それはやっぱり間違いというか，考え方が違うんじゃないかな，という思いがあって，やっぱり男には男にしかできないものがあるわけで，それを育てていく，伸ばしていくというか，そういうことが必要ですよね。やっぱり家族の中でも，父親としての役割，母親としての役割っていうのはやっぱりあるはずなんで。
- （Sさん）うーん，男だから。まぁ，守るかな。家族を守るとか。仕事とかでも守るし，変な話，今危ない人多いじゃないですか。そういうのが来た時にも。

仕事相対化群では，男らしさや父親の役割を強さと結びつけるケースは少な

かった。

　カテゴリー14『男性ジェンダー規範に対する態度』は，規範による拘束や制約，負担を感じることは特にないとする人が両群ともに多かった。男性に対するジェンダー規範の存在を認めた上でそれを受容すると語った人は，仕事優先群のみで見られたが，人数はあまり多くはない。しかし，自分の行動パターンの理由づけとして，いわゆる体育会系への馴染みの深さや男性的文化に対する親和性の高さに言及する〈男性的文化への親和性〉は，仕事優先群の数人に見られた。

- (Lさん) [仕事で周囲に気を遣って不必要な残業をしてしまうのは] 部活で団体競技やってたんで，そこでキャプテンとか，副キャプテンとかやってて，じゃあみんながどううまく動けばいいだろうとかいうような立場でやってたからかもしれないですね。それがたまたま会社入ってから，その職場の周りの雰囲気と合致したのかもしれないですね。
- (AFさん) 僕は男 [の中] で育ってるし，部活も少林寺拳法部とかだったから。だから，むやみやたらに人を殴るわけじゃないんだけれど，殴られてるから，散々。殴られて痛いっていうのがわかってるから，殴ることはないし。

　仕事優先群には，女性に対する苦手意識を語った男性も2名いた。男女の区分を強く意識するという意味では，男性的文化への親和性の高さを反対方向から表現したと解釈することもできるだろう。

- (Hさん) 僕ずーっと中学高校と男だけで，男子校出身なんですけど，中学とかあの時期に周りに女性がいなかったから，僕はやっぱりどこかで女性が苦手なのかな？　それで，その [表層的な面では男性に求められる行動を] きっちりしようとか思ってるのかもしれないですけどもね。
- (Nさん) これ [洗濯] はね，完全にもう [妻に] 任せてますね。なぜかって言うと……私，苦手かもしれない。女性の下着とか触るの。

**ジェンダー役割観の比較5：仕事優先群はなぜ稼ぎ手役割を積極的に受容するか**

　複雑な存在である生物を，単一の「本質」で定義しようとする考え方を「本質主義」という（Hrdy, 1999　塩原訳, 2005, p.44）。たとえば，男女の生物学的な

機能の違いを，他の社会的役割にまで拡張して適用するような考え方のことを指す。「産む性である女性は，本質的に男性より育児に向いている」という母性神話は，まさに本質主義的なジェンダー観の代表格である。仕事優先群の男性は，〈母親は本質的に育児に向いている〉，つまり，子どもが生まれたら女性は仕事より育児中心になるべきであると考えていた。彼らに特徴的な言明・考え方をつなぎ合わせると，以下のような意味づけの連鎖が浮かびあがる。

　性役割に関して本質主義的な発想をする仕事優先群の男性は，「女性＝産む性」という女性性の"本質"に相当する男性性の"本質"は何かを考えるだろう。そして，「男性であること」の本質的な特徴として「身体的・精神的強さ」を想定する。"強い"男性が（強くない）女性と子どもを犠牲的精神で守るという，男性性の本質の現代的な表現のしかたが稼ぎ手役割なのだろう。そうなれば，生計を維持する役割は男性である自分が担うべきものと認識される。だから，彼らにとって稼ぎ手役割は，単に生活上・経済上の必要に迫られて消去法的に引き受けるものではない。男性の本質である"強さ"をそなえた"適格な男性"の証明として積極的に引き受けることで，アイデンティティの一部となっているのではないだろうか。

　それに対して仕事相対化群の男性は，母性神話的な信念は弱く，妻も自分もどちらも同じように育児をすることができるし，するべきであると考えている。育児を女性が果たすべき役割と限定的に捉えることがなければ，性別による役割の相補性原理は働かない。したがって，稼ぎ手役割が，男性である自分だけが引き受けるべきものという認識も弱いのだと考えられる。

### 男性が「男は仕事」とする男性ジェンダー規範に拘束されるメカニズム

　この節では，カテゴリー10『稼ぎ手役割に対する態度』を軸として，仕事優先群と仕事相対化群のジェンダー観の比較を行なった。そして，なぜ男性が「男は仕事」とするジェンダー規範に拘束されるのか，探索的にそのメカニズムのモデルを作成した。

　このモデルが正しいならば，男性が仕事優先の生き方から離脱することを可能にするためには，「男性＝仕事」とする男性ジェンダー規範に対する信念に働きかけるだけでは十分ではないということだ。根本からの変化を促すために

は，男女はその生物学的機能ゆえに社会的な役割も異なるというジェンダー観そのものを変化させること，すなわち母性神話を払拭することが効果的だと考えられる。そうでなければ男性は，唯一の稼ぎ手として扶養責任から降りることはできないまま，せいぜい二重基準型への移行にとどまるだろう。

　生物学的な性差について予見を持たずに，「子育てのスキルは女性（母親）のほうが高いのか」，「子どもへの愛情や慈しみは女性のほうが強いのか」を検討した研究では，育児のスキルも感情も生物学的性によって自動的に決まるものではないことが明らかにされている。たとえば，Field（1978）は，一次的養育者（子どもの世話を一番している養育者）である父親，一次的養育者である母親，二次的養育者（子どもの世話において二番手である養育者）である父親，という3群の親たちの比較を行なっている。4か月の子どもと相互作用する場面のビデオ分析からは，養育的な行動の頻度は，性別よりも育児経験の多寡によって異なることが示されている。育児をよくする父親とほとんどしない父親で，子どもへの感情が異なることを確かめた柏木・若松（1994）では，育児をよくする父親は，育児の主な担い手である母親と同じような感情・心理を抱くようになることが報告されている。そして，父親が一次的養育者として育てた子どもの発達には何ら問題はないことが，いくつもの縦断的な調査によって確かめられているのである（Radin, 1994）。

　母親以外の個体が子育てに関わることは，動物行動学では「アロマザリング」（allo-mothering, allo は「別の」という意味の接頭語）と呼ばれる。近年の研究成果から，進化の過程を通じて，人類の子育てはアロマザリングなしでは成立しえなかったこと，現に多くの文化でアロマザリングが行なわれていること，したがって子育てのスキルや子どもへの愛情は母親や女性だけに特有のものではないことが明らかにされてきた（Hrdy, 1999；根ヶ山・柏木，2010 など）。それでも一般市民の意識の中では，幼い子どもを持つ女性が働くことについての賛否はほぼ二分されているのが現状だ。図4-1で，「幼い子どもを持つ時期には，女性が働かないほうがよい」という意味を含んだ選択肢への支持を合計すると49.8％となり，「子どもができても，ずっと職業を続けるほうがよい」の47.5％とほぼ拮抗する（内閣府大臣官房政府広報室，2012）。第一子を出産して退職する女性の割合は30年前から6割のまま変化していないことも，女性の生き方

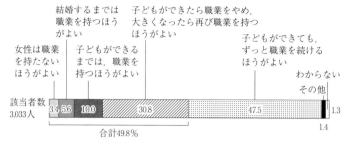

図4-1 女性が職業を持つことについての考え方（内閣府大臣官房政府広報室，2012を改変）

がいまだに母性神話の影響を強く受けていることの一つのあらわれといえるだろう。

だが，研究2-2の結果は，母性神話の影響下にあるのは女性だけではなく，男性の生き方もまた母性神話に縛られていることを示唆している。いささか回り道に見えるかもしれないが，男性の生き方の自由度を増すための有効な介入方法は，職場のワーク・ライフ・バランス研修や，妻が妊娠中の両親学級等の場でアロマザリングについての研究成果を積極的に広め，母性神話に対する思い込みを取り除く心理教育を行なっていくことなのかもしれない。

ところで，仕事優先群の中にも，〈稼ぎ手役割は二人で果たすべき〉や〈生物学的性差以外に親役割上の差はない〉という概念への言及はあった。また，もう一方の仕事相対化群にも，性別役割分業的な現状を〈妻が育児をするので自分が働く〉という理由づけをしたり，男性性を強さや自己犠牲と結びつけて考えたりするケースは見られた。これらのケースからは，男性がジェンダー規範に拘束されるかどうかは，「性別役割分業に賛成の人は仕事を優先した生き方／反対する人は仕事優先の価値観を相対化した生き方」という単純な図式では説明しきれないことを示唆している。男性が「男は仕事」というジェンダー規範を相対化するためには，いわゆる性別役割分業意識とは異なる"何か"が関係しているようだ。次節では，それが何であるかを検討し，男性が「男は仕事」というジェンダー規範から自由になるためには何が必要かを掘り下げてみたい。

## 4 仕事優先群から仕事相対化群への変化プロセス(研究 2-3)

### 研究 2-3 の目的

第2節(研究2-1)では,仕事と家庭が葛藤する場面での対処のしかたに基づいて,仕事優先群と仕事相対化群の分類を行なった。仕事相対化群に分類された12名のうち5名[3]が,「かつては仕事優先だったけれど現在はそうではなくなった」と,生き方が変化した経験を語った。この5名を変化群として,彼らがどのような過程を経て生き方の変化を遂げたかを掘り下げていけば,男性が「男は仕事」というジェンダー規範の拘束から自由になることを可能にするものが何であるかを明らかにできるのではないか。

インタビュー時の5名の状況は,会社員だが,残業や休日出勤はあたりまえという働き方を改めたケースが2名(Cさん,Dさん),離職して無職だったケースが2名(ACさん,AHさん),育児休業中が1名(AAさん)である。AAさんは,休業期間が1年と長い上に,所得補償がゼロとなる1歳以降の休業取得という点で,男性としては二重に珍しいケースといえるだろう。

この節では,変化群男性5名の語りの分析によって,男性が仕事優先の生き方から脱却するプロセスを探ることを目的とする。

### プロセス・モデルの作成

変化群のプロトコルから,生き方が変わったプロセスに関係すると思われる概念を,M-GTA の手法で抽出した。一連の分析過程を経て,16 の概念が生成された。概念はさらにカテゴリー・上位カテゴリーにまとめられた。カテゴリーと概念の名称,定義,具体例の一覧は表4-8のとおりである。

出来事の時間的な順序や,理由づけという形での原因と結果への言及,「もしこうでなかったとしたら」という仮定された状況についての推測などの語りを手がかりにしながら,これらの概念・カテゴリーの関係を検討した。最終的

---

注3) このほかにも「なるべく家庭に関わるよう努力するようになった」と変化に言及したケースが2名いたが,どちらも〈家庭のために仕事の調整はしない〉仕事優先群に分類されており,仕事最優先の生き方から脱却したとは言えないと考え,この分析には含めていない。

表4-8 生き方の変化に関するカテゴリー・概念

| 上位カテゴリー | カテゴリー | 概念 | 定義 | 具体例 |
|---|---|---|---|---|
| 1 ふりかえり | | コントロール喪失による立ちどまり | 自分でコントロールが効かない事態に遭遇し、いったん立ちどまった。 | (AAさん) そういうの［自分の成長］が、多分そのまま同じことをやってたら、ないんじゃないかなぁと。ちょっと視野を変えてみてもいい時期になったのかなぁっていうのはあります。(中略) 単純計算でも13時間ずっと現場にいるとけっこう消耗？ 消耗感がある。そうすると1件1件を大事にできなくなったりだとか、ほんとはその人にとって一生で1回のことなのに、自分たちにとっては一日15件とかそのぐらいある中の一つで。もう次の日には完全に忘れてしまってる、ほとんど。うん。うん……ま、そういうのもちょっとある、まぁ割ときつい仕事、3Kみたいな感じ。きつい仕事だってのもあるし。 |
| | | 自分を客観的に見る | 自分の状態や人生の先行きを客観的に見るようになった。 | (ACさん) 過労死する人だって、もし仏教的な視点をちょっとでも持っているんだったら、「あ、ちょっと待って、この仕事って本当に重要なのか」って考えてから再度打ち込むかもしれないし、ちょっと休もうとかね、そういうことですよね。あるいは周りの人がそう言ってあげるとか。周りに仏教、仏教とは言わないけど、なんらかのスピリチュアルな視点を持っている、スピリチュアルな視点っていうか高い視点ですよね。(中略) 必ずしも俯瞰しなくてもいいんですけど、外野からポンといえる人。ロックなんていうのは乱暴なんですけど、常識的なこととバッと違う視点から言っちゃうじゃないですか。お笑いでもなんでもいいんですけど、王様は裸だと。そういう状態を作ることですね。バーンと普通の路線に乗っかってるところから、道を外れちゃった人たちみたいな。もちろん俯瞰できればそれが一番いいんですけど。 |
| | | このままではいけない | 今までどおりの生活を続けていてはいけないと、生き方を変える必要性を認識した。 | (AHさん) 結局、家にいる時間もないし、帰ってきたら寝てるし、で、みんな寝てる間に真っ暗なうちに出て行くんで。そういう不満もあったにはあったんですよね。そういうまぁ、他の［仕事］がいいかなっていう。 |

第4章 「男は仕事」規範を相対化するプロセスを探る（研究2）

| 上位カテゴリー | カテゴリー | 概念 | 定義 | 具体例 |
|---|---|---|---|---|
| 2 葛藤 | 固定化した役割観との葛藤 | 各自が役割を果たすのが家族 | 家族とは役割規範に則って，それぞれが役割を果たしていれば自ずと成り立つ関係であるという家族観。 | （Dさん）［子どもとの遊びが中心で世話をしないのは］……めんどくさいからかな。（中略）いや，多分ほんとに子どもが困ってたらやると思うんですよね。その状態のままだったら。でも母親がいて，母親が何とかケアしてくれる，できる状態であれば，自分からわざわざ出て行ってやらない，そういうことだと思うんですね。 |
| | | 生活リスクの自覚 | 自分が仕事優先の生き方から降りることによって生じる経済的デメリットや，妻が働きに出た場合子育てをどうするかという問題を気にする。 | （Cさん）［自分ひとりが稼ぎ手であるという現状は］リスクは大きいよね。仕事柄ねえ，僕になんかあったらどうしようとか思うもん。だから，不安とかいうんじゃなくて，子どもが学校に行くようになったら，もういっぺんそのへんのことは相談してみようかなー，Y［妻の名］と話し合ってみようかなとは思ってる。 |
| | 社会との関係の葛藤 | 周囲から特別視される | 仕事優先の生き方を降りたことで，よくも悪くも周囲から特別な目で見られる経験。 | （ACさん）世間から見ても，たとえばうちの母親はなんかこう，がっかりしてるでしょうし，あちらの両親はあちらの両親で「いつ別れてもいいようにしておけ」っていう感じがなくはないですね。そのくらい私の立場は危ういです。 |
| | | 周囲の眼を気にする | 仕事優先の生き方を外れることで，周囲からどのように見られるかが気になってしまう。 | （AHさん）まぁでも，基本的に男の人はみんな働いてるわけじゃないですか。だからそういう，結局は，そういうもんだなというものから，自分が外れてるから，引け目になるのかなって。なんか今，考えると。 |
| | | あるだけで使えない制度 | 男性が家庭関与するための制度があっても実際には使いにくいという認識。 | （Cさん）［育児休業を］取りたいし，制度もあるけどねえー，うん。そんな制度ではないはずなんだけど，長期間職場を空けることによって，自分がその職場にいられない環境ができてしまうんじゃないかという恐怖感がある。 |
| | 自己イメージの葛藤 | 達成・上昇へのこだわり | 仕事で高いパフォーマンスを発揮することや，キャリアアップすることに魅力を感じる。 | （Cさん）自分がここまでできることをしないってことは，それって何て言うんだろう……変な話だけど……うーん，100点取れるテストを80点で提出したって感じかな。違うかな。80点でもいいわけよ，別に。通知表には影響はないといえばない。少なくとも4はつくよ。［調査者：でも自分の能力を活かしきったという実感も，ない？］そうそうそう，それは個人の自己実現欲求を満たすか満たさないかの話なので，そこをセーブしてるので。ジレンマ？ |

| 上位カテゴリー | カテゴリー | 概念 | 定義 | 具体例 |
|---|---|---|---|---|
| 3 転換 | 家族観の転換 | 妻との分担調整 | 稼得責任を妻との間で調整することによって，生活リスクに対処する。 | (AHさん) まぁ子どもも大丈夫だしなぁとか，あと収入も2人であれすれば，当然2年で［資格試験に］受かるかわかんないですけど，受かること前提に考えれば，2年くらい2人でパートしていけば大丈夫だなぁとか。 |
| | | 妻の理解 | 妻や家族の理解・支持が葛藤を断ち切る支えになった。 | (Cさん) 結構定期的に確認してるのよ。そういう意味では管理職になるとか出世っていうところも，積極的に自分で話を進めてないんで，「給料あがんないけどごめんね」って話はしてるけど，それでもいいと言ってくれてるうちは［そうする］。もし要求があって，「やっぱり子どもの教育費もかさんできたし」とか言われたら，あーそー，じゃあちょっと頑張るかって話になるかもしれない。 |
| | | 応答的関係を生成するのが家族 | 家族とは，状況や互いのニーズをモニターしあい，それに応答しあいながら，柔軟にケア・対処しつづけあう関係であるという家族観。 | (ACさん) 私も辞めた当初はですね，結構やっぱり，9時から5時まで普通だったら働くんだから，そのぐらいのつもりで子どもを見ながら，たとえば掃除を一生懸命やるとか。最初，料理もやってたんですよ，ちょっと。得意じゃないんですけど，やってたらこれが不評だったんですね。で，結局妻はね，料理が好きなんですよ。私が作りたいのに，あなたが作ってしまうと。しかもあなたが作るものは美味くない，ということでですね。［調査者：厳しい……］まあ，お互い正直に言わなければ意味がないですから。ただ，双方で譲り合いはあったんですよね。どこに解決策みたいなものを見出すかっていうまでは，私たちはそれほど10年の付き合いがあったわけじゃなく，わりと子どもができてから一緒になったっていうパターンだったんで。ただ，正直に話し合ってる結果，彼女は料理がしたいと。あなたが作ったものは不味いと。だから，私が気を遣って料理をするとかいうことではなくて，自分の好きなことをやればいいじゃないかと。そういう中で，少しずつ私は妥協していったっていうか，時間の使い方を変えていったんですよね。 |
| | | 自分のしたいようにする | 社会規範や周囲の眼，他者からの評価 | (Dさん) 会社で，仕事，自分の仕事が，ここまでやるのがミニマムだよなとか，あるいはこ |

第4章 「男は仕事」規範を相対化するプロセスを探る（研究2）

| 上位カテゴリー | カテゴリー | 概念 | 定義 | 具体例 |
|---|---|---|---|---|
| 自己イメージの転換 | | | を気にするのでなく，自分のしたいことに従って行動すればよいのだという言明。 | こまでやるのは当然だよなとか思うところが，クリアーできていれば，もう育児に，育児っていうか，ライフのほうに振りたいというふうに思うなぁって。最近はひょっとしたらしてるかもしれませんね。自分の中で。 |
| | | 多様な生き方を知る | 働き方や家族のかたちについて，規範や自分の経験を越えた多様性を知った。 | (AAさん) そういうのを初めて意識したのは，……多分，ビートルズのジョン・レノンが，オノ・ヨーコとの息子ショーンが生まれて，何か主夫か何かになった，多分その時，それを本か何かで読んで，その時初めて意識したのかな。(中略) その時は別に自分が結婚するとかそういうのも全然考えてなかったんですけど，でも，当然子どもができたらそういうふうにするのが，あたりまえだよなと，その時思ったのは覚えてますね。中学生くらいの時ですけど。 |
| 4 わりきり | | 発達的視点の獲得 | 自分も状況も変化していくという発達的な見通しに立った認識。 | (ACさん) もし私が書いていることが面白ければ，いずれ読みたいっていう人は増えるはずであり，面白くなければ自然に淘汰されていくから，私はもう書くことを別にやめる必要はないけども，やっぱり素人だと。そこまでのレベルに達してないんだから，何か働くにしても別な発想を考えなきゃいけない。それは3年か5年かわからないですけど，あるところで見切りをつけて，働くってことを考えなければならない。ただその時に，もう二度とね，収入のために働くんではなくて，やっぱり何が重要な仕事であるかと。 |
| | | 生き方を変えるわりきり | 完全に葛藤が払拭されたわけではないが，総合的に見て仕事優先の生き方を降りることに納得できるようになった。 | (Dさん) これ回すのやめていいやっていう。5個の輪っかのうち1個止まる，1個が半年止まるけど，それで多少全体のパフォーマンスは落ちるけど，それはそれでいいんだっていう。落ちたって会社が潰れるわけじゃないし，何とかなるよ，多少はがたがたするけどなんとかなるよ，だからいいんだというわりきりね。あるいは多少がたがたして悪くなっちゃって「これ，Dが育休半年も取るからー，こんだけ100点取れずに80点になっちゃったじゃん」って怒られて，お前はバツ，減点，ボーナス半分とか言われてもいいんだと。そういうようなわりきりとかね。 |

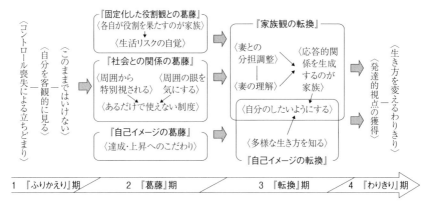

図4-2 仕事優先群から仕事相対群への変化のプロセス・モデル

に，①『ふりかえり』，②『葛藤』，③『転換』，④『わりきり』の4期からなる「仕事優先の生き方から，仕事を相対化した生き方への変化」のプロセス・モデル図4-2を作成した。

### 生き方を変化させたプロセス

プロセス・モデルは4期からなるが，ある時期と次の時期には明確な境界はなく，実際には時間的に重なりながら進行するものと考えられた。また，実際には全てのケースが図に示された順序どおりのプロセスを経由して変化したわけでもない[4]。この図は彼らに起こった変化の忠実な記述ではなく，理論的なプロセス・モデルである。

時期を追いながら，掬いあげられたプロセスについて述べていこう。

### 『ふりかえり』期

変化のきっかけとして〈コントロール喪失による立ちどまり〉の経験が語ら

---

注4）たとえば，妻が専業主婦であるDさんの場合，〈生活リスクの自覚〉を解消に導いたのは〈妻との分担調整〉ではなく，病気休職制度に伴う福利厚生制度であった。しかし，復職後の配置転換によって他部署の働き方を知ったことで，〈多様な生き方を知る〉〈自分のしたいようにする〉変化を獲得していた。Dさんのように，経済的な損失を解消する支えが家庭外から得られるケースは多くはないだろう。

れた。勤務先の経営破たんを経験したCさん，過労のためドクターストップがかかって休職したDさんは，その経験を経て，家庭に軸足を置く生き方を明確に志向するようになったと語ってくれた。3K（きつい，危険，汚い）と表現するほど過酷な職場の労働条件に追われ，疲弊していたAAさんとAHさんは，その状態を打開しようと育児休業取得や離職に踏み切っている。インタビュー当時は専業主夫として育児に専念していたACさんは，離職前の数か月間は職場の特性を活かして子連れで出勤をしていた。しかし，勤務先に知られるところとなり，仕事か育児かどちらかを選ぶことを迫られたという。それまでは彼なりのやり方で工夫していた仕事と育児の両立が，本人の意志とは関係ない事情で続けられなくなってしまったのである。社長との話し合いの結果，ACさんは離職を決意するが，それは「追い込まれた」のではなく，自らの選択であったと語っている。

- (ACさん)［担当の仕事は］ひとりでやってたんで，私がやれないって言えば，社長は私の首を切ることはできなかったでしょうね，あまり内情を言ってもしょうがないですけど。そのくらい私が全部やってたんで。つまり，私が引き継ぎをしないって言ってしまえば，私を切ることはできなかったんですね。だけど，私は最後はちゃんと整理して，ちゃんと引き継いで，それからやって［退職して］っていうふうに，わりと自分ではきれいに辞めたと。

自分でコントロールできない事態に遭遇し，いったん立ちどまることで，仕事に走りつづけていた時には持てなかった〈自分を客観的に見る〉視点を持つことが可能になる。それが自分と家族の関係を見直し，自分の人生の先行きを見通す『ふりかえり』である。ふりかえった結果，〈このままではいけない〉という気づきが生じていた。

- (Dさん)やっぱり，むりやりでも，このハムスターのくるくる回る輪［際限ない仕事のたとえ］からむりやり強制的にちょっと［離れさせる］。「いや僕はもう，次が来てますから回らなきゃだめなんですー！」って多分本人は言うんですよ，それをむりやり引っぱがして，こっちの水飲むところへ寄せて，「ちょっと水飲んで，もうだめ，輪っかの中に戻っちゃだめ」というふうにして少し休ませると，体力も回復して気持も少しは周りをみ

て,「あ,なんだろう,くるくる回ってる世界ばっかりじゃないんだ」ということに気づいたりするんじゃないかなと思いますね。

**『葛藤』期**
『ふりかえり』期に変化への動機づけとなる気づきが生じても,そのままスムーズに仕事を相対化した生き方にシフトできるわけではなく,様々な種類の『葛藤』が経験されていた。
・(Dさん)自分の中で軸足を切り替える時には,その……居心地の悪さとか,ほんとにいいのかなとか,後戻りできないけどふんぎっていいのかなとか,いろんな迷いだとか,戸惑いだとか,そういうのを感じた時期はありますよね。

葛藤には大きく三つの側面が見られた。
① 固定化した役割観との葛藤
自分が仕事最優先の生き方をやめることで生じる収入減少にどう対処するか,減収を補うために妻が働きに出た場合に子どもの世話をどうするかといった〈生活リスクの自覚〉が語られた。"夫が働いて家族を養い,妻が子育てを担う"という性別役割分業規範に則った家族観――〈各自が役割を果たすのが家族〉という観念を持っている場合には,それらのリスクをとることは難しく,したがって自分から進んで仕事最優先の生き方を変える決断をすることもできないだろう。

「子どもが学校から帰宅した時におかえりと言えるよう妻には家にいてほしい,だから自分ひとりが働くことは"これでいいんだろう"という感じ」と言うDさんは,ドクターストップによる病気休職と休職明けの配置転換という形で,いわば勤務先の配慮にも助けられて仕事中心の生き方への違和感を持つようになった。病気が理由でなければ,必然性もないのに自分から進んで生き方を変えることは難しかっただろうと語った。
・(Dさん)たとえば「病気とか怪我をして3か月入院して,休みました」っていうのとは違って,「育児休業で3か月抜けます」とかって言うのって,仕事の継続性とキャリアの継続性から言うと,カパッと穴が開いちゃうような,気が……したんですよ。病気とかでね,休んじゃうのはしょうがな

いと思うんですよ。「スキーで骨折して入院しちゃいました」とかはしょうがないんだけれども，そうじゃなくって，自分として積極的に休業を選ぶというのは，ちょっと踏み出すのに勇気がいるような気がしたんですよねぇ。(中略) マストで [育児休業を] 取らないとどうにもならないものではなかったから，自分の場合。つまりその，家内は専業主婦ですから，家にいますから。

夫婦の収入バランスが対等だというAAさんの場合，「もし共働きでなければ，生き方を変えることはできなかった」という形で，減収が仮想的なリスクとして認識されていた。

・(AAさん) 自分ひとりが稼ぎ手だったら，多分，当然，育児休業というのは，部分的には取れるかもしれないけれども，一年間とか完全に無給になってしまう，一年間取るっていうことは，多分できなかったと思います。多分 [収入が] 5対5だから取れる，取れたんだなっていうのはあります。

しかし，Cさんのように妻が専業主婦でも生き方を変化させることができたケースもある。また，インタビュー調査の対象者27名全体の中には，妻の経済力が自分と同等であっても仕事最優先の生き方に疑問を持たないケースも多く，妻の経済力の高さは仕事最優先の生き方を変える最大の決め手とはいえないようである。

② 社会との関係の葛藤

働いて家族を養うことは男性に対する社会規範や期待と結びついているため，生き方の変化には『社会との関係の葛藤』が伴う。男性が仕事を"降りる"ことは，よくも悪くも〈周囲から特別視される〉。ACさんは自分・妻双方の親を失望させたと感じている。AHさんは仕事を辞めたと打ち明けた際の周囲の反応に違和感を持ちつつ，実は自分も同じバイアスを抱えていることに気づいている。

・(AHさん) 確かに自分も，[男女とも] 仕事と育児両方同じようにしていいと思ったんですよ。思ったんですけど，でもなんか，女性が [仕事も家庭も] 一緒にやるのは，あぁ普通だなと思うのに，たとえば僕も友達とかに，こうなった [仕事を辞めた] んだって言うと「おーすごいねー」とか言って，「よく決心したね」みたいな話で……それは何なんですかねぇ。

やっぱり……それってなんか「男が稼いで女の人が家で［家事育児を］する」っていうあれをひきずってるのかなぁと思うし，そう言ったら自分も，結局はなんかそういうのが，なんかこう，あるのかなって。

たとえ職場であからさまに人から非難されることがなくても，〈周囲の眼を気にする〉ために，周りと異なる行動はとりにくいと感じられている。

- (Dさん) 人事部署が中心になると思いますけど，(中略) 育児休業の話もそうですし，あるいは「早く帰ろうよ」っていうようなしかけをしかけてみたりだとかね，それはやってると思います。ただやっぱりまあ，一人ひとりの意識に浸透しないと。どうしてもみんな，「そうは言っても課長がいるから」とか，「あの人は口では言ってるけど目は笑ってないよね」っていったら，やっぱり帰れませんよねということだから。

社会は様々な場面でジェンダーによる区分がされているため，男性が子育てなどの家庭役割に参入しようとした場合にも，どうしても周囲の眼が気になってしまう。

- (ACさん) 男親である不利ってのは［ある］。(中略) ただ，男親である不利っていうのには，あんまり甘んじててはいけないなと思ってるところもありますから。やっぱり児童館は避けては通れないなと思い始めたのは今年の春ぐらいからですね。(中略) ずっと一年半ぐらいは児童館を避けてたんですよ。というのは行きにくかったから，私が行っても。近隣の児童館とか行ってたんですけど，お母さん同士っていうコミュニティが存在しているので，その中に私が入っていくっていうのは極めて厳しかったですね。これは，よっぽど女性的な男性とか言うなら別ですけど，誰でもそうだと思います。

近年は少子化対策として，男性の育休取得の数値目標が設定され，父親の育児を応援しようというアピールが盛んである。本来，自分の仕事が終わっているなら定時に退社しても問題はないはずだし，有給休暇や育児休業を取得することは働く者の当然の権利である。だが，〈周囲の眼を気にする〉限りは，いくら制度が拡充されても〈あるだけで使えない制度〉にすぎないのだ。

③ 自己イメージの葛藤

社会との葛藤だけでなく，『自己イメージの葛藤』も経験されていた。人間

第4章 「男は仕事」規範を相対化するプロセスを探る（研究2）

は多かれ少なかれ，自分の能力を発揮したい，成長し続けたいという欲求を持っており，〈達成・上昇へのこだわり〉を捨て去ることは難しい。それは自己概念の葛藤であると同時に，他者からの評価を介して内在化された，課題達成や生産性を重視する社会の価値観との葛藤でもある。

- （Dさん）いくら精一杯でも 80 センチ，でも精一杯ですよ，頑張ってますよと言っても，1メートル跳ばないやつは 80 センチだろうが 90 センチだろうが，バツはバツだよね，なんて言われちゃうような環境・社会の中，閉じた空間の中だと，やっぱり限界は 80 センチですって宣言する，自分から言うのはひょっとしたらしんどいかもしれませんね。なかなか言い出せないかもしれない。

『転換』期

『葛藤』は完全には払拭されない場合もあるが，最終的には5ケースすべてが仕事最優先の生き方をやめることに納得して〈生き方を変えるわりきり〉に到達していた。では，男性を仕事最優先の生き方に引きとめようとするベクトルに抗して，〈生き方を変えるわりきり〉に踏み出す転換点となるのは何だったのだろうか。

① 家族観の転換

周囲の眼が気になっていた彼らの背中を押してくれたのは，〈妻の理解〉であった。妻が離職に賛同・支持してくれた（ACさん，AHさん），妻も賛成してくれたので昇進を断った（Cさん）など，妻の理解と支持が〈周囲の眼を気にする〉ことや〈達成・上昇へのこだわり〉をふりきる上での支えとなっていた。

- （ACさん）幸いなことにですね，妻がですね，「ずっと［自分が書きたいものを］書いていればいいじゃん」と言ってくれるんですね。そういう意味ではありがたいですね。だから，それがあるから私は辞められたんです。どうせあんたは仕事をしてたってその仕事嫌いなんでしょ，と。だったら自分がやりたいことやればいいじゃないか，と言ってくれたんで。だから，それは後押しですよね。だから散々話し合ったんですけど，やっぱりパートナーが理解してくれなければ辞めれなかったしね。

また，葛藤の原因の一つであった〈生活リスクの自覚〉についても，妻が主

105

たる稼ぎ手となる，実家に子どもを預けて2人でパート勤務をすることで乗り切る，収入の範囲内でのやりくりを工夫するなど，〈妻との分担調整〉による対処がなされていた。男性が"夫が働いて，家族を養う"という規範的な役割分担から外れようとする時，共に家庭を営むパートナーの反対を押し切ってひとりで踏み出すことは難しい。パートナーが自分の希望を理解し，家族という生活を共に営む者として，自分の生き方の変化によって生じるリスクや不利な影響をわかちあってくれることのありがたみを身にしみて感じた経験は，「周囲が何と言おうが妻は自分に味方してくれる，自分たちの家庭はこれでよいのだ」という信念につながっていた。周囲の眼を気にしなくなれば，制度の存在を楯として利用することもできるようになる。

・（AHさん）自分の中では，試験受けて，受かって，そのほうが前よりかはステップアップと思ってやってるんで，引け目は感じてない……と，思うんですよね。だから，まぁ，周りのあれですかね。周りから見たら，そういうの［男性が仕事を辞めるのは変わっているという見方］はあるんじゃないかな。そういうのもちょっと奥さんと話したことあるんですけど，向こう［奥さん］のほうはあんまりそういうのは感じなくて，まぁ自分たちがやってるんだから，そんなのもう関係ないんじゃないっていうか。

・（AAさん）周りの理解とかは，多分，あんまり関係ないかなと。結局そういう，［休暇や支援制度が］取れることになってる，ま，育児休業もそうなんですけど，会社の規定で取れることになってるんだったら，周りの目とか上司の意見とか，周りの，何ていうんですか，雰囲気とかを考えて，それを取らないよりは，そういうのを無視して取っちゃったほうが，絶対自分にとっては得になる，というふうに思ってます。

さらに，妻に支持され受け入れられた経験が，自分もジェンダー役割の境界に囚われずに妻のニーズに応えようという意識を生じさせる。たとえ周囲の多数派とは異なる生き方であっても「家族とは，自分から進んで，お互いの状況やニーズをモニターしあい，互いに歩み寄って柔軟に対処・ケアしあう関係を生成し続けるものである」という家族観——〈応答的関係を生成するのが家族〉を持つようになる。これは「夫が働き，妻が家を守るという性別役割分業規範に則って，各自が固定的に振り当てられた役割を粛々と果たしていればおのず

と家庭は成り立つ」と考える〈各自が役割を果たすのが家族〉という家族観とは対照的な考え方である。実際の語りの中からいくつかの例を示してみよう。

次のプロトコルには，家族が支えてくれる，ケアしてくれることは当たり前ではないのだという気づき，そして家族が自分にしてくれることに応えて自分も家族を支え，ケアするのだという自覚が芽生えたことがあらわれている。

- (Cさん) 本当に困った時，辛い時って，支えになってくれるのは家族なんだけど，それまで何もケアしないで，いきなり自分が辛くなったからって家族が支えになるかっていったら，そんなことはなくて。(中略) 家族って切りたくても切れないという部分ってあるんだけど，そこにちゃんと注ぎ込めば，当たり前だけどリターンもあるし，本来そういうものなんだろうな。だから軸足を置く気になったのかな。黙っててもついてくるものじゃない，家族はっていう観念を持っちゃった。それは信用してないって意味じゃなくてね。大事にしてくれる存在ではあると思う。じゃあ自分も大事にしなきゃダメじゃん，と，ある意味当たり前のような考えを持ったので，僕はそうしたの。

- (AHさん) たとえば，今ほとんど夕飯［の食器］は僕が洗ってるんですけど，洗うと奥さんのほうは「あ，ありがとね」って言うんですけど。僕が昔，まぁ自分働いてて［以前，自分が働いていた時，妻が食器洗いをしても］，何も言わなかった，ありがとうとか。(中略) 今考えると，(中略) 自分は仕事してるから家事はそっちねみたいな，そういうあれがあったなぁと思って。でも別に，その時にも［妻は］パートもしてたりとか［するのに］，(中略) あぁ自分は (中略) ご飯作ってくれたりすることに感謝がなかったっていうか。たとえば今，僕が作れば，［妻から］ありがとねっていうか，そんなのあったりとかして，それは今まで僕が作ったことがなかったからなのかもしれないけど，なんか，そのことを当たり前に思ってて，ありがとうっていう気持ちがあんまりなかったのかなっていうのはちょっと，気づいたっていうか……(中略) 恥ずかしいっていうか。昔の，自分が。あ，そんなんだったんだって。最低だなっていうほどは思わないですけど，まぁそんな。自分が帰ってくれば，疲れた疲れたとか，そんなのばっかりで，当然向こうも疲れてるんだろうし，でもそういうことを考える

前に自分疲れたことばっかり言ってたなとか，そういうような反省っていうか。

次のAAさんの「どんなことでもできる」という言葉には，多数派の常識や規範から外れたとしても，自分たちにとって必要なことを見極めて，自分たちのためになることをすればよいのだという強い信念があらわれている。

- (AAさん) だいたいみんな，そのほうが都合がいいから，男がだいたいそのまま働き続けて，女の人が育児，出産とか育児を通じて仕事を辞めたり休んだりしてるんだと思います。そのほうが都合がいいから。だけど，うちみたいに都合が変われば，どんなことでもできるんで。

ACさんは子どもとの関わり方についての語りの中で，「相手に合わせる」という強い信念を語ってくれた。

- (ACさん) 1週間ないしは1か月の間に，子どもはどんどん，どんどんチャンネルが変わってくるんで，ものすごくステップアップしてくるんですよね。だから，私たちがついていくのが難しいんですよね。(中略) 私の場合は，子どもが変化したっていう時に絶対ついて行くぞってっていう感じで，変える，変える，変えるってことを連続でやってきましたね。不十分ですけどね。常に不十分で，追いつけないって感じで，でも追いつこうとする，って感じでやってきました。

発達途上で変化の速い子どもに，不十分であってもできる限り追いついて応えるという決意があらわれている。どんどん変化していく子どもに合わせようと思えば，昨日うまくいった働きかけが今日はうまくいかなくなっているかもしれない。常に相手の様子をモニターして，状況やニーズに合った働きかけを編み出していく生成的な関与を心がけてきたという語りである。それは，たとえ表面上はいつもと同じことを繰り返すのだとしても，習慣や惰性でするのとは違う意味を持つ。次のCさんの言葉にあるように，主体的な意志を持って，日々新たな気持ちで継続していくことなのだ。

- (Cさん) 何事も継続。残業しない生活も継続，それはそれで苦しくて，残業する生活もそれはそれで苦しくて，誰もやりたくてやってるんじゃないってのはわかってるんだけど，それは習慣化しちゃうとさ，違った状況を受け入れられなくなっちゃう。(中略) 帰ってきたら，「え，どうして帰っ

てきたの？」って話になっちゃう。<u>それを克服しようと思ったら，なぜって言われてもずっと早く帰り続けて，家族が慣れてきても，その状態を続けないといけない。どっちか続けないといけない。</u>

〈応答的関係を生成するのが家族〉という概念は，プロトコルで例示したように「家族とはあって当たり前の関係ではなく，主体的に互いをケアしあう関係である」，「状況や相手のニーズに応答することで関係を作っていく努力を不断に続けていくことが必要である」といった考え方を一つの概念としてまとめたものである。この概念の内容と意義については，本章の第5節と第6節，さらに第7章でも改めて論じていく。

② 自己イメージの転換

もう一つ，〈多様な生き方を知る〉ことも，変化に踏み出すための後押しとして働いていた。仕事への取り組み方，家庭と仕事のバランスのとり方には色々なバリエーションがあるという事例を知ること，性別役割規範に合致しない具体例を知ることは，生き方の多様性に目を開かれるきっかけとなる。5名のうち2名がジョン・レノンの影響を挙げた。有名な事例でなくても，自分の身内や仕事を通して出会った人，町で見かける人々などの姿から，様々な生き方を読みとっていることが語られた。それは，人の生き方やワーク・ライフ・バランスについての認知的・意味的空間が広がることにつながる。たとえば，それまでもたびたび目にしていたであろう「母親が子どもを連れている姿」から「育児における父親の不在」という意味を感じとるようになったりする。

・（Dさん）男ばっかりで軍隊みたいな中でね，なんか怒られて［ハムスターのように輪を］回してると。みんな22［歳］になったら刑務所みたいなとこ入って（笑），みんな先輩から後輩までみんな輪っか回し続けてる，一日18時間回し続けてそれが当たり前と。で土曜日は寝ると。日曜日はかろうじて買物の付き合いすると。それがずっと続いてると当たり前だと思っちゃうんですよね。でもいろんな人が入ってくれば「そんなのおかしいじゃないですか。私は土曜日休みますよ」とかね。「僕は遅くとも7時には帰りますよ」とかね。いろんな人が入ってくると，驚きもあるけど健全になるんじゃないですかね。男性女性，あるいは違う国の人たち？　価値観が全然違いますもんね。

- (Cさん) たとえば半休とかとったりして，平日の日中に街歩いているとさ，お母さんが1人とか2人とか子ども連れて一生懸命歩いているの見てると，本当に世の男性は，どのぐらい関わってあげてるのか。(中略) 結構，日本のお母さんて，まだそういう状況って……うーん，前はもっと酷かったんだよね，もっとそういうの[母親がひとりで育児をする状況]あるのかなってひとりで勝手に心配になったりする。

生き方の多様性を知ることは，単に世の中に対する知識が増えるだけでなく，自分のライフコースを考える際の視野を広げる意味も持つ。仕事の世界での自分だけを考えるのでなく，仕事を含めた生活全体の文脈の中でのバランスを意識するようになる。そのことによって，自分は生活のどの側面にどの程度の重みを置きたいのかという，自己の内面の声に耳を傾けるようになる。そのことが〈自分のしたいようにする〉という姿勢につながっている。

- (Cさん) 仕事のクオリティの問題なんだろうね。要求されてる10はやりましょう。ただ，自分がそれを担当してる立場で，自分の持っているスキルで，それを12くらいにする自信はあるし，15になるかもしれない。それをやるためには，今言ってるバランスを何らかの形で崩さなきゃいけないので。だから12できることを10でとどめてることっていうのはある。

### 『わりきり』期

『葛藤』が完全には解消しきったわけではないが，インタビュー時点では，5ケースとも「以前とくらべてよくなった (Dさん)」，「充実している (AAさん)」，「狭い社会的な関係に縛られず，自分の思う生き方を追求できる自由と解放感がある (ACさん)」等，変化後の状態をプラスに捉える〈生き方を変えるわりきり〉に至っていた。

『葛藤』を乗り越えて『わりきり』に達することができたのは，〈発達的視点の獲得〉も関係していると考えられた。発達的視点とは，ある時点で個々の領域の状況が少々不本意な状態であったとしても，その状況は変わりうるし，変えることができると考える視点である。将来の不確定性をポジティブに捉える見方ともいえる。

- (Cさん) 子どもが学校に行くようになったら，もういっぺんそのへんのこ

と［ひとり稼ぎのリスク］は相談してみようかな，Y［妻の名］と話し合ってみようかなとは思ってる。どうせというか，子どもが学校に行くようになれば，いきおいY自身の時間が増えるし，僕もそんなに，子どもも相手にしてくれなくなるっていうこともあるんで。たとえば本当に10年くらい時間が過ぎたら，今度はYとの関わりあいと自分の時間の持ち方をたぶん考えなきゃいけなくなるんで，どこかで必ず軌道修正しなくちゃいけないからね。今はしょうがないな。やっぱりしょうがないなの一言です。今はしゃーない。

〈発達的視点の獲得〉は〈応答的関係を生成するのが家族〉という考えとも関連しているだろう。"家族とは状況や互いのニーズをモニターしあい，それに応答しあいながら，柔軟にケア・対処しつづけあう関係である"と考えるならば，その時々の互いの状況によっては，ある時期には夫婦間の負担が偏ることも起こりうる。しかし，家族との関係はこの先も長期にわたって続いていくという見通しと，その間には状況も自分たちも何らかの変化をするはずだという発達的な視点を持つならば，夫婦の分担の均衡についても，中長期的な時間幅の中で緩やかに捉えることが可能になる。

諸井（2003）は，人間関係には，相手の欲求に応じて見返りを期待せずに利得を与える共同的関係と，相手との間で交換される利得のバランスを配慮する交換的関係の2種類があるとするClark & Mills（1979）の考え方を紹介している。そして，家族や夫婦の関係においては，交換的関係は，共同的関係のような安心感を提供できず，不満足につながるとしている。確かに，互いの利得が同等であることに固執しすぎると，ちょっとしたアンバランスにもいちいち目くじらを立てるギスギスした関係に陥りそうに思える。しかし夫婦の間にも，「妻が○○をこれだけしてくれるのだから，自分も△△をしなければ」とか，「妻に助けてもらったら，それに対して報いなければ」といったバランス感覚は必要だろう。交換的関係がせちがらい夫婦関係をもたらすとしたら，それは，自分が供与するものや相手から得ているものを固定化した既得権と考える場合，また，いつ，どの時点でも常に互いの利得が釣り合うことにこだわる場合ではないだろうか。

人間関係では，他者から受けた利益や行為に対して，それと同種，同程度の

ものを他者に返すべきであるという「返報性の規範」(中島ら, 1999) が暗黙のうちに働く。交換的関係においては即座の返報が適切だが，共同的関係においては即座の返報はむしろ苦痛をもたらすことが報告されている (諸井, 2003)。つまり，家族のような親密な関係の間では，返報性の規範は緩やかに作用すると考えられる。親密度の低い人との関係はいつ途切れるかわからないので，何かをしてもらった時は機会を逃さず，即座に返報しないと借りを作ってしまうかもしれない。だが，親密な人との関係は長期にわたって継続することが想定されるので，常に「貸し借りなし」の状態を保とうとしなくても，返報のチャンスはいずれ到来すると想定できるようになる。変化群の男性たちは，発達的な視点を持つことにより，妻との関係を長期的見通しの中で捉えられるようになったのではないだろうか。今は自分が役割を十分に果たせず，妻に支えてもらったとしても，今後状況が変わって，自分が妻を支える局面も出てくるかもしれない。将来を，変動可能性のあるものと緩やかに考えられるようになったために，ジェンダー境界を越えて役割分担を調整してくれた妻に対して過度の心理的負債感に苛まれることなく，男性ジェンダー規範から離れるわりきりに到達できたのだろうと考察できる。

**男性が仕事優先の生き方を変化させるための鍵**

研究2-3では，生き方が変化した5名の語りの詳細な分析を通して，男性が仕事最優先の生き方から仕事を相対化する生き方へ踏み出すことは，どのようにして可能になるかを検討してきた。

5名の男性たちが生き方の変化に向かう直接のきっかけは，今までのような働き方が難しくなるという外的な要因であった。それによって自らの生き方を客観的に振り返り，〈このままではいけない〉と気づいた彼らは，様々な葛藤を感じながらも，〈妻の理解〉や〈妻との分担調整〉を経て，男性ジェンダー期待にそった職業役割・稼ぎ手役割を最優先と考える生き方からの離脱を果たした。生活に占める仕事の比重は低下した訳だが，そうした変化を不本意と感じることなく，最終的に「自分たちはこれでよいのだ」と納得してわりきりに至っている。既存のジェンダー規範を相対化し，主体的な選択として確信を持って生き方を変えることができていたのである。これには，自分の生きている

## 第4章 「男は仕事」規範を相対化するプロセスを探る（研究2）

文脈を，空間的（多様性の認識）にも時間的（発達的視点）にも広い視野で捉える視点を得たことが大きいだろう。だが，ただ〈多様な生き方を知る〉だけでは，「人それぞれに色々な生き方がある」という相対主義的な捉え方で終わってしまったかもしれない。ここで彼らが生き方を変えるわりきりに至る上でより重要だったのは，家族観という信念レベルでの転換があったことではないか。〈各自が役割を果たすのが家族〉に代わり〈応答的関係を生成するのが家族〉という家族観を得たことが，転換の鍵になったと考えられる。

　信念の転換が生き方を変化させる鍵になるという見方は，「なぜ女性はケア役割を引き受けるのか」という問いを掲げ，女性の側から，性別役割分業が再生産されるメカニズムを理論的に検討した山根（2010）の議論と重なる。山根は，女性のケア責任は，①ケア資源・労働市場の資源配分（代替的ケア資源の入手不可能性と，女性の労働市場との結びつきの弱さ）と，②女性にケア責任を求める周囲の「言説実践」，によって構成されているとする。女性がケア以外の資源を持たず，周囲もそれを期待する構造があるなら，ケア責任を引き受けることは女性にとって希少な資本となる。そのような条件下では，女性がケア役割を引き受ける性別役割分業が再生産されやすくなるし，あたかも女性が主体的にケア役割を引き受けているかのように見えるであろう。逆に考えれば，性別役割分業が変動するには，女性が経済資源を持って代替的なケア資源が利用できるようになること，男女の役割についての言説が多様化することが契機になると山根は論じる。

　変化群の男性たちに起こったことを山根の言葉で言い換えてみよう。彼らが，自分でコントロールできない事情によって職業役割に全面的にコミットすることができなくなった時，〈妻の理解〉や〈妻との分担調整〉を得たことで資源配分のバランスが変動した。それだけなら，彼らにとっては「不本意なアクシデント」で終わったかもしれない。だが，「家族とはジェンダー境界に関係なく，互いのニーズに応答しあう関係だ」という信念を得たことによって，職業役割の縮小を男性としての不適格性と捉えない。そして〈あるだけで使えない制度〉を使ってもよいのだ，他の人に何と思われても構わないのだ，という意識が芽生える。これは職業役割・稼得役割から離れて男性を家庭関与に向かわせる「別の言説」を利用した「言説実践」ができるようになったということで

ある。生活実態の変動と意味づけのストーリーの変動が相俟って，個人が抱くジェンダーの枠組みは変化するのである。

　家族内の役割には主に，夫と妻という対称な地位に付随する役割と，大人＝親と子どもという能力や資源において非対称な地位に付随する役割がある。親となった以上，保護・養育という子どもに対する役割を簡単に放棄することは許されない。しかし，大人同士である夫と妻に異なる役割が振り分けられるとすれば，生殖機能を除けば，その多くは実は社会的文化的な慣習によって定められたにすぎない。社会的な機能に関しては，男女間の役割交替は十分可能であることは，アロマザリング研究（根ヶ山・柏木，2010）や役割逆転夫婦の研究（治部，2009）が示している。ここで見出された〈応答的関係を生成するのが家族〉という概念は，家族を，固定化した役割分担や規範に従うのではなく，常にお互いの様子に気を配り，相手やその場の状況に応じて臨機応変に働きかけあう関係と捉える考え方であった。その背景には，人が家族の中で果たす機能は性別によって固定されるものではなく，交替可能で柔軟なものという信念があると推察される。

　Cさんは固定的な役割に囚われない柔軟な家族を営むことを「海で泳いでいるようなもの」と喩えた。

　・（Cさん）パーンと浮いてもいられないし，とりあえず体動かして前進まないといけないし，息継ぎもせなならんし，かといってやり方を変えれば，途中で平泳ぎに変えれば，顔を上にあげていられるし，クロールでもやり方さえうまくやれば，割と気軽にいけるんだろうけど，［今は］まだ外をみたりとか，してる余裕がない。（中略）なんかの形で体動かしてないとねえ。（中略）何かしてないと，状況を維持できないから。じゃぽーんと沈んでいってしまうので。

　常に動いていないと沈んでしまう状態はまさに，家族とは常に考え続け，行動し続けていないと維持されない関係であるという認識を言いあらわしている。変化群の男性たちが到達した家族観は，家族を営むために必要な機能（稼得役割，家庭役割など）を，それぞれ特定の性別から引き剥がしただけではない。「家族とは応答的な関係である。ゆえに，常に新たに関係を紡ぎだしていく生成的な関わりでもある」という気づきであったのだ。

## 5 仕事優先群と仕事相対化群の家族観（研究 2-4）

### 研究 2-4 の目的

前節では，仕事優先の生き方から仕事を相対化した生き方への変化を経験した 5 名に注目して，その変化のプロセスを検討し，家族観の転換が生き方を変えるわりきりを促す重要なきっかけとなることを示した。この節では前節の主張を補強するために，変化の経験を語らなかったケースも含めて，仕事優先群，仕事相対化群の対象者たちの家族観を抽出してみる。仕事優先群は，変化群でいえば変化前の，仕事相対化群は変化後に相当する家族観を持っているのかどうかを確認するためである。

### 家族観の抽出

前節の分析対象となった 5 名も含む 27 名全員のプロトコルに繰り返し目を通し，M-GTA の手法により家族観や家庭への関与の仕方に関わる 19 の概念を抽出した。概念は，その意味の共通性から七つのカテゴリーにまとめられた。カテゴリーと概念の名称，定義，具体例の一覧は表 4-9 のとおりである。

どの概念に対して，どのケースが具体例を提供したか，家庭関与についてのケースと概念のマトリックスを作成したのが表 4-10 である。ある概念に相当する語りが見られたケースに○印をつけたものである。

### 家族観の比較

カテゴリー 15『家族への気遣い』の 2 概念，〈家族は相互にケアすべき〉，〈家族には自己抑制が必要〉についての語りは，仕事相対化群のほうがやや割合は高いとはいえ，仕事優先群と有意差はなかった（仕事優先群では 15 名中 7 名，仕事相対化群は 12 名中 7 名に○印がついた[5]）。仕事優先群も，家庭を軽視して家族には何も気を遣わなくてよいと考えている訳ではない。彼らにとって家族が生きがいになっていることは，語りの随所にあらわれていた。

---

注 5）　$\chi^2(1)=.36$, n.s.

表 4-9　家庭関与に関するカテゴリー・概念

| カテゴリー | 概念 | 定義 | 具体例 |
|---|---|---|---|
| 15 家族への気遣い | 家族は相互にケアすべき | 家族とは相互的にケアすべき関係であるという認識。 | (Iさん) たとえばここは僕を立ててよみたいなところをすっと立ててくれれば，それはそれで嬉しいし，じゃあ今度はこっちが立ててあげようかなっていうふうにもなるし，でもそこを逆撫でしておとしめられると，それはそれでムカつくし。だから時と場合によって，男として立ててもらえる，女として立ててあげるとかがうまく行けば，それがちゃんとした平等だと思うんで。 |
|  | 家族には自己抑制が必要 | 家族という関係を営む上では，時には自分の欲求は抑える必要があるという認識。 | (Hさん) これはもう妻には言えないですけど，やっぱりもっと自分ひとりでぼーっとするみたいな，そんな時間がほしいみたいなこと，妻には全然絶対に言えないですね。それはわがままです。 |
| 16 家庭は自分の役割ではない | 家事育児は他人事 | 家事や育児は自分のするべき役割ではないとして，関心を持たず距離を置く態度。 | (Bさん) X［子どもの名］がたとえば歯みがきに行くと。「Xの歯みがき連れてって」って妻が言う時あるんだけど，その時妻は食器洗ってる，後片付けしてる。で，「じゃあX，歯みがき行くぞ」って言って行く時もあれば，Xが「今日はママとみがく」と言う時もあって。(中略)「ママとみがくと言ってるからさ」って感じで，そこのソファ座って新聞読んでるとか，そういうことはあるね。だから妻はそういう時にはやっぱり負担だよね。後片付けをした上で，今度Xと一緒に歯みがいて。 |
|  | 受動的な関与 | 家事や育児は，妻や家族に求められた時，求められたことだけ関わる。 | (Sさん) そんな「じゃあ，自分があれやってこれやって」とかはないんですけど。分担っていうか，たまに「お父さんお風呂洗って」，「はいよー」っていうのはあるけど。そんな感じですね，はい。 |
|  | 家庭役割では自分は二番手 | 妻ができない場合や，妻だけでは手が足りない場合なら，自分も家庭役割に関与する。 | (Jさん) ［妻には］仕事やってても［子どもの］体調悪くなったらすぐに駆けつけてある程度対処してほしいし。ある程度でかくてやばいっていう状況だったら俺が抜けないとっていうこともあるけど。 |
|  | 妻のやり方を邪魔しない | 家事や育児などの家庭役割に関して，妻なりのやり方があるので自分が手を出す | (Eさん) まぁ，したいんだったらすればっていう，あんまり，その辺の教育に関して意見の食い違いでケンカするとかそういうこと |

第 4 章 「男は仕事」規範を相対化するプロセスを探る（研究 2）

| カテゴリー | 概念 | 定義 | 具体例 |
|---|---|---|---|
| | | と嫌がられる，妻のやりたいように任せて自分は手を出さないほうがよい，という考え方。 | はないですね。したいって言われれば，じゃあいいんじゃないって。すればって言いますね。 |
| | 家のことは妻に任せておけば安心 | 家のことは妻に任せて，完全に安心している状態。 | （A さん）嫁は嫁の立場で家庭を見てますよ。その話を聞いて俺は仕事を頑張ってこられますよと。安心してね。それが上手く回ってるので。役割的には平等だよね。 |
| | 恩恵としての家庭関与 | 家事や育児は自分が果たすべき役割ではないので，自分がする際には「やってあげている」という意識があることを示す言明。 | （AE さん）考え方としては，家事は妻が全部やるべきっていうのが自分の中でスタート地点としてはあるんですよね。ただ嫁さんのことが好きなので，手伝うのは好きだから当たり前っていう。役割っていう点でいえば全部妻の仕事。でも好きで一緒になったんだから手伝えることは手伝えばいいんじゃない？　っていう考え方ですね。［調査者：相手を助けてあげるために,思いやりとして？］そう，ええ。 |
| 17 ひとりよがりの家庭関与 | 自分の都合でする家事・育児 | 他の人の都合や希望と関わりなく，自分の都合や気分・好みにまかせて家事・育児をするという言明。結果的に他の人には迷惑であるような自分本位の家事・育児への関与。 | （H さん）汚いのが嫌なんですよね。だから，たとえば，職場とかでストレス溜まって帰ってくると，汚いとなお「あぁーっ」ってなりますよね。ガンガンガンガン［掃除をしてしまう］。それでガタガタやってると，妻がイライラするわけですけれどね。でも掃除することで［自分は］イライラを解消するのも多分あると思うんですよね。もし子どもの寝入り端だったら，明日ゴミの日で，空き缶の日だから［と僕が］缶をつぶしたら［妻は］絶対嫌がりますよね。でも，グチャグチャ汚くなってるんだから，僕は悪いことはしてないですけど。 |
| | 家事・育児は楽しいことしかしない | 家事育児への関与は自分の好み次第。自分が楽しいことならするが，嫌なことはしない。 | （E さん）飯は作らないですね，やっぱり。（中略）そのかわり外に出たら作るんですけどね，キャンプとか。 |
| | 家事・育児はできることしかしない | 相手のニーズに合わせた関与ではなく，自分のできる・したいと思う水準での関与しかしない。 | （B さん）自分が作れる範囲の中で，3 日間くらいだったら，違うもの用意できて，あんまり栄養考えずに 3 日間くらいは持つんじゃないかと。ただあんまり期間が長くなると，パスタがあって 3 日後にまたパスタがあって， |

| カテゴリー | 概念 | 定義 | 具体例 |
|---|---|---|---|
| | | | 果たしてそんなんで栄養がとれるのかなぁとか思うじゃない？ |
| 18 主体的な家庭関与 | 家族に対する主体的関与 | 家族とは，主体的に自分から踏み込むコミットメントが必要な関係であるという認識。自分が関わって当然のものだという考え。 | (AGさん) うちの［妻］はちょっと体弱いところがあるんで。で，もうぐったりして寝てる時とかあるんですよね。（中略）そういう時やっぱりやってあげないとっていうか，かわいそうじゃないですか。ですし，やっぱりたとえばですよ，入院しちゃったよとかなっちゃった場合，自分で全部やらないといけなくなったりするじゃないですか。そうなるとやっぱりやれないと困るじゃないですか。子どももかわいそうだし。そういうのもあるから一応，基本的なことだけは押さえときたいなっていうのは自分的にあるんで，うん。 |
| | 家事をするのは当たり前 | 家事や育児はするのが当たり前という感覚なので，特に楽しいとも苦痛とも考えていない。 | (ADさん) 楽しくっていうか，それが日常の生活だと。うーん，ま，やらないと片付かないから。嫌じゃないけど，別に普通にやってるっていう感じですかね。 |
| 19 家庭人としての自立・自律 | 柔軟な役割分担 | 家族機能を果たす上での役割分担は固定化させずに，柔軟に対処するほうがよいという考え。 | (AAさん) どっかから収入は入ってくればいいわけで。別に自分がどうしても家の収入，家計を稼ぐんだとは思ってない。［じゃあ，たとえば専業主夫になるとしても，それはそれでいい？］それはまだ決めてないですけど，たとえば今育児休業をとりあえず4月までとってますけど，延長もできるし，そのまま延長して，僕は仕事を辞めてっていうこともできるし。そういうのも考えてますね。 |
| | 家庭役割代替え可能 | 妻が不在でも家事・育児役割を自分が果たすことは可能だという，実績や根拠に基づく自覚。 | (Gさん) 去年，実は妻が入院したことがあって，体調を突然崩して。で，ほぼ3週間，僕と［子どもと］2人だけで［過ごした］。去年1歳ですよね。で，保育園もまだ今の保育園じゃなくてちょっと遠い……自転車で10分くらいのところに保育園があって……。 |
| | 相手の様子をモニターする | 家族の様子を常に気にかけ，積極的に知ろうとしている態度。 | (Cさん) 煮詰まったら，ちゃんと相談しようねって［妻に言っている］。僕も一応ウォッチはしてるし，僕自身もそんなにいつも余裕あるわけじゃないんで，そうそううまくいくとは限らないけど，注意はするようにはしてる。 |

| カテゴリー | 概念 | 定義 | 具体例 |
|---|---|---|---|
| 20 応答的関係としての家族 | 妻のライフプランへの関心 | 妻の個人としてのキャリア，ライフプランに関心をもって把握し，尊重している。 | （Fさん）預けなかったら仕事を2人ともできないし，預けないでいると，それはそれでまあ，子どもも母親も一緒にいる時間が増えていいかもしれないけど，母親個人としての人生どうなるんだっていう感じになってきてしまうんですかね。 |
| | 相手のニーズや状況に応答する | 状況や相手のニーズをよくモニターし，それに応じた働きかけをしようという態度。 | （Cさん）それはどちらかというと，子どものケアというよりは，Y［妻］のケアというのかな。普通の時間にご飯が作れなかった時は，やっぱりいろいろ，子どもの間のいろいろやりとりがあったりとか，他に理由があって煮詰まったりして買い物行けなかったりとか，なんかあったりとかだから。それはちょっと少しでもケアできるんだったらしてあげないと，翌日以降にも影響するから。（中略）だから携帯メールで連絡をとるのは，やっぱり欠かさない。やっぱり1日1回は必ずやりとりはあるから。 |
| 21 生成的関係としての家族 | 家族とは生成しつづける関係 | 家族とは，継続的な関係生成の努力によって，日々紡ぎだしていく関係であるという認識。 | （Kさん）お互いに変に対等・平等っていうことにこだわりすぎずに，お互いに言うべきことを言い合って，その都度問題が生じたら話し合って，で，落としどころを見つけていくっていうか，（中略）最初から境界を持てたり，ラインを設けたりするのは，絶対無理がくると思うので。その都度，感情をぶつけ合ったり，話をし合ったりするっていうことによって，お互い問題が生じたら解決していったり，ということかなぁ。今，僕がやってることですよね，普段いつも，妻と一緒に。 |

表 4-10　家庭関与に関する各ケースの反応

| カテゴリー | 概念 | 仕事優先群 | | | | | | | | | | | | | | | 仕事相対化群 | | | | | | | | | | | |
|---|---|---|---|---|---|---|---|---|---|---|---|---|---|---|---|---|---|---|---|---|---|---|---|---|---|---|---|
| | | A | B | E | H | J | K | L | N | P | Q | S | T | U | AE | AF | C | D | F | G | I | M | AA | AB | AC | AD | AG | AH |
| 15 | 家族は相互にケアすべき | ○ | ○ | | | | | ○ | | ○ | | | ○ | | | | ○ | ○ | ○ | ○ | ○ | | | ○ | | | | |
| | 家族には自己抑制が必要 | ○ | | | | ○ | | | | ○ | | | | ○ | | ○ | ○ | | ○ | ○ | | | ○ | | | | | |
| 16 | 家事育児は他人事 | ○ | ○ | | ○ | ○ | | | ○ | ○ | | ○ | ○ | | ○ | ○ | | | | | | | | | | | | |
| | 受動的な関与 | | | | | ○ | ○ | | | ○ | ○ | ○ | | | | | | | | | | | | | | | | |
| | 家庭役割では自分は二番手 | ○ | | | | | | | | | | | | | | ○ | | | | ○ | | | | | | ○ | | |
| | 妻のやり方を邪魔しない | ○ | ○ | ○ | | | | ○ | ○ | ○ | | | | | | ○ | | | | | | ○ | | | | | | |
| | 家のことは妻に任せておけば安心 | ○ | | ○ | | | | ○ | | | | ○ | ○ | | | | | | | | | | | | | | | | |
| | 恩恵としての家庭関与 | | ○ | | | | | ○ | | | | | ○ | | | | | | | | | | | | | | | | |
| 17 | 自分の都合でする家事・育児 | ○ | ○ | ○ | ○ | ○ | ○ | ○ | | | | | | | ○ | ○ | | | | | | | | | | | | |
| | 家事・育児は楽しいことしかしない | ○ | ○ | | ○ | ○ | ○ | ○ | ○ | ○ | ○ | ○ | | | ○ | | ○ | | | | | | | | | ○ | | |
| | 家事・育児はできることしかしない | ○ | ○ | ○ | | | | | ○ | ○ | ○ | | | | | | | | | | | | | | | | | |
| 18 | 家族に対する主体的関与 | | | | | | | | | | ○ | | | | | | ○ | | ○ | ○ | ○ | ○ | ○ | | | ○ | | |
| | 家事をするのは当たり前 | | | | | | | | | | | ○ | | | | | | ○ | | ○ | | | | | ○ | | | |
| 19 | 柔軟な役割分担 | | | | | | | | | | | | ○ | | | | ○ | | ○ | ○ | | | | | ○ | | | |
| | 家庭役割代え替可能 | | | | | | | | ○ | | | | ○ | | | ○ | ○ | | ○ | ○ | ○ | | | ○ | ○ | | | |
| 20 | 相手の様子をモニターする | | | | | | ○ | | ○ | | | | | | | | ○ | | ○ | | ○ | ○ | | | ○ | | | |
| | 妻のライフプランへの関心 | | | | | | ○ | | ○ | | | ○ | | | | | ○ | ○ | ○ | ○ | ○ | | | ○ | | | | |
| | 相手のニーズや状況に応答する | | | | | | | | | | | | ○ | | | | ○ | | | | | ○ | | | ○ | ○ | | ○ |
| 21 | 家族とは生成しつづける関係 | ○ | | | | ○ | | | | | | | | | ○ | | ○ | | | ○ | | | | | ○ | ○ | | |

- (Bさん) 家族がね，つらいことがあるとか，一所懸命頑張ってることがあれば，それを少しでもサポートしたいという思いになるじゃない。それがあるから，たとえば，いつもいつも妻が料理を作ってくれてると，じゃあちょっと自分も頑張って料理を1回でも多く今月はつくりたいな，という思いにもなってくるんだろうし。
- (Aさん) 責任ていうのかな……やっぱり結婚して子どもができて，っていう状態になると，もう。結婚ていうことは，基本的に，自分の楽しさとかっていうのを優先できなくなるのは当たり前（中略）結婚したということでそれはできなくなっても当然。

しかし，カテゴリー16『家庭は自分の役割ではない』とカテゴリー18『主体的な家庭関与』の対比，すなわち家庭を自分が当然関与するべき領域と捉えるかどうかは，両群で大きく異なっていた。

**仕事優先群の家族観**

仕事優先群では，〈家事育児は他人事〉であり，〈家庭役割では自分は二番手〉だと考えているケースが多かった。そのため家事や育児は「言われればする」「指示されたことだけする」という〈受動的な関与〉が多くなる。その理由は〈妻のやり方を邪魔しない〉ためであったり，〈家のことは妻に任せておけば安心〉だからと説明されていた。

- (Lさん) ［家事は自分が］するものじゃないって思っちゃってる部分もあると思います。古いのかもしんないですけど（笑）。（中略）［調査者：奥さんがするのがデフォルト？］そうです，デフォルトです。基本でしょって思っちゃいます，はい。
- (Bさん) 妻がどう思ってるかわからないけど，［もし自分が家事を］「する」って言ったら［妻は］「いやいい，自分がやるからいいよ」って言うね。
- (Qさん) 何にもやらないで，何も手伝いしなかったら，ね，なんかギクシャクしてきちゃうかもしれないけども。言われらやって。ただそれだけ。
- (AFさん) やっぱり最終的にはどっちにするっていうのは，カミサンに決めさせていいようにしてるし。（中略）だって，たまたまいい時に行って，

おやつだけあげて，犬を可愛がるみたいじゃなくて，その裏には下の世話をしたり，シャンプーしたりっていう苦労があるじゃないですか。それを知ってるから，基本的にはカミサンが前に立ってもらって，で責任も持ってもらうんだけれど，「私が育てた」っていうプライドを持ってもらえればいい。たまに行ってちょこっと遊んでね，「俺がやってんだ」って言えば，それはカミサン面白くないでしょう？

日頃の家庭関与について尋ねると，仕事優先群の中にも，PさんやQさんのように家事や子どもの世話を日常的に行っているケースもあった。Pさん，Qさんはどちらも自宅からほど近い実家で，自分の両親と共に自営業を営んでいる。子どもたちも，保育園や学校から帰った後は祖父母宅（自分の実家）で過ごす。2人の妻はフルタイムの雇用労働に就いているので，2人は妻よりも子どもの近くにいる時間が長い分，家事や育児を行なう機会も多くなるのである。だが，2人は，日中の家庭役割を主に担うのは自分の母親（子どもにとっては祖母）だと考えていて，自分の家庭関与はあくまでも補助的なものと位置づけられていた。

・(Pさん) まあ［子どもに関わることは］意識としてはありますけど，特に率先してやろうという程でもない。嫌いとかそういうのじゃなくて，向こう［祖父母］むきなので，わざわざこっち［自分］に持ってこなくても。

・(Qさん) やっぱり，孫はかわいいものみたいだから。うちら［自分たち夫婦］が言わなくてもそこはやってくれる。（中略）基本的にうちはまあ，あれなんですよ。［保育園の］お迎えとか行ったら仕事を中断みたいになっちゃうんで，基本的に仕事する人は仕事。

カテゴリー16『家庭は自分の役割ではない』と考えているので，自分が家事をした場合には「やってあげた」という感覚になることもある（〈恩恵としての家庭関与〉）。

・(Hさん) 僕は今，家事で貢献したなぁっていう感覚はありますけれどねぇ。［調査者：そういう時って何か感じることはあるんですか？］いやいや。まぁ，ポイントアップだなって感じですけどねぇ。これである程度ポイント稼いだから，じゃあ飲みにいくのも可かな，みたいな，そんな感じですかね。

## 第4章 「男は仕事」規範を相対化するプロセスを探る（研究2）

- （Nさん）正直言ってですね，洗濯もやることになると，ほとんどの家事に参加する形になってるっていうか……「オイオイ，俺にそんなにやらせるの？」って感じになってくるので，若干不満が出るかもね。

また家事や育児への取り組み方は，自分の都合や気分を優先させる〈自分の都合でする家事・育児〉であるという語りが見られた。自分が好きなことや楽しいと感じることだけする〈家事・育児は楽しいことしかしない〉，家事スキルが求められる水準に達しなかったとしてもスキル向上の努力はしない〈家事・育児はできることしかしない〉関与のしかたは，カテゴリー17『ひとりよがりの家庭関与』としてまとめられた。これは，状況や相手のニーズに応えようとする変化群の態度とは対照的である。

- （Jさん）家庭のことはあまりやらないけどね。家事とか料理のことは逆に俺が手をつけてもしょうがないから。買い物とかそういう，連れてってとかっていう面に関しては連れていくし。（中略）運転とかは。もともと俺が運転するのが好きだってのもあるし。

- （Kさん）それぐらいの頻度でやりたいなと思う感じ［でしか家事はしない］なので，それ以外でやりたくない時はやらないので，あまり義務感ていうのはないですね。いつも妻にも言ってるんですけど，集中的にやる意識が［高まる時が］あって，そういう時に，「こんなのずっと続かないと思うけど，やりたいからやってるんだよ」みたいな話を直接しますね。ずっとこのままやるって思われるのも，それはそれで危険かなって思うので，言い訳しとくんです。

- （Nさん）これ［洗濯］はね……完全にもう，任せてますね。（中略）自分のだけだったらするよ。するよっていうか，どうしても急ぎのものやりたいとか，大事な洋服の汚れ取りたいっていうのはやりますよ，当然。

- （Sさん）［子どもの］ご飯とかお風呂は，自分怖いんで入れられなかったです。（中略）お風呂は1回も，赤ちゃんの頃は入れられなかったです。（中略）［食事の］後片付けは……どうなんだろう……しないかな。あと，洗濯もしません。洗濯機よくわからないので。

### 仕事相対化群の家族観

 一方，仕事相対化群では，家庭役割に関与することを当然と考える〈家族に対する主体的関与〉の語りが多く見られた。家庭役割を自分のものと考える以上，家事をすることはルーティンの一部なので，家事が楽しいとか苦痛だとかという意味づけは特に意識されない。〈家事をするのは当たり前〉として淡々とこなしているという語りが見られた。

- (Mさん) 一応，基本的に僕が米炊いて，おかず作って……をしてます。(中略)［妻は］どちらかというと育ってきた環境が，あんまりお手伝いをするとか……うん，料理に興味持ったりとか，家事に興味持ったりっていう環境じゃなかった感じなんで。僕のほうはどちらかと言うと，昔から自分で食べたいものは作れるみたいな感じだったんで，ほんならやれるほうがやったらいいやんって。
- (Fさん) それが生活かな，という感じで思ってるので，そんなにそれ［家事や育児］で疲れたり，もちろん面倒くさい時はありますけど，そんなに苦痛にやってる感じはないですけどね。

 意識だけでなく，家事・育児のスキルも伴っているので，妻との間で臨機応変に役割分担を変えていく〈柔軟な役割分担〉が可能であるし，自分ひとりでも家事や育児などを一通り行うこともできる（〈家庭役割代替え可能〉）。つまり，自分で判断して家事育児を遂行できる，カテゴリー19『家庭人としての自立・自律』のような状態に達していると考えられる。

- (ABさん)［調査者：奥様ももう地方出張なんかもいらっしゃるようになってると，全部，一日お父様がなさるということも？］ええ，そうですね。(中略)［調査者：じゃあ，お父様がお子さんと2人でお留守番していらっしゃる時って，家事とか，そういうのは全部困らないでやっていらっしゃいますか？］ああ，それは僕が一応全部というか，はい，やりますね。
- (ADさん) そうですね，週のまぁ半分ぐらいですかね。妻が夜勤に行くのでね。どうしてもやらないと，必然的に。(中略) 全く帰ってこない日もあるので。(中略)［調査者：じゃあやるとなったら，もう一通りのことはできる？］そうですね，全部やらないといけないので。迎えに行って，ご飯食べさせてお風呂入って寝かして，送ってって，という一連はやってま

したね。

　この群が家事をルーティンとしてこなすといっても，それは決まったことを機械的に遂行するのとは対極的な取り組み方であった。〈相手の様子をモニター〉して気づいた〈相手のニーズや状況に応答する〉，応答性の高い関与のしかたである。育児であれば，子どもの様子に応じた働きかけを心がけているし，夫婦の間でも共に家庭を営むパートナーである〈妻のライフプランへの関心〉を持ち，妻の職業役割や個人としての世界を尊重する態度が見られた。

・(Fさん)［自分の］育休期間が終わって，仕事に復帰するじゃないですか。そうすると当たり前ですけど，昼間僕は会社にいるんですよね。そうすると，その間子どもがどういうふうに過ごしたかっていうのを，当たり前ですけど知らないですよね。(中略) それが，その時はすごくさびしかったんですよね。家族なのに，全然昼間何してるか知らないっていうことが，さびしいというか，悲しく思ったので。(中略) 会社にいる時間は，一所懸命仕事しようというモードにはなりますよね。ただまあ，たまに妻から急な電話があったりすることがあるので，そういう時はなるべく携帯を自分で持ってますけど，ずっと持っててと言われてるので。そういう時は電話に出て，急に帰ったりしますけど。

・(Cさん) 相手のことすごくよく観察して，その上でコミュニケーション，対大人も一緒なんだけど (中略) 子どもと接してて思ったのは，子どもが何を言いたいのかとか，何を求めてるのかとかいうのは，大人より骨が折れるんだけど，観察してて，何か気づいた結果があれば，その結果に基づいてコミュニケーションすれば，育児っていう行為も，さほど難しいことではないんじゃないかな。

・(Gさん) 当然共働きだったら，やっぱり両方同じことをやってるわけですから，片方に負担がかかるっていうのはやっぱり好ましくはないんじゃないかなぁ。(中略) 少なくとも自分の場合を考えた時，彼女もやっぱり仕事をしたいというふうな考え方ですから。

　状況は常に変化するので，その中で家族メンバーが抱くニーズも常に移り変わっていく。それらに対して応答的に関わろうとするならば，自分が何をするか，どのように働きかけるかも，状況に応じてその都度新たに生み出していか

ねばならない。これは，前節で見た変化群の気づきにも見られた考え方で，〈家族とは生成しつづける関係〉という信念と名付けることができるだろう。語りの中には，夫婦で率直に話し合いながら自分たちにとってベストな状態を探っていったエピソードや，相手のことが完全にわかることはないのでどのような関わりがよいかの探究には終わりがないという見解が語られた。

- （Ｉさん）今はもう子どもがいるから，そういうこと［自分がこう言えば相手はこう言い返してくるだろうから黙っておこうというようなこと］は言ってられないし。こっちが話したらかみさんも話さざるを得ないかもしんないし，こっちが子どもと喧嘩してりゃかみさんも関わってこなきゃいけないしで，今はそういうあれがあるから，家庭とのつながりもできちゃう。
- （Ｃさん）接すれば接するほどわからなくなるよね。日曜日だけねえ，自分がつき合ってるだけじゃ絶対わからない。（中略）母親もそうだろうけど，やっぱり接すれば接するほど，悩むじゃない。普通に考えたらほぼ24時間くっついてるわけだからさ。「もうこの子はこれでこうで，こうだからこうなのよ」って，なかなかそういう境地には，達してる人もいるけどさ，難しいんだよね。つき合えばつき合うほどわからなくなるんだよね。だから全然。全く。謎の領域が多すぎて。

### 例外的なケースの事情

両群の，例外的に見えるケースの個別事情について若干触れておく。

仕事優先群のＫさんには，仕事相対化群に特徴的な〈家族とは生成しつづける関係〉に関する語りが見られた（表4-9のカテゴリー21）。また，カテゴリー16『家庭は自分の役割ではない』にあたる語りが見られなかったが，これは彼が「家庭は自分の役割ではなく，妻の役割である」と考えていないためである。Ｋさん自身も仕事優先群であるが，妻に対しても会社勤めを続けることを望んでおり，出産後に離職しようとした妻を辞めないようにと説得した経験を持つ。これは「人は社会と関わっていたほうがよい」というＫさんの考えによる。夫婦双方が仕事を続けられるように，家事は外部化することで負担を減らす対処がされていた（例：食事は外食が多い等）。家庭役割が妻任せでない点は，仕事優先群の特徴に合わないように見えるが，むしろ，男性だけでなく

女性も仕事への高い志向を持つのがよいというのがKさんの信念なのだ。

　同じく仕事優先群のUさんの場合は，もともとの考え方は仕事相対化群に近いことがうかがえた。インタビューが行なわれたのは，妻が資格取得を目指して勉強を始めるために仕事を辞めた頃で，Uさんのひとり稼ぎ世帯になったタイミングだった。Uさんは妻の挑戦を応援しており，「嬉しいこと」と受けとめているのだが，ちょうどUさん本人も転職したばかりで新しい仕事に慣れていない時期と重なっていた。そのためUさんはどうしても仕事優先にならざるを得ず，家庭役割は妻に任せてしまっている状況についての不全感が語られていた。仕事優先の生活は「今は僕がやらなければ生活が成り立たないから，やっているということ」であって，負担といえば負担だが，将来的にまた2人で家計を支えられればよいのだと語り，現状の役割分担は自分たちのライフプランの中では一時的なものと捉える発達的視点が見られた。おそらく，インタビューのタイミングが違えば仕事相対化群に分類されただろうと思われた。

　仕事相対化群では，Dさんの考え方は母性神話的な性差観が強く，むしろ仕事優先群に近い特徴が見られた。それでもDさんが仕事優先の生活から離れることができたのは，注4)（p.100）でも触れたように，勤務先の配慮や福利厚生制度によるところが大きかっただろう。「家族観の転換」という信念の変化を伴っていないため，今後再び配置転換等で職場の要請が変わった場合にも，環境変化を乗り越えて仕事相対化群のままでいられるかどうかは未知数である。

### 「家族する」こと

　はじめに見たように，仕事優先群にもカテゴリー15『家族への気遣い』への言及は見られるので，家族を重要だと考えていない訳ではない。だが，実際の関与の内容や意味づけに注目すると，仕事優先群の男性は，家事育児は妻の役割と考え，家庭に関与したとしても二番手として手伝う程度の者が多かった。このことから彼らの家族観は，研究2-3の変化群でいえば変化前に相当する〈各自が役割を果たすのが家族〉という考え方だと見ることができる。だからこそ自分が家事をした場合には，本来はしなくてよいことを「してあげた」（〈恩恵としての家庭関与〉）という感覚があるのだろう。それぞれが自分に振り分けられた役割を果たしていれば，役割分担のつり合いはとれているという考

え方は，Clark & Mills（1979）のいう交換的関係（p. 111 参照）に通じる。

　一方で仕事相対化群は，家庭役割を自分の果たすべきものと捉え，妻がいなくてもひとりで家庭役割を果たせるだけのスキルを備えていた。さらに，自分の気分や好みを優先させた独善的なかかわり方ではなく，状況や相手のニーズを気にかけ，それに応答する形で関与していた。これは変化群でいえば，変化後の家族観にあたる〈応答的関係を生成するのが家族〉とほぼ重なる考え方といえる。相手の安寧を第一に考える点では Clark & Mills（1979）のいう共同的関係（p. 111 参照）に相当する特徴をそなえている。だが，〈家族は相互にケアすべき〉という考えが多く見られたことから，ただ単に相手への愛情や思いやりとして一方的に「してあげる」関係を志向するのとも違う。自己犠牲的に相手に尽くすのではなく，ケアの相互性が重視されている点では，交換的関係の側面も含んでいるといえるだろう。

　また，仕事相対化群では，役割分担が柔軟で，家庭役割の代替えが可能であることから，彼らの家族は，「適応性」が高いことがうかがえる。「適応性」とは，デビッド・H. オルソン（Olson, D. H.）が家族システムの機能度の査定ツールとして提案した「円環モデル」（Olson, Sprenkle, & Russel, 1979）の一要素である。「家族に状況的危機や発達的危機があった場合に，家族システムの勢力構造や役割関係などを変化させる能力」（草田・岡堂，1993）を指す。仕事相対化群の男性は，割り振られた規範的役割を淡々と果たすことによって家族が成り立つとは考えないので，困難な事態に遭遇した場合でもジェンダー規範に囚われることなく，臨機応変に柔軟な対処方法を編み出すことができるだろう。それは，この群が〈家族とは生成しつづける関係〉という考えを持っていることとも関係する。

　仕事優先群の中には，仕事より家庭を重視していると述べ，他の男性より家事をしているという自負を語る男性もいた。しかし，量の面でほかの人より多く家庭関与したとしても，また自分から進んで手伝いを申し出たとしても，その内容が〈他人事〉，〈二番手〉として，〈楽しいこと〉や〈できることしかしない〉ものである限りは，妻から見れば，自分や子どものニーズや期待とは関係なく提供される『ひとりよがりの家庭関与』にすぎない。それでは夫が家庭に関与しようという意識や家事のスキルをなにがしか持っていたとしても，夫

に家事はまかせられない，子どもを預けられないと感じるだろう。妻は家庭役割に貼りついていなくてはならず，そして結局は，夫が稼得役割を引き受けることになる。研究1で同定した4タイプでいえば，妻には家庭役割専従を期待し，自分が稼得役割を果たしながら手伝い的な家庭関与もする「二重基準型」に留まるだろう。

　一方，仕事相対化群の男性たちは，『主体的な家庭関与』をして，かつ妻と〈家庭役割代替え可能〉なほど，『家庭人としての自立・自律』を果たしていた。積極的に家事・育児に関わるだけではなく，自分がひとりで家庭役割を引き受けることも可能なのである。自分ができることを決まったやり方でこなすだけでなく，子どもの様子や家の中の状態に合わせ，〈相手のニーズや状況に応答する〉形で家庭役割を果たしてくれる夫であれば，妻も安心して任せることができるだろう。家庭役割を自分のものと捉え，妻の個人としての生き方を尊重する仕事相対化群の男性は，真の意味での共同参画的態度を持つ「平等志向型」に相当すると考えられる。

　繰り返しになるが，仕事相対化群の男性たちの家族観は，「家族とは，相手のニーズや状況に合わせて生成的な関わりを続けていくものである」とまとめられる。「相手のニーズや状況に合わせて」という点は，ギリガンが「ケアの倫理」(Gilligan, 1982　岩男監訳，1986)として提唱した道徳観に通じる。ギリガンは，コールバーグが道徳性発達の最高位の段階とした「正義の倫理」——文脈と切り離された普遍性をそなえた権利・平等・公正などの原理に基づく思考枠組み——とは異なる「もう一つの原理」として，「ケアの倫理」を提唱した。

　ギリガンが「ケア」とは何かを説明した部分を抜き出してみよう。

　「思いやりの理想 (The ideal of care) というのは，人間関係における一つの行動，しかも他人の必要をみきわめてそれに応じていく行動なのです。つまり，結びつきのネットワークを維持することによって，だれもひとりぼっちにならないようにこの世界を思いやる行動に他ならないのです」(Gilligan, 1982　岩男監訳，1986, p.107；原語部分は原著，p.62)。

　そして，ケアを道徳の指導原理とする思考・判断とは，「特定の時と場所に縛られており，関係する人々を誰も傷つけないようにする方策を探る文脈依存の判断で，カテゴリー的には公式化することができない」ものだという

(Gilligan, 1982 岩男監訳, 1986, p.101)。このインタビューのテーマに即していえば，男性（夫）・女性（妻）という属性に固定的に振り分けられた役割を〈各自が果たすのが家族〉という仕事優先群の家族観は，「カテゴリー的に公式化され」た「正義の倫理」に基づいている。自分には稼ぎ手役割という領分があるので，公式化されたジェンダー境界を踏み越えて家庭役割を果たすことは「ポイントアップ」，責任ではなくプラスアルファの厚意なのである。また，妻の領分を侵害して「カミサンが面白くない」思いをしないよう，家庭役割は〈他人事〉として妻に任せておくのである。

それに対して，男性として決められた役割があると考えず，常に相手の状況やニーズを気にかけ，それに応じる形で家庭に関与する，しかも一方的な自己犠牲ではなく，ケアの相互性を重視する仕事相対化群の男性たちの家族観は，「ケアの倫理」に基づく信念ということができるだろう。

そして，前項で述べたように「応答的である」ためには「生成的である」ことを必要とする。この，不断に紡ぎだしていく応答的関係としての家族イメージを，本書では「家族する」家族と呼びたい。「○○する」という動詞形の使用は，発達心理学の立場から家族を研究した柏木惠子（2011）の「父親になる，父親をする」，精神科医の小此木啓吾（1995）による「beingの心とdoingの精神」，さらに政治学の大家である丸山眞男（1961）の「であることとすること」等，いくつかの先例がある。それらに共通する含意は何か，それらに連なるものとして本書が提起する「家族する」とはどのような概念であるかについては，第7章で改めて詳しく論じたい。

「家族する」家族は，1組の男女が，性別に応じて振り分けられた固定的な役割を相補的に果たし合う近代家族像とは違ったスタイルの家族である。「男は仕事」というジェンダー規範に囚われない男性たちに特徴的なのは，標準モデルとされる規範的な家族イメージとは異なる，新しい家族観だったのだ。彼らは，一人ひとりが固有のニーズを持ち，常に変化する個人どうしの相補的な関係として家族を捉えている。それは，家庭役割を妻に「安心して任せ」たり，自分が仕事に没頭していても「暗黙のうちにわかり合っている」とナイーブに信じたりする態度とは，正反対といってよい。お互いを一人の個人として見て，その人が必要としていることに歩み寄ろうとするのであれば，家族の様子を常

にモニターし続ける必要がある。職業を持つ限りは，就業時間は仕事に拘束されることは避けられない。しかし，家族の様子を知っておきたいという気持ちが，一定の制約がある中でも，時間や関心などできるだけ多くの資源を家庭生活に割きたいと考えることにつながり，仕事にのめりこまずに距離を置く動機づけとして働いているのではないか。つまり，「家族は，家族してこそ家族」と考えることが，「男性＝仕事」とする男性ジェンダー規範を相対化するための鍵になるのだと考えられるのである。

## 6 「家族する」ことが男性を「男は仕事」規範から自由にする

### 研究2から明らかになったこと

この章では，研究2-1で分類された仕事優先群と仕事相対化群のプロトコルの比較を通して，男性が「男は仕事」とする男性ジェンダー規範に強く囚われる心理のメカニズムを検討し，規範の拘束から脱却するには何が必要かを探ってきた。

研究2-2では両群のジェンダー観が比較された。仕事優先群の男性には，「産む性である女性は本質的に育児に向いている」と考える者が多かった。育児を女性の役割と固定的に考えるなら，役割の相補性原理によって，「では男性性の本質は何か」，「（育児には向いていない）男性である自分の果たすべき役割は何か」という発想から，ことさらに女性とは異なる男性性の特徴を強調するジェンダー観を抱くようになるのだと考えられた。

研究2-2で示された，男女にはそれぞれ固有の役割があるとする仕事優先群の性差観は，研究2-3で抽出された変化前の家族観〈各自が役割を果たすのが家族〉や，研究2-4で見られた一連の家族観（カテゴリー16『家庭は自分の役割ではない』）と結びつく。育児は妻にしかできない，一家の稼ぎ手は男性である自分しかいない，という信念に基づいて性別役割分業的な家族を営むことは，平時には問題とはならないばかりか，むしろ社会の制度設計に適合した自然で効率的なシステムと感じられるであろう。第1章で概観した通り，全体として見れば男性は，自分が主たる稼ぎ手であることによって満足感や充実感を得ている。本人や家族が満足し，社会のシステムにもフィットしているのならば問

題はないという見方もあるかもしれない。だが，近年増加が指摘される男性の心身の健康に関する問題現象は，一部の不運なケースとして看過するべきではなく，一見合理的かつ効率的に見えるジェンダー規範に則った生き方が抱える脆さをあらわしていると見るべきだと考える。現代のような労働環境や家族形態の変動期にあっては，「家族を養うのは男性の責任」という固定化した信念を持っていたら，環境の変化に適応しきれないことも起こりうる。規範に対して柔軟な態度をとれる者のほうが，環境変化に対する適応力は高いはずである。

### 生き方変化の鍵となる家族観の転換

だが，男性が仕事優先でない生き方を手に入れるための最大の鍵は，「夫が働いて家族を養い，妻が家庭を守る」という性別役割分業規範から脱却することとは別のところにあると思われた。それは，両群の「例外的」と思われたケースが，実は「例外」ではなく，意味があると考えることで見えてくる。

性別役割分業を支持しないだけでは，Kさんのように「性別にかかわらず仕事優先」という志向を持つこともありうる。それでは男性が「男は仕事」というジェンダー規範から「降りる」のとは反対に，男女とも仕事を最優先にするのをよしとすることになる。また，本質主義的な性差観を肯定したままでも，Dさんのように環境条件に恵まれれば，仕事優先の生き方から離れることができるケースもあった。

Uさんのひとり稼ぎで仕事中心の生活は，一見性別役割分業そのもののように思えるが，彼はその状態を，妻の中長期的なライフプランを実現するための一時的な状態と捉えていた。このように，相手のニーズや自分たちの状況に応答＝「家族した」結果として，一時的に仕事優先の生活になることもあるが，それも「家族する」ことが持つ適応の幅の広さをあらわしていると見ることができる。

これらのケースを考慮すると，男性が仕事優先の生き方を変える上で決定的な意味を持ったのは，「男は仕事，女は家庭」という伝統的なジェンダー役割の否定でなく，家族観の転換であったと考えられる。家族観の転換が起これば，ジェンダー役割観にも転換が生じる可能性は高いだろうが，性別役割分業を否定するだけでは，必ずしも男性が「男は仕事」という男性ジェンダー規範から

脱却し，ワーク・ライフ・バランスを実現するとは限らない。男女がともに「男性並みに」仕事に追い込まれていったり，「夫は働いて家族を養う責任を負い，かつ家庭役割も果たす」という二重基準型になったりする可能性があるからだ。

仕事優先群と仕事相対化群では，「家族」とはどのような関係であるかについての信念が異なっていた。仕事優先群の男性は，各自が振り分けられた役割を果たすことで家族は成り立つという信念を持ち，男性として・夫として自分に課せられた役割を，責任を持って果たそうと努力していた。それに対して仕事相対化群の男性は，家庭役割を自分のものとして，自分が主体的に関わるべき領域であると捉えていた。家庭領域に対して自我関与的な意義を見出すなら，その関わり方の質を追求するようになる。家族のことを考えて，有効な関わり方をしたいと思えば，その関わり方がひとりよがりであってはいけないと発想するだろう。そして相手の状況に合わせた応答的な関わりをするには，常に相手の様子を気遣い，把握した上で，生成的な関わりを続ける必要がある。時間や関心など，相応の資源を家庭生活に割きたいという思いにつながるだろう。その思いが，仕事にできるだけ多くの資源を投入する「仕事優先」の価値観を相対化させ，仕事から一定の距離を置く動機づけとして働くのだと考えられる。

*

これがインタビュー調査の質的分析から導き出された，男性が仕事優先の生き方を変え，ジェンダー規範を相対化するプロセスについてのストーリーである。これらの分析から，心身の健康に悪影響を及ぼすほどの男性の働き方を改善するには，仕事への関与のしかただけに焦点化したアプローチは十分ではないことが示唆される。男性が自分自身を，働いて家族を養うだけではない，家庭生活にも主体的・自律的に関わりながら日々の生活を営む，トータルな存在として捉え直すことが必要なのだ。現在，ワーク・ライフ・バランスを実現するために多くの企業で取り入れられているノー残業デーや有給休暇の消化率の目標設定等の施策は，男性を職場から一時的に遠ざける効果はあるかもしれないが，仕事を家に持ち帰る「ふろしき残業」があることも指摘されている。職場を離れた「ライフ」をどのように過ごすかに踏み込むほどの効力は持たないだろう。むしろ，「ライフ＝生活」にどのような価値を見出すかが変わらない

限りは，働き方の根本は変わらないのではないだろうか。
　男性の家庭関与は，家事や育児で忙しい妻のサポートとなるのみならず，男性本人の心身の健康や家族の関係にとって重要な意味を持つ。それは「家族」が，仕事とは異なる「もう一つの価値」を提示しうる領域であり，男性が「男は仕事」とするジェンダー規範を相対化できるだけの引力を持つからなのである。

# 第5章 「家族する」尺度の作成 （研究3-1）

## 1 男性の家庭関与はどのように測定されてきたか

### 研究3-1の目的

　前章（研究2）では，インタビュー調査の語りをもとに，男性の家庭関与の内容や質に踏みこんだ質的な分析を行なった。その結果，男性が「男は仕事」とするジェンダー規範とどのように距離をとるかは，家庭生活をどのように意味づけるかによって異なることが示された。家庭という領域を自分が当事者として関わるべき領域であると考えるかどうかによって，家庭関与に対する態度は違ってくる。自分の問題として主体的に，しかし独善的でなく，相手のニーズや状況に応じた応答的な関与をすること，すなわち「家族する」ことの重要性を認識すると，日々家族のニーズや状況をモニターしていたいという思いが動機づけとなって，仕事優先の生活から距離を置こうとすると考えられた。

　ところで，研究2で使用したM-GTAという分析手法は，考案者の木下（2003）が述べているとおり，覆い隠された事実を「発見する」ものではなく，研究者の解釈によって，一つの現実の見方＝理論を生成する方法である。生成された理論は，「元のデータが収集された現場と同じような社会的な場」に適用されることにより，検証されて初めて有効性が確認されるのである。

　そこで研究3では，研究2の質的分析によって明らかにされた前述のプロセスを仮説とし，別のサンプル（量的データ）で検証できるかどうかを確かめる。そのためにはまず，「家族する」ことという，家庭関与の質的な側面を捉えるための測定指標が必要となる。本章では，仮説検証のツールとして「家族する」尺度を作成することを目的とする。

**家庭関与の測定指標**

　男性の家庭関与を測定する指標として，これまでの研究で使用されてきた調査項目は，関与の量や程度，頻度を尋ねる形式のものが多い。

　代表性のあるサンプリングが行なわれる大規模調査としては，総務省統計局の「社会生活基本調査」やNHK放送文化研究所の「国民生活時間調査」などの生活時間調査がある。生活時間調査とは，1日24時間の時間の使い方から，人間の行動パターンを読み解いていく方法であり，この二つの調査は，日本人の行動に関する信頼できるデータとしてしばしば引用される。これらの調査では，任意の1日のうち，どの時間帯に何をしていたかを単位時間（15分）ごとに尋ねる方式がとられている。回答を集計する際には，「社会生活基本調査」では家事に関する行為はすべて「家事」とまとめられてしまう。「国民生活時間調査」では，「炊事・掃除・洗濯」，「買い物」，「子どもの世話」，「家庭雑事」の4項目に分けて集計されている。いずれにしても，この二つの調査では，家庭関与は「したか，しなかったか」，「したとすれば何分したか」が測定されており，「どのようにしたか」は問題にされない。

　同じく全国規模の調査では，日本家族社会学会全国家族調査委員会が2～5年おきに実施するパネル調査「全国家族調査（NFRJ）」がある。これも「食事の用意」，「食事のあとかたづけ」，「食料品や日用品の買い物」，「洗濯」，「掃除（部屋，風呂，トイレ）」の5種類の家事行為を行なう頻度が問われており，量的な測定指標が使用されている。

　心理学の領域で，男性の家事遂行が研究デザインの重要な変数として取り上げられている研究としては，以下のようなものがある。

・育児期男性の家事・育児関与の多寡により，その妻の育児に対する感情が異なることを示した柏木・若松（1994）
・夫婦間における家庭内労働の分担の衡平性に関する妻の認知を取り上げた諸井（1996）
・父親の家事参加と，児童の性役割態度の柔軟性との関連を検討した相良（2000）
・父親の家庭関与が中学生の精神的健康と関連することを示した平山（2001）
・父親の家事・育児関与が，父親本人やその妻，子どもの発達にプラスの効

表 5-1　男性の家庭関与を測定する項目例

| | 柏木・若松（1994） | 諸井（1996） | 相良（2000） | 尾形ら（2005） |
|---|---|---|---|---|
| 項目 | 入浴<br>幼稚園送り<br>幼稚園迎え<br>食事支度<br>食事片付け<br>掃除 | 第1因子「子育て」<br>　子どもの入浴の世話<br>　子どもの教育<br>　子どものしつけ<br>　子どもの遊び相手<br>第2因子「後始末」<br>　食事の後かたづけ・<br>　食器洗い<br>　部屋の掃除<br>　風呂・トイレ掃除<br>　ゴミ出し<br>第3因子「生活の維持」<br>　食事の支度<br>　日常の買い物<br>　家計の管理<br>　町内での活動<br>第4因子「洗濯」<br>　洗濯<br>　アイロンかけ | 父親が家で料理，洗濯，掃除など家事をしているか | 第1因子「子ども・妻とのコミュニケーション」<br>　夫婦でいろいろと話をする<br>　妻が子育てや家事のことで悩みごとを話した時，相談にのる<br>　子どもといろいろ話をする<br>　子どもの勉強や，相談にのる<br>　子育ての方針について夫婦で話し合う<br>　食事の時，家族で会話をする<br>　休みの日に子どもといっしょに遊ぶ<br>　子どもの世話やしつけをする<br>第2因子「家事への援助」<br>　食事の後かたづけ（食器洗い等）をする<br>　家の掃除（整理整頓を含む）をする<br>　洗濯の手伝いをする<br>　食事を作るのを手伝う<br>　妻が病気になった時，休暇をとってでも家事をする |
| 回答者 | 父親本人 | 母親（妻） | 子ども（小学生） | 父親本人 |
| 回答形式 | 「毎日」「週2～3回」「週末のみ」「たまに」「全くしない」の5つから1つを選択 | 「1＝ほとんど自分が負担している」～「3＝折半している」～「5＝ほとんど主人が負担している」の5点尺度 | 4件法 | 「よくする」「時々する」「あまりしない」「全然ない」の4段階評定 |

果を持つことを示した尾形ら（2005）

　これらの研究が，男性（父親，夫）の家庭関与をどのように測定しているかを表5-1と表5-2にまとめてみた。表5-2の平山（2001）以外は，具体的な家事・育児行為について，関与の程度（「よくする」～「全然ない」）や頻度（「毎日」，「週2～3回」～「全くしない」），分担割合（「ほとんど自分（妻）が負担している」

表5-2　平山（2001）の「父親の家庭関与尺度」項目

---
家族みんなで何かをするといった，家族行事を行っている
仕事が休みの時には，父親は子どもと付き合う
父親は子どもと，日常の社会現象や出来事，事件などを話題にする
夫婦でお互いを思いやっている
父親は子どもに自分の体験談を話す
父親は家族と過ごす時間を作っている
父親は夫婦の会話を大切にしている
夫婦でお互いの考え方を尊重している
父親はスポーツやアウトドアといったもので子どもと付き合う
父親は，家族が一緒になって参加できる趣味を持っている
母親が悩んでいる時には父親が相談にのる
父親は子どもを大人の会話に交ぜてやる
家族で旅行に行く
父親は子どもに自分の仕事の話をする
父親は時間のある時には家事を手伝っている
母親のいない時には父親が代わりに家事をする

---
回答は「いつもそう」から「全くない」の5件法

～「ほとんど主人が負担している」）などを尋ねており，やはり関与の量的側面のみが測定されている。

　平山（2001）では，「父親が家族と接する時間の長さよりも，むしろ家族との絆を大切にし，家族と関わろうとする意識のほうが重要」という問題意識のもと，関与の「質」に注目した測定項目が使用されている。父親の家庭関与を「子どもや妻，家族全体に対する絆を父親が深めようとする行動」と定義して，表5-2に示す16項目からなる尺度を作成し，父親と母親から回答を求めている。これらの項目のうち，いくつかは本研究で取り上げる「主体的な」家庭関与に通じる面も含まれている。しかし，「仕事が休みの時には，父親は子どもと付き合う」，「母親のいない時には父親が代わりに家事をする」など，性別役割分業の枠組みを超えた関与は想定されていないこと，また状況や相手のニーズに合わせて関わり方を変える「応答的かつ生成的」という要素が見当たらないことから，本書の研究2で提起した「家族する」という家庭関与の態度とは異なるものを測定しようとする尺度だと考えられる。

　そこで本章では，研究3-1として主体的かつ応答的，生成的な家庭関与を捉えるための心理尺度──「家族する」尺度の作成を試みる。

第5章 「家族する」尺度の作成（研究3-1）

　一般に，心理尺度を作成する際は，①測定したい概念について尋ねる項目を収集し，②収集した項目に対する回答を集め，③測定したい概念をよりよく表現しうる一連の項目を選定する，という手順を踏んでいく。本章はその分析過程の報告であるので，尺度作成の手続きに関心のない読者は，読み飛ばしてもらっても構わない。

## 2　予備版尺度の作成（予備調査）

### 調査対象者

　予備調査で分析対象となったのは，企業の労働組合に所属する男女と，その一部の配偶者238名（男性173名，女性65名）である。調査協力が可能な場合のみ，組合員の配偶者にも回答を求めたが，夫婦のマッチングは行なっていない。

　年齢は，20～40代が全体の96.6％を占め，平均年齢は，男性36.8歳，女性36.3歳。労働組合の組合員という対象の性格上，男性と，年齢の若い層が多かった。全体の76.4％が有配偶者で，そのうち80.1％（サンプル全体に対しては60.9％）が子どものいる者であった。子どものいる回答者149名のうち，末子が就学前の者は49.0％，小学生以下の者を合わせると83.9％になり，家族周期的にも若いサンプルであった。詳しい調査手続きと調査項目，サンプルの属性は，巻末資料3にまとめた。

　なお，研究3-1の目的は「既婚男性の家庭関与の質を測定する尺度の作成」であるが，調査対象者に女性を含めたのは以下の理由による。多くの調査の結果，既婚男性の家事や育児に対する関与は，量も行為の種類も限られていることが明らかになっている（たとえば，NHK放送文化研究所，2011；大野，2010）。したがって，調査・分析対象を既婚男性のみに絞って家庭関与の質を尋ねると，データが全体として関与の水準の"低い"回答が中心となることが予想された。この尺度が捉えたい「家族する＝主体的・応答的・生成的な関与」を測定するには，家庭役割の主たる担い手である女性をサンプルに含めることによって，回答の分散を広げる必要があると考えたためである。

### 「家族する」項目の選定

第1節で見たように,「家族する＝家庭に主体的・応答的・生成的な関与」という概念を実証的に測定する試みは,これまでのところされていない。そこで尺度作成の第一歩として,まず「家族する」ことの具体的な例示となるような項目表現を広く収集することにした。巻末資料3に示した4通りの方法で,99項目を収集した。

続いて,これらの項目が「家族する」という概念に合致するかどうかを再度検討し,内容の重複するものを整理し,抽象的な内容の項目を削除するなどして,47項目を抜粋した。

残った47項目について,民間企業に勤務する既婚男性10名に対するヒアリングを行ない,多義的であいまいな表現を改め,既婚男性にとって自然に受け取れる表現に修正するなど,ワーディングを整える作業を行った。こうして選定された47項目を用いて予備調査を行ない,「家族する」程度を測定する尺度にふさわしい項目を絞り込んでいった。

調査では,「家族する」ことに関する47項目について,「そうするべきだと思うか（以下,「家族する（価値観）」と略記）」,「実際に自分自身はそうしているか（以下,「家族する（現実）」と略記）」という二つの観点から回答を求めた。

ここで測定したい概念は「観念的・抽象的に家族に価値を置いていること」ではなく,「主体的・応答的に関与していること」である。それでも価値観と現実という二重の評定を求めたのは,ただ現実のみを尋ねた場合,社会的望ましさから,実際以上に高い評定がされる可能性が懸念されたためである。価値観と現実を別々に評定することで,回答者が「『家族するべき』だという気持ちはある」状態と,「現実に『家族して』いる」状態を混同することを防ぎ,より正確に実際の関与の程度を測定できるだろうと考えてのことである。

各項目について「そう思わない／あてはまらない（1点）」から「そう思う／あてはまる（5点）」までの5段階で評定するよう求めた。

### 因子構造の検討

「家族する（現実）」の47項目について,まず固有値1.00以上の因子を抽出する条件で因子分析（主因子法・プロマックス回転）を行なったところ,12因子

が抽出された。しかし，回転は収束に失敗した上に，第1因子の固有値が突出して高かった（第1因子10.75，第2因子1.91，以下漸減）ことから，一因子性が高いとみて主成分分析を試みた。

その結果，多くの項目が第1主成分に対して高い負荷量を示した。47項目中，第1主成分に対して.45以上の負荷を示した項目が29項目，負荷量が.30に満たない項目は7項目しかなかった。第1主成分は分散全体の23.85％を説明しており，第2主成分以降は解釈可能な意味的まとまりを見せなかった。このことから「家族する」という概念は，行為のレベルでは様々な現れ方をしても，自分のこととしてひとりよがりでなく家族にかかわる態度＝「主体的・応答的・生成的な家庭関与」を表す一次元としてまとめることが可能だと判断した。

### 予備版尺度の作成

予備版の尺度に採用する項目を選定するにあたり，次の五つの基準を設けて個々の項目を検討した。

① 第1主成分に対する成分負荷量が.45に満たない項目は除外する。
② 回答の度数分布が「家族する（価値観）」，「家族する（現実）」の両方で，7割以上が「思う／あてはまる」あるいは「思わない／あてはまらない」側に偏っている項目は，弁別性が低いと考えられるため，除外する。
③ 「家族する（価値観）」と「家族する（現実）」の回答で対応のある $t$ 検定を行い，有意差の見られなかった項目は，「"家族する"べき，したほうがよいと思っていながら，実際にはできない，していない」という状態を捉えられないと考えられるため，除外する。
④ 測定したい概念は「観念的・抽象的に家族に価値を置いていること」でなく，「主体的・応答的・生成的な関与」であるので，具体的な行為について尋ねる項目は積極的に採用する。
⑤ あらためて項目表現を見直して，読み手によって異なる解釈の可能性があると考えられた項目は除外する。

これらの基準に従って項目を選定し，18項目からなる予備版尺度を作成した。項目の一覧は表5-3に示す。

これらの項目には逆転項目が含まれていたので，得点が高いほど「家族し

**表 5-3 「家族する」尺度予備版の 18 項目**

| |
|---|
| 家族が何を考えているか，あまりよく知らない（逆転項目） |
| 家族が楽しんでいることには自分も興味を持つ |
| 家族が自分にどうしてほしいかを考えて行動する |
| 家族の好みを把握している |
| 自分は家族の気持ちに敏感ではない（逆転項目） |
| 家での行動は，自分以外の家族の生活時間に配慮する |
| 自分が興味を持てない話題でも，家族の話はきちんと聞く |
| 家庭内の雰囲気がよくない時は，自分が場を和ませるようなことをする |
| 家の中で何がどこにしまわれているか，よく知らない（逆転項目） |
| その日の家族の予定はだいたい把握している |
| 自分は家族にとって役に立つ存在である |
| 自分が困った時は，家族の誰かに助けを求める |
| 常に家族のために自分ができることを考える |
| 家族の今の状況や気持ちについて，自分から積極的に尋ねて知ろうとする |
| 自分から進んで家の用事をする |
| 自分の今の状況や気持ちについて，積極的に家族に伝える |
| 記念日の祝い方に工夫をする |
| 毎日がマンネリにならないよう，工夫や努力をする |

て」いることをあらわすよう処理を行なった上で，18 項目の回答を平均して予備版の尺度得点を算出した。サンプル全体での平均値（$SD$）は「家族する（価値観）」が 4.07（.05），「家族する（現実）」が 3.64（.57）であった。男女を込みにした 18 項目全体でのクローンバックの $\alpha$ は，「家族する（価値観）」が .88，「家族する（現実）」が .89 と，信頼性は十分に高い値を示した。

男女それぞれの平均値を求め，性差について $t$ 検定を行なったところ，「家族する（価値観）」と「家族する（現実）」のどちらも，男性より女性の得点が有意に高かった[1]。

---

注 1）「家族する（価値観）」の平均（$SD$）は，男性 4.03（.54），女性 4.16（.38），$t(154.34) = -2.09$, $p<.05$，「家族する（現実）」は男性 3.57（.58），女性 3.83（.48），$t(217) = -3.04$, $p<.01$。

## 3 「家族する」尺度の作成（本調査）

### 調査の対象者と調査内容

「家族する」態度が一次元で測定できるのであれば，尺度としての利便性を増すために，信頼性・妥当性を担保したまま，項目数を絞ることが望ましい。より簡便な尺度を構成することを目的に，予備版の18項目を用いて，本調査を実施した。詳しい調査手続きと調査項目，サンプルの属性は，巻末資料4を参照されたい。

本調査の調査対象者は，企業の労働組合に所属する組合員237名（男性138名，女性73名，不明26名）。予備調査とは別のサンプルである。

回答者の年齢は20〜40代で全体の88.5％を占める。平均年齢が，男性38.8歳，女性37.8歳。全体の71.6％が有配偶者で，そのうち64.2％が子どものいる者であった[2]。子どものいる回答者のうち，末子が就学前の者は33.3％，小学生以下の者をあわせると53.1％であった。

調査では，前節で作成した「家族する」尺度の予備版18項目について，「実際に自分自身はそうしているか（以下，「家族する（現実）」と略記）」と，「そうするべきだと思うか（以下，「家族する（価値観）」と略記）」という二つの観点から回答を求めた。回答は5段階評定とした。

また，妥当性を検討するために，「職場・仕事」，「家庭・家族」，「余暇・趣味」，「地域・社会」の四つの生活領域について，全体を100とした場合の相対的な重みづけを尋ねた。

さらに，具体的な家事行為8項目について，「どのくらいしているか（実践）」は4段階，「どのくらい楽しいか（楽しさ）」は5段階で評定を求めた。

### 一次元性の確認

本調査のサンプルにおいても，18項目から成る予備版尺度は一次元として扱ってよいかどうかを検討するために，「家族する（現実）」の回答に対して主

---

注2）他に，離婚・死別で子どものいる者が5名いた。

表5-4 「家族する」尺度予備版18項目 本調査サンプルにおける主成分分析

|  | 成分 | | | |
| --- | --- | --- | --- | --- |
|  | 1 | 2 | 3 | 4 |
| 家族の今の状況や気持ちについて,自分から積極的に尋ねて知ろうとする | .72 | -.07 | -.12 | .15 |
| 自分の今の状況や気持ちについて,積極的に家族に伝える | .70 | .06 | -.02 | .22 |
| 家族が自分にどうしてほしいかを考えて行動する | .69 | .17 | .31 | -.31 |
| 常に家族のために自分ができることを考える | .69 | .14 | .25 | -.28 |
| 家庭内の雰囲気がよくない時は,自分が場を和ませるようなことをする | .69 | .15 | .05 | .05 |
| 自分から進んで家の用事をする | .69 | -.04 | -.40 | -.06 |
| その日の家族の予定はだいたい把握している | .66 | -.25 | -.09 | -.01 |
| 自分が興味を持てない話題でも,家族の話はきちんと聞く | .66 | .09 | -.03 | .19 |
| 記念日の祝い方に工夫をする | .64 | .03 | -.18 | .12 |
| 家族の好みを把握している | .63 | .01 | .15 | -.23 |
| 毎日がマンネリにならないよう,工夫や努力をする | .62 | .31 | -.28 | .00 |
| 家族が楽しんでいることには自分も興味を持つ | .62 | .32 | .19 | -.38 |
| 自分が困った時は,家族の誰かに助けを求める | .59 | .04 | -.04 | .50 |
| 自分は家族にとって役に立つ存在である | .58 | -.14 | .37 | .36 |
| 家での行動は,自分以外の家族の生活時間に配慮する | .55 | .12 | -.09 | .01 |
| 家族が何を考えているか,あまりよく知らない | -.49 | .48 | -.17 | .08 |
| 自分は家族の気持ちに敏感ではない | -.25 | .66 | -.37 | -.02 |
| 家の中で何がどこにしまわれているか,よく知らない | -.40 | .52 | .52 | .35 |
| 固有値 | 6.82 | 1.33 | 1.09 | 1.01 |
| 分散に占める説明率 (%) | 37.86 | 7.38 | 6.08 | 5.61 |

成分分析を行なった(表5-4)。

その結果,第1主成分の固有値が6.82,第2主成分が1.33(以下漸減)と,第1主成分の固有値が突出して高く,第1主成分で全分散の37.9%を説明していること,加えて第1主成分に対する寄与率が.40に満たない項目は一つ(「自分は家族の気持ちに敏感ではない」)しかないことから,今回のサンプルにおいても,この尺度は一項目を除けば一因子として扱って差し支えないと判断した。

そこで以下では,尺度全体の信頼性・妥当性は担保しつつ,できるだけ項目数を抑えた「家族する」尺度作成を目指して,採用する項目の選定を行なっていく。

### 項目の絞り込み

項目数を絞るにあたって,以下の選定基準を設けた。特に断りのない場合は,

「家族する（現実）」のデータを使用した。

① 第1主成分に対する成分負荷量が .40 に満たない項目は除外する。
② 回答分布の度数分布で，7割以上の回答が肯定・否定どちらかの側に集中していた項目は除外する。
③ G-P 分析を行ない，有意差の見られない項目は弁別性が低いと考え除外する（ただし，全ての項目で有意差が見られ，この基準に該当する項目はなかった）。
④ 「家族する（現実）」と「家族する（価値観）」の同じ項目どうしで対応のある t 検定を行ない，有意差の見られないものは，多くの人が理想の水準の関与を実現できる弁別性の低い項目と判断して除外する。
⑤ 当該項目を除いた場合に尺度全体の $\alpha$ 係数が著しく高まる項目は除外する（ただし，「家族する（現実）」の18項目全体では，$\alpha$ = .90 であるのに対して，いずれかの項目を除いた場合の $\alpha$ はそれを下回り，この基準によって削除された項目はなかった）。
⑥ 測定したい概念は「観念的・抽象的に家族に価値を置いていること」でなく，「主体的・応答的な関与」であるので，具体的な行為について尋ねる項目は積極的に採用する。
⑦ 上記の基準に照らして削除されなかった項目どうしの相関行列を求め，約 .50 以上の相関の見られる項目の組み合わせがあれば，そのうち 1〜2項目を採用し，残りを除外する。

これらの基準を総合的に検討した結果，最終的に8項目が採用された。項目の一覧は表5-5に示す。

これら8項目を，得点が高いほど「家族している」方向にそろえた後，現実・価値観それぞれについて，8項目の素点の平均を算出して「家族する（現実）」得点，「家族する（価値観）」得点とした。サンプル全体での平均（$SD$）は，「家族する（現実）」が 3.49（ .68），「家族する（価値観）」が 3.95（ .59）であった。

## 4 「家族する」尺度の信頼性と妥当性

「心」という，形のない抽象概念を測定する心理尺度を作成する際には，項

表5-5 「家族する」尺度の8項目

| | |
|---|---|
| 1 | 家族が自分にどうしてほしいかを考えて行動する |
| 2 | 家族の好みを把握している |
| 3 | 家の中で何がどこにしまわれているか，よく知らない（逆転項目） |
| 4 | その日の家族の予定はだいたい把握している |
| 5 | 自分が困った時は，家族の誰かに助けを求める |
| 6 | 家族の今の状況や気持ちについて，自分から積極的に尋ねて知ろうとする |
| 7 | 自分の今の状況や気持ちについて，積極的に家族に伝える |
| 8 | 毎日がマンネリにならないよう，工夫や努力をする |

目群に含まれるノイズが少なく，一貫した測定ができるか（信頼性），項目群は本当に測定したい概念を捉えているか（妥当性）のチェックが欠かせない手続きとなる。選定された8項目は，「家族すること」を測定する尺度として，十分な信頼性と妥当性をそなえているだろうか。

**信頼性の検討**

信頼性の指標として算出したクローンバックの$\alpha$は，サンプル全体では，「家族する（現実）」で.81，「家族する（価値観）」で.80であった。既婚者のみをピックアップして，男女別に$\alpha$を出すと，男性では「家族する（現実）」で.75，「家族する（価値観）」で.89，女性ではやや下がって「家族する（現実）」で.67，「家族する（価値観）」で.61であった。本尺度は，既婚男性の家庭関与の質を測定する上では，十分な信頼性があるといえよう。

**妥当性の検討1：男性より女性のほうが「家族する」程度が高いか**

「家族する」尺度が測定しようとしているのは，「主体的で応答的・生成的な家庭関与」である。先に述べたとおり，従来，日本の男性の家事遂行量・分担率は女性と比べて著しく少なく，家事や育児などに主たる責任を負うのは圧倒的に女性である。したがって，この尺度が「主体的・応答的・生成的な家庭関与」を測定しているのであれば，「家族する（現実）」の得点は，家庭役割に従事することの多い既婚女性のほうが既婚男性よりも高くなると予想される。

既婚男女を比較した$t$検定の結果は，予想どおりであった。「家族する（現実）」の得点は，男性にくらべ，女性のほうが有意に高く，「家族する（価値観）」

第5章 「家族する」尺度の作成（研究3-1）

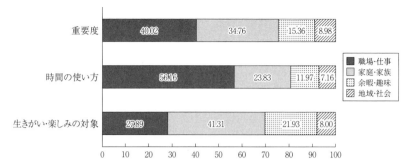

図5-1　既婚男性の生活領域に対する相対的重みづけ

は男女で有意差は見られなかった[3]。家庭を持つ男性は，意識の上では既婚女性と同じくらい「家族するべき」と考えている。しかし，「実際の行為として主体的・応答的に家庭関与しているか」という点では，主に家庭役割を果たす女性には及ばないのである。

**妥当性の検討2：「家族している」人は家庭・家族への相対的重みづけが高いか**

家庭に対する主体的で応答的な関与をあらわす「家族する」得点の高い人は，仕事や趣味など，他の領域とくらべて家庭に高い比重を置くだろうと推測できる。四つの生活領域への相対的な重みづけを求めた回答のうち，「家庭・家族」への重みづけは「家族する」尺度の得点と正相関するかどうか，反対に「職場・仕事」への重みづけは負相関となるのかを確かめてみよう。

既婚男性の四つの生活領域に対する重みづけの平均値は，図5-1のとおりであった。「重要度」では，「家庭・家族」より「職場・仕事」のほうが若干高くなっている。また「時間の使い方」では，「職場・仕事」に全体の半分以上の時間が割かれていることがわかる。しかし，「生きがい・楽しみの対象である程度」は，「職場・仕事」より「家庭・家族」のほうが重みづけは高かった。

このうち，「職場・仕事」・「家庭・家族」への重みづけと「家族する」得点

---

注3)「家族する（現実）」については，男性（平均=3.33, $SD$=.64），女性（平均=3.86, $SD$=.49），$t(148)=-4.69, p<.001$。
　「家族する（価値観）」については，男性（平均=4.00, $SD$=.64），女性（平均=4.06, $SD$=.49），$t(144)=-.51, n.s.$

表 5-6　家族する得点（現実・価値観）と生活領域の相対的重みづけの相関（既婚男性）

| 観点 | 生活領域 | 家族する（現実） | 家族する（価値観） |
|---|---|---|---|
| 重要度 | 職場・仕事 | －.16 | －.13 |
|  | 家庭・家族 | **.29**** | **.29**** |
| 時間の使い方 | 職場・仕事 | －.02 | **.21*** |
|  | 家庭・家族 | **.23*** | .01 |
| 生きがい・楽しみの対象 | 職場・仕事 | .03 | －.17 |
|  | 家庭・家族 | **.23*** | **.33**** |

***$p<.001$, **$p<.01$, *$p<.05$

との相関係数を示したのが表5-6である。これを見ると，「家族する（現実）」の得点は，「重要度」，「時間の使い方」，「生きがい・楽しみの対象となる程度」の三つすべてで，「家庭・家族」の重みづけと正相関が見られた。つまり，実際に「家族している」人ほど，心理的にも時間配分の面でも，家庭や家族に比重を置いているということである。「職場・仕事」との相関は有意な負相関にはならなかったので，「家族する」人ほど職場や仕事を重視しないとまではいえない。

「家族する（価値観）」の得点は，「重要度」，「生きがい・楽しみの対象となる程度」という心理的・抽象的な観点からの評定では「家庭・家族」と有意な正相関を示した。しかし，「時間の使い方」については，「家族する（価値観）」の得点の高い人ほど，職場や仕事に多くの時間をかけていることを示す正相関が見られた。「家族するべきだ」という思いの強さは，時間投資を要するような現実の家庭関与にはつながらないばかりか，むしろ仕事に長い時間をかけることと関連しているのである。これは，「家族するべき」と思っているだけの「有言不実行」という解釈もできるが，仕事に長時間をとられている男性たちの「本当は家族するべきだと思っているのだが……」という忸怩（じくじ）たる思いのあらわれと考えることもできる。

このような結果が見られた理由は推し量るしかないが，インタビューの語りを分析した第4章第2節（研究2-1）でも，「仕事より家庭が重要だ」という言明に必ずしも実態が伴わないケースは見られた。「家族するべき」という観念的な関心と，実際に家族することは別なのだ。この尺度は，現実と価値観という二重の尋ね方を採用したことによって，両者を区別し，現実の行動を伴う主体的な関与を測定することが可能になったといえるだろう。

表 5-7　家事遂行の平均値（SD）

|  | 既婚男性 | 既婚女性 | t 検定 |
|---|---|---|---|
| 食料品などの買い物 | 2.97 ( .87) | 3.92 ( .36) | $t(139.770) = -9.33^{***}$ |
| 食事づくり | 2.15 ( .96) | 3.84 ( .55) | $t(107.715) = -13.19^{***}$ |
| 食器洗い | 2.46 (1.08) | 3.86 ( .54) | $t(124.863) = -10.38^{***}$ |
| 部屋の掃除 | 2.57 ( .96) | 3.78 ( .53) | $t(111.870) = -9.62^{***}$ |
| トイレや風呂の掃除 | 2.48 (1.03) | 3.76 ( .55) | $t(116.803) = -9.68^{***}$ |
| 洗濯 | 2.15 (1.10) | 3.81 ( .46) | $t(139.112) = -12.97^{***}$ |
| 布団干し | 2.04 (1.05) | 3.32 (1.03) | $t(147) = -6.45^{***}$ |
| ゴミだし | 2.96 (1.16) | 3.17 (1.08) | $t(147) = - .97$ |

***$p<.001$

**妥当性の検討 3：「家族している」人は家事をよくするか**

　では，「家族する」得点の高さは，実際の家事行為と関連するだろうか。第 3 章の分析では，家事行為を行なう男性は，家庭役割も稼得役割も妻と協働で果たしたいという共同参画志向の持ち主であることが明らかにされている。この尺度が，主体的な家庭関与である「家族する」程度を測定できているなら，その得点の高い男性は家事行為を多くすると予想される。

　まず，本サンプルの既婚男性の家事行為の水準を確認しておく。既婚男女が 8 項目の家事行為を遂行する程度の平均と SD を表 5-7 に示した。4 段階評定のため，得点の範囲は 1 〜 4 点である。多くの項目で女性の平均は 4 点に近く，また SD も小さいことから，既婚女性は当然のように家事をしていることがわかる。女性にくらべると，男性の平均値は「ゴミだし」以外は有意に低く，全般的に SD が大きい。つまり，平均でくらべると既婚男性は既婚女性ほど家事をしないが，家事をするかしないかの個人差は男性のほうが大きいということを意味する。

　続いて，家事遂行と「家族する」得点の相関は表 5-8 の通りであった。表中の相関係数に示された通り，実際に家事の多くを行なっている女性ではごく一部の家事項目にしか有意な相関が見られない。これはおそらく家事遂行の分散の小ささと平均値の高さ（天井効果）のためであろう，男性においては「家族する（現実）」の得点は，すべての家事項目の遂行度と有意な正相関を示した。女性とくらべると家事をしないという選択も可能な男性では，「家族する人」，つまり家庭役割を「自分のこと」として関わっている人ほど，家事行為を多く

表 5-8 家族する得点 (現実・価値観) と家事遂行の相関

|  | 既婚男性 | | 既婚女性 | |
| --- | --- | --- | --- | --- |
|  | 家族する(現実) | 家族する(価値観) | 家族する(現実) | 家族する(価値観) |
| 食料品などの買い物 | .23* | .06 | .07 | .24 |
| 食事づくり | .22* | .07 | .16 | .36* |
| 食器洗い | .22* | .07 | .19 | .30 |
| 部屋の掃除 | .19* | −.10 | .26 | .29 |
| トイレや風呂の掃除 | .31*** | .04 | .19 | .21 |
| 洗濯 | .34** | .10 | .10 | .17 |
| 布団干し | .29** | .04 | .22 | .18 |
| ゴミだし | .21* | −.12 | .08 | .35* |

***$p<.001$, **$p<.01$, *$p<.05$

することをあらわす。この結果からも、「家族する」尺度(現実)の得点は、家庭に対する主体的な関与の個人差を測定できているといえるだろう。

一方、男性の「家族する(価値観)」と家事遂行の相関は低く、ほとんど0に近かった。これは「家族するべきだ」と考えているだけでは実際の関与にはつながらないということである。

ここまでの分析結果を受けて、以降の分析には「家族する(現実)」の得点を用いることとする。「家族する(価値観)」得点は、「家族する(現実)」と対照させることによって現実の関与の意義を強調したい場合に限り使用する。

**妥当性の検討4：「家族している」人は楽しくない家事もしているかどうか**

「家族する(現実)」の得点が、「家庭役割を自分の果たすべきものとして、主体的・応答的・生成的に家庭に関与する態度」を現実の行動として測定しえているとしたら、その得点の高い男性は、自分の好みや気分と関わりなく、必要とされる家事行為を行なうだろうと考えられる。

「家族する(現実)」の得点を、男女含めた全対象者で、人数ができるだけ均等になるように中央値で分割し、高群(「家族する(現実)」が3.51以上)／低群(同3.50以下)の2群を設定した。その結果、既婚男性は、41名が高群、72名が低群に分類された。

既婚男性の高群／低群それぞれで、家事行為8項目について、「遂行の程度」と「それをしてどのくらい楽しいと感じるか(以下、「楽しさ」と略記)」の平均

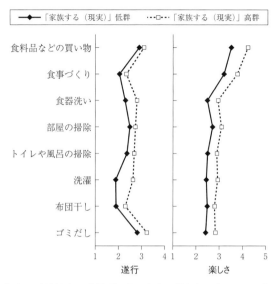

図 5-2 「家族する（現実）」の高低別に見た家事の遂行度と楽しさの平均（既婚男性）

を示したのが，図 5-2 である。

　平均値を見ると，「家族する（現実）の得点が高い男性は，低い男性より，家事をよくしており，また楽しいとも思っている」という結果となった。それは「楽しいから，している」ということなのだろうか。「家事遂行の程度」と「楽しさ」の相関を求めて，正の相関が得られれば「その家事を楽しいと思う人はよくするが，楽しいと思わない人はしない」と解釈できる。つまり，自分の好みや気分次第の家庭関与ということである。

　実際に得られた相関係数は表 5-9 の通りであった。予想では「家族する（現実）」得点の低群では「遂行の程度」と「楽しさ」には正相関が見られ，高群では無相関となるだろうと思われた。結果は，低群では予想通り，すべての項目で有意な正相関を示し，「楽しいと思う家事はするが，楽しくない家事はしない」という傾向が確認された。そして，「食料品などの買い物」については，高群の相関は，予想通り無相関であった。しかし，その他の項目を見ると，高群についても半数近くの項目で有意な正相関が見られた。$N$ の少なさから有意水準に達しないものもあったが，相関係数の値は低群とあまり差がないか，む

表5-9 「家族する（現実）」の高低別に見た家事の遂行度と楽しさの相関（既婚男性）

|  | 低群 | 高群 |
| --- | --- | --- |
| 食料品などの買い物 | .32** | .00 |
| 食事づくり | .43*** | .56*** |
| 食器洗い | .34** | .19 |
| 部屋の掃除 | .38** | .31 |
| トイレや風呂の掃除 | .34** | .23 |
| 洗濯 | .24* | .41** |
| 布団干し | .31** | .31* |
| ゴミだし | .26* | .49*** |

***$p<.001$, **$p<.01$, *$p<.05$

しろ高いものも見受けられたのである。

　高群で特に高い相関係数が見られた「食事づくり」は，必ずしも家事として義務的に行なうだけでなく，趣味として楽しむこともありえる行為と考えられる。また，頻繁に食事を作っているほどスキルが向上して，楽しいと感じられるようになるのかもしれない。同じく食事にまつわる家事の中でも，準備や後片付けなど，どちらかといえば裏方仕事にあたる「食料品などの買い物」，「食器洗い」については，高群の相関係数の値は低かった。

　趣味とは考えにくい「ゴミだし」でも中程度の正相関が見られることなど，合理的に解釈しにくい結果も見られており，いずれにせよ，「家族する」傾向の高い者であっても，義務感や責任感だけで家事を行なうとは限らないということだろう。

　この点については予想通りの明確な結果は得られなかった。しかし，他の分析結果を総合的に考えると，「家族する」尺度は既婚男性の家庭関与の質を捉える測定具として，一定の妥当性をそなえていると考えてよいと判断した。

＊

　以上の分析から，男性の，主体的かつ応答的・生成的な家庭関与の程度を測る測定具として，8項目から成る「家族する」尺度が作成された。関与の量を測定してきた既存の尺度・項目群と異なり，家庭関与の質を捉えることができる点がこの尺度の独自性である。

　次章ではこの尺度を使って，「家族する」ことが，男性が「男は仕事」とするジェンダー規範から距離を置くための鍵となることを確かめていく。

# 第6章 「家族する」ことが男性の生き方を変えることを確かめる (研究 3-2)

## 1 「家族している」男性と「家族していない」男性の比較

### 研究 3-2 の目的

　男性の多様なタイプを抽出した研究1（第2章，第3章）では，家庭関与の高い類型（「仕事＝家庭型」）の男性が，必ずしもジェンダー規範からの自由度が高いとは限らないこと，男性の生き方の多様性について考えるためには，家庭関与の質，家庭や仕事への意味づけに注目する必要があることが明らかになった。研究2（第4章）では，男性が家庭役割や仕事，稼ぎ手役割に対してどのような意味づけを行ない，どのように関与しているかを描出する質的分析から，男性が男性ジェンダー規範に囚われる心理のメカニズムを明らかにした。そこでは，男性が「男は仕事」というジェンダー規範から自由になるために必要なのは，主体的・応答的・生成的な家庭関与＝「家族する」態度であることが示された。

　この章では，前章（研究3-1）で作成した家庭関与の質を捉えるための「家族する」尺度を使用して，第4章で生成された「『家族する』男性は，仕事優先という規範を相対化し，職業役割に囚われない生き方を実現している」という仮説を，量的データによって再現できるかどうかを確認していく。

### 調査の概要

　研究3-2で分析対象となったのは，小学生以下の子どもを持つ，育児期の男性157名であった。平均年齢は38.3歳。30代と40代がサンプル全体の96.2%を占めた。第1章で挙げた内閣府の調査では，この年代の男性は，自分が希望する以上に仕事優先の生活を送る男性が多いことが報告されている（内閣府男女共同参画局，2012）。

職業は約8割が会社員であった。週当たりの労働時間は40〜49時間が54.8％，50〜59時間が27.3％だった。過労死ラインとされる60時間以上の者は16.5％いたが，これは労働力調査（総務省統計局，2015）で見られる全国の30〜40代男性と，ほぼ同率である。

妻の就労状態は，フルタイム勤務が21.7％，パート勤務が18.5％，自営業等が3.8％，無職が56.1％であった。子どもは2人の夫婦が57.3％と最多で，平均子ども数は1.9人であった。

分析に使用した項目は以下の通りである。

① 家族する尺度

研究3-1で作成した「家族する」尺度8項目。分析には「実際に自分自身がそうしているか」についての回答を平均した「家族する（現実）」得点を使用した。得点のとりうる値は1〜5点である。

② 家庭の都合のために仕事を調整することがあるかどうか

「仕事優先という規範を相対化していること」の指標として，「家庭の都合のために仕事を調整することがあるかどうか」を5項目で尋ねた。これは研究2と同様に，仕事と家庭の都合が葛藤した場合，仕事最優先と考える人なら仕事の予定を変更することはないだろうという想定に基づいている。

家庭生活の中で発生する場面を5項目挙げ（後掲表6-1参照），そのような用事のために仕事のしかたやスケジュールを調整することがあるかどうかを，「まったくない（1点）」から「よくある（4点）」までの4段階で評定するよう求めた。

③ 仕事に対する意識

仕事優先というジェンダー規範を相対化しているかどうかによって，仕事に対する意識や働き方にも何らかの差が出てくるだろう。現在の仕事や職場について感じていることを，16項目（巻末資料5の表参照）について，「そう思わない（1点）」から「そう思う（5点）」までの5段階で評定してもらった。

巻末資料5に示した手順で因子分析を行ない，四つの因子を得た。すなわち，仕事に生きがいを感じ，仕事そのものを楽しんでいるという前向きな心理をあらわす「仕事の楽しさ」，仕事上の問題を解決し，目標を達成しているという有能性を感じていることをあらわす「仕事における有能感」，自分の職場に家

庭関与のしやすい人間関係や労働環境があるという認識をあらわす「配慮ある職場環境」，自分で創意工夫をして見通しを立てながら仕事をしているという「自律的な仕事への取り組み」の4因子である。

　分析には，各因子に負荷の高い項目の素点を平均した下位尺度得点を使用する。

　④　フェイスシート

　自分と配偶者の年齢，子どもの人数と年齢，自身の職業，配偶者の就労状況，日頃の帰宅時間，週当たり労働時間等について回答を求めた。それぞれの回答形式と数値化については巻末資料5を参照のこと。

## 2　「家族している」男性のワーク・ライフ・バランス

### 「家族している」男性は，家庭の都合で仕事を調整するか

　研究2（第4章）の分析では，仕事優先の生き方をする男性（仕事優先群）と「男は仕事を優先するべき」というジェンダー規範を相対化した男性（仕事相対化群）を分ける基準として，「家庭の都合のために仕事を調整することがあるかどうか」の語りを使用した。そして，両群の家族観の比較から，仕事相対化群の男性は「家族とは，"家族して"こそ家族である」という考え方を持っていることが明らかにされた。

　そこで，研究3-2では，研究2で生成された「『家族する』男性は，『男は仕事』というジェンダー規範を相対化している」という仮説を検証していく。

　分析に使用する変数の平均と $SD$ は表6-1に示す。

### 「家族する」得点の高低による，仕事を調整する程度の比較

　まず，「家族する（現実）」の得点の高い者は，家庭の都合で仕事の予定や働き方を調整することが多いのかどうかを検討した。

　今回の調査対象は男性のみであるため，「家族する（現実）」の得点分布は低い側に偏っていると推測された。その中から「（仕事に忙殺されることの多い）男性にしては比較的よく家族している」という相対評価でなく，よりはっきりと，高水準で「家族している」人を選び出し，その人たちが家庭の都合のために仕

表6-1 「仕事を調整する」得点の平均（SD）

|  | 平均 (SD) |
|---|---|
| 平日，家族と一緒に夕食をとる | 2.57 (1.01) |
| 家族の行事を見に行く（発表会，試合など） | 3.06 ( .79) |
| 家族の誕生日を一緒に祝う | 3.21 ( .92) |
| 休日を家族と一緒に過ごす | 3.14 ( .92) |
| 家族が病気になった時，病院につきそったり，看病する | 2.87 ( .81) |
| 仕事を調整する（総合） | 2.98 ( .62) |
| 家族する（現実） | 3.42 ( .56) |

事を調整しているかどうかを知りたいのである。そこで、「家族する（現実）」の得点を高・中・低の3群に分割し、高群と低群で比較（$t$検定）を行なうことにした。

「家族する（現実）」の得点を、人数ができるだけ均等になるようにして3群に分けると、3.25以下の65名が低群、3.26から3.62までの47名が中群、3.63以上の45名が高群に分類された。高群と低群の間で「仕事を調整する程度」の$t$検定を行なった結果を図6-1に示す。

具体的な状況をあらわす5項目の中では「家族が病気になった時，病院につきそったり，看病する」、そして5項目全体の平均である「仕事を調整する（総合）」で、「家族する」得点の高い群のほうが仕事を調整することが多いという有意差が見られた[1]。「平日，家族と一緒に夕食をとる」と「休日を家族と一緒に過ごす」にも10%水準の有意傾向が見られたが、「家族の行事を見に行く」、「家族の誕生日を一緒に祝う」は両群の差は有意ではなかった。

「家族が病気になった時」は、5項目の場面設定の中で最も突発性の高い状況である。「家族の行事を見に行く」、や「家族の誕生日を一緒に祝う」など、前もって予定を立てられる状況と違って突然に出来する家庭の事情に応じて、急きょ仕事の都合を調整することは、「男は仕事を最優先にするべきだ」と考える人にとっては「そんなことは無理だ」と感じられるだろう。裏返せば、それができる人は、仕事を無条件で家庭生活より上位に位置づけてはいないことが推察される。

「一緒に夕食をとる」や「休日を一緒に過ごす」などの日常的な場面については、毎日・毎週繰り返され、たびたび遭遇する場面であるだけに、毎回必ず

---

注1）「家族が病気になった時，病院につきそったり，看病する」では、$t(107)=-2.27, p<.05$、「仕事を調整する（総合）」では、$t(108)=-2.11, p<.05$。

実現させる性質の状況ではないのかもしれない。そのため,「たまにはできない時もある」人と「たまにはすることもある」人で回答に差が出にくかった可能性が考えられる。

設問の場面の性質による違いはあるが,総合的に見ると,実際に「家族している」人は,そうでない人に比べて,家庭の事情のために仕事のスケジュールや働き方を調整する程度が高いことが示された。これは研究2のインタビュー

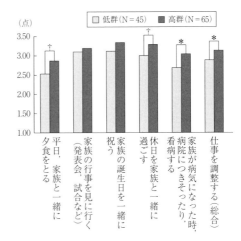

図6-1 「家族する（現実）」の高低による「仕事を調整する」得点の平均（SD）

調査で得られたのと同様の関係が,量的データでも検証されたことを意味する。「家族している」男性は「仕事が最優先」というジェンダー規範を相対化しているという研究2の知見を支持する結果といえるだろう。

**家庭を優先するのは自らの意志によるのか**

ところで,家庭の都合のために仕事のスケジュールの調整をするかどうかは,男性本人の意志によるのだろうか。従来,男性の家庭関与は,個人に内在・外在する規定要因がいくつか指摘されており（酒井,2007など）,たとえば,仕事の繁閑や家事量の多さなどの外在的な要因の影響を受けている可能性も考えられる。ここでは,「時間的制約仮説」（労働時間が長いと男性の家事・育児参加は少なくなる）と「ニーズ仮説」（こなすべき家事・育児量が多いと男性の家事・育児参加は多くなる）を検討してみよう。労働時間,日頃の帰宅時間,妻の就労の3変数をコントロールした時に,「家族する（現実）」と「仕事を調整する」の相関が変化するかどうかを見た。

まず,何も制御変数を加えない場合の「家族する（現実）」と「仕事を調整する（総合）」の相関係数は.148（$p=.064$）であった。あまり高い値ではなく,有意傾向にとどまったのは,多様なタイプの混在する男性サンプルを一括して

分析しているためであろう。第1章で論じたように，男性全体を一つの集団として扱った場合には，仕事を重視する多数派の男性の反応が結果にあらわれやすくなるからだ。ここまでの分析で確認してきたように，「家庭志向の高い男性」というサブグループが存在することは確かではあるが，少数派ゆえ，サンプル全体の相関を出す分析では大きな効果は得られなかったのだと考えられる。

しかし，もしこの有意傾向を示した正相関が，労働時間や妻の忙しさに媒介された見かけの相関だとすれば，それらの外在的な変数の影響を制御して取り除いた偏相関の値は小さくなるはずである。制御変数として，影響を取り除いてみたのは，「週当たりの労働時間（時間数）」，「日頃の帰宅時間（17時台から24時台まで，8段階の順序尺度）」，「妻の就労状況（「1＝働いていない」，「2＝パート・自営」，「3＝フルタイム」の3段階の順序尺度）」の3変数であった。だが偏相関を算出したところ，値は順に .154，.144，.143 となり，ほとんど変化は見られなかった[2]。このことから，「家族する」得点の高い男性ほど家庭の事情で仕事を調整するという関係は，労働時間が短く，早く帰宅できるような時間的余裕がある場合には強くなるといったものではないこと，また妻がフルタイム勤務で忙しいために，夫も仕事を調整することを余儀なくされている訳でもないことがわかる。つまり，「家族する」男性ほど家庭の都合で仕事を調整しているという関係は，男性自らの内発的な意志によるのだと考えられる。

## 3　「家族している」男性はどのように働いているか

次に，「家族する（現実）」の高低によって，仕事に対する意識に差が見られるかどうかを比較して，「家族する」得点の高い者の働き方や仕事に対する態度の特徴を検討した。サンプル全体での「仕事に対する意識」の平均とSDは表6-2，t検定の結果は図6-2の通りである。

第1因子「仕事の楽しさ」の得点には，「家族する」得点の高低で有意差は見られなかった。このことから，「家族する（現実）」で測定される家庭志向の

---

注2）いずれも有意傾向。相関と偏相関の差が小さかったため，小数点以下第3位までを記載した。

第6章 「家族する」ことが男性の生き方を変えることを確かめる（研究3-2）

表6-2 「仕事に対する意識」の下位尺度得点の平均（SD）

|  | 平均（SD） | α |
|---|---|---|
| 第1因子「仕事の楽しさ」 | 3.39（.89） | .86 |
| 第2因子「仕事における有能感」 | 3.49（.74） | .79 |
| 第3因子「配慮ある職場環境」 | 3.48（.83） | .67 |
| 第4因子「自律的な仕事への取り組み」 | 3.78（.92） | .78 |

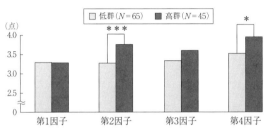

図6-2 「家族する（現実）」の高低による「仕事に対する意識」の得点平均

高さは，仕事が楽しいと思えないために忌避した結果の消極的な選択ではないことがわかる。そして第2因子「仕事における有能感」は，「家族する」高群のほうが有意に高い[3]。「家族する」ことによって仕事のパフォーマンスが落ちると感じられることはなく，むしろ逆なのである。第3因子「配慮ある職場環境」に有意差が見られなかったことは，男性が「家族する」ことは，家庭関与に理解のある職場環境に恵まれた人だけが実現できるわけではないことを意味する。第4因子「自律的な仕事への取り組み」の有意差は，「家族する（現実）」高群のほうが「働かされる」感を持つことなく，仕事への取り組み方を自律的にコントロールしていることをあらわしている[4]。つまり，「家族する（現実）」の得点の高い男性は，環境に後押しされているというより，自律的・主体的に働き方を選択することによってワーク・ライフ・バランスを実現しているのだといえるだろう。

*

---

注3） $t(108)=-3.31, p<.001$。
注4） $t(108)=-2.31, p<.05$。

この章では，研究3-1で作成した「家族する尺度」を使用して，育児期男性が「家族する」態度を持つことが，「男は仕事」という男性ジェンダー規範を相対化する程度と関連していることを検証した。

　「家族する（現実）」の得点の高群・低群で，「家庭の都合のために仕事を調整する」程度と「仕事に対する意識」の比較を行なったところ，確かに「家族する」得点の高いほうが仕事最優先という規範を相対化していること，仕事への取り組み方を自律的にコントロールしながら，主体的に「家族している」ことを示す結果が得られた。

　これらの結果から，第1章で掲げた本書の三つめの目的については「『男は仕事』という男性ジェンダー規範を相対化するために必要なのは，『家族する』態度である」という結論が，質的分析と量的分析の双方向から確かめられたといえるであろう。

# 第7章　「家族する」とはどういうことか

## 1　家庭関与の質が重要

**本書の研究で明らかになったこと**

本書で述べてきた一連の研究は，「なぜ男性は，女性が家庭役割への専従を期待されることに対して異議申し立てを行なったように，ジェンダー規範に対する異議を表明しないのだろうか」という素朴な疑問をきっかけに始まったものである。「男は仕事」，「家族を養うのは当然男性の役割」とされることに負担感を抱いても不思議ではないはずだが，なぜそのような反応があらわれないのだろうか。実は男性の中にも男性ジェンダー規範に拘束されることへの抵抗を感じているグループはいるのではないか。

そこで本書では，「男性の中にも多様性が生じている」という前提を置いた。多様なサブグループの存在が確認されれば，サブグループ間の差異を手がかりにして，総じてジェンダー規範に従順と見なされてきた男性が規範から脱却するための鍵となるものを見出せるのではないかと考えたからである。そしてその仮定が正しいかどうかを確かめる（目的1），男性が男性ジェンダー規範に強く拘束される心理のメカニズムを検討する（目的2），またそこから自由になるためには何が必要かを明らかにする（目的3），という三つの目的を掲げ，実証的研究によって検討を進めてきた。

調査で得られた結果を，三つの目的と照らし合わせながらふり返ってみよう。

第2章（研究1-1）では，探索的な分析によって男性の「生活スタイル」には生活実態と対応関係のある複数のタイプがあることが明らかになった。クラスター分析によるタイプ分類の結果，エネルギーの半分を仕事に投入する「仕事＋余暇型」と，エネルギーの7割以上を仕事に投入する「仕事中心型」が，それぞれ4割余りを占めた。この2タイプは仕事に対するエネルギー投入割合

に差はあれ，どちらも生活の第一の座は仕事であり，仕事への満足度の高さが自身の生き方に対する満足度も高めている点を共通の特徴とする多数派であった。残りの2割弱が，仕事と家庭に同等のエネルギーを投入する「仕事＝家庭型」である。このタイプは，他の2タイプとは異なる特徴が見られ，本人の家庭志向の高さに加えて，妻にも稼得役割の分担を求めていることが明らかになった。これは職業・稼得役割も家庭役割も共同で果たしたいという共同参画志向の高さのあらわれと見ることができる。全体の中では少数派とはいえ，無視できない人数の「新しい」男性のグループが同定できたことによって，男性の中にも仕事が最優先とは考えないタイプが確かに存在することが示された。ここから，目的1については，本書の仮定の通り，多様な男性の存在が確認されたといえよう。

　だが，続く「仕事＝家庭型」の二つの下位タイプ，「二重基準型」と「平等志向型」の比較検討（第3章：研究1-2）では，両タイプの「家庭関与の高さ」の内容の違いが明らかになった。前述のように，家庭志向の高さは「仕事＝家庭型」に共通する特徴であるが，「二重基準型」の男性は，家庭役割は妻が果たすものと考え，妻が主に運営する家庭で「家族と一緒に過ごす時間が長いこと」で満足感が高まっていた。妻が家庭役割に専従することをよしとするなら，稼得役割は自分がひとりで担うつもりでいることになる。家庭志向が高いとはいえ，家庭への関与の内容・質が二番手としてのものである限りは，男性は職業役割を降りることはできない。男性を仕事と結びつける男性ジェンダー規範からの自由をもたらすものとはなりえないだろう。

　もう一方の「平等志向型」では，満足感を高めるのは，妻の稼得分担割合の高さや，自らの家事関与の多さであり，稼得役割も家庭役割も夫婦で共同で果たしたいという志向が見られた。2群の対比から，男性の生き方の多様性を考える上では，家庭関与の量——たとえば，家庭に関わりたいという意識の高さや，家事・育児に従事する時間の長さ，内容を問わずに「家事」，「育児」と大枠で捉えた遂行量など——だけでなく，その内容や質にも注目する必要があるということが示唆された。

　この点を掘り下げるために第4章（研究2）では，インタビューの語りをもとに，家庭関与や仕事に対する男性本人の意味づけのしかたを抽出する質的分

析を行なった。27名の男性が，仕事を最優先と考え，仕事への自我関与の強い「仕事優先群」15名と，仕事に入れ込まないようにあえて距離を置こうと意識している「仕事相対化群」12名に分類された（研究2-1）。

　両群のジェンダー観の比較から，目的2にあたる「男は仕事」という男性ジェンダー規範に囚われるメカニズムを考察した（研究2-2）。「産む性である女性は本質的に育児に向いている」と，生物学的な性差を社会的な役割にまで拡張しようとする本質主義的なジェンダー観を抱く男性（仕事優先群）は，男性性の本質として「強さ」と「自己犠牲」にこだわり，それが家族を養い守るという行動で表現されると考えられた。だがこれは，「伝統的なジェンダー観を持つ男性は仕事にまい進し，伝統的なジェンダー観から脱却した男性は仕事最優先とは考えなくなる」という単純な構図で説明できるものでもない。いわゆる性別役割分業規範には与しないものの，男女とも職業役割を追求することをよしとするケースや，「妻が育児をするから自分が仕事をするのだ」としながらも，仕事と一線を画すケースも見られたからである。このことは，いわゆる性別役割分業への賛否とは独立の何かが，仕事に対する態度を左右していることをうかがわせた。

　そこで，かつては「仕事優先群」だったが「仕事相対化群」へ変化したと語る5名の変化プロセスを検討することによって（研究2-3），仕事優先の生き方から転換するための鍵となるものを探ろうと試みた。その結果，「家族とは，家族してこそ家族である」という家族観の変化が転換のきっかけとなることが浮かびあがった。分析対象を全ケースに広げても，「家族する」ことが，「男は仕事」と仕事を最優先事項と考える規範から脱却する動機づけとなることが示された（研究2-4）。

　この「家族する」ことが，本書の目的3で明らかにしようとした，男性が男性ジェンダー規範から自由になるために必要なものではないかと考えられた。

　第5章（研究3-1）では，男性が生き方を変化させる鍵となる「家族する」ことという概念を測定する心理尺度を作成を試みた。そして第6章（研究3-2）では，研究2の質的分析から得た「『家族する』男性は仕事優先という規範を相対化し，職業役割に囚われない生き方を実現している」という結論が，作成した尺度を使った質問紙調査の量的分析でも再現できることを確かめた。

三つの調査を通して，「男性がジェンダー規範の拘束から自由になるためには何が必要か」というリサーチ・クエスチョンについて検討を重ねてきた。その結果，明らかになったのは，男性が仕事を最優先事項とするジェンダー規範を相対化するためには，家族とは自分が主体的に関わるべきものと考え，状況によって家族が何を必要としているかを注視し，そのニーズに応答するような家庭関与，つまり関わり方を常に新たに生成していくような関与のしかたである，「家族する」態度の獲得が有効だ，ということである。

　男性のワーク・ライフ・バランスや生活，心理についての発達心理学的な研究結果を概観した第１章で，男性にとって家庭要因は，職業要因にくらべると適応の指標に対する効力は副次的であること，職業要因やそれに付随する経済力は妻からのサポートを得るための交換資源という意味も持つことを見た。研究２の結果を踏まえるなら，それは男性の中で多数派である仕事優先群の家族観——家族とは，夫婦それぞれが性別によって固定された役割を遂行する社会的交換によって成り立つ——があらわれたものだということができる。男性をひとくくりにして調査を行なうと，少数派の反応は多数派の傾向に埋没してしまう。本書ではあえて少数派に注目することで，男性をジェンダー規範の拘束から解放する助けとなる新しい家族観があることを見出した。それが「家族する」ことである。

　総合考察として，本章ではまず「家族する」こととはどういうことか，それは従来の近代家族像と比べてどのような点が新しいのかを論じる。そして次の第８章で，「家族する」ことが男性の生き方や発達にとってどのような意義があるのか，男性の成人発達，生涯発達という観点から論じてみたい。

### 家庭関与の質に注目する意味

　「家族する」という，家庭関与の質に関する概念に注目することには，以下のような意義があると考えられる。これまでの研究では，男性のワーク・ライフ・バランスや，夫婦間の役割分担の多様性は，職業役割と家庭役割への関与の量的なバランスによって記述されてきた。第１章で触れた矢澤ら（2003, pp. 138-169）は，父親と母親がそれぞれ「仕事と育児のどちらを優先させるのがよいと思うか」の組み合わせによって，若い父親たちのタイプ分類を行なってい

る。小笠原（2009）も「育児を分担するか／しないか」と「育児のために仕事をセーブするか／しないか」の組み合わせによって，仕事と育児の調整を三つのパターンに分類している。

　これらはどちらも，職業役割と家庭役割への関与の量的な差異に基づく分類である。しかし，量のみに注目する分類では，第4章第4節，第5節（研究2-3, 研究2-4）で見たような，家庭関与の質の違いは反映されない。家庭関与の量を測定して得られるのは，あくまでもある一時点での状態をスタティックに捉えた「記述」だが，家庭関与の質に注目することで，その人の表にあらわれる行動だけでなくその意味づけ，すなわち背景にある価値観や信念も含めてアプローチすることが可能になる。そのことによって，たとえば「今は仕事に多くのエネルギーを割く男性が，今後，男性ジェンダー規範の拘束から解放される可能性がありそうか」，あるいは「家庭志向が高いと自称する男性が，真に共同参画的な役割観を持っており，男性ジェンダー規範に囚われていないといえるのかどうか」といったことが見えてくる。

　たとえば，同じ「自分は仕事中心の生活を送り，家事育児はほとんどを妻に任せている」という状況にあるケースでも，研究2で仕事優先群とされたAさんとUさんのように，何の疑いもなく性別役割分業を当然視するケースと，「家族する」家族観を持ちながら，自分の転職と妻のキャリアアップのための離職・就学という条件が重なって，一時的にそのような分業形態をとっているケースとを区別することが可能となる。男性の生活スタイルや夫婦の役割分担のパターンを，ある一時点で固定して記述すればよく似たケースかもしれないが，この2ケースの潜在的な発達の可能性は大きく異なると考えられる。Uさんは状況が許せば容易に仕事優先の生活スタイルを修正することができ，男性ジェンダー規範からも解放される可能性が高いが，Aさんは本人の信念が変わらない限り，生活スタイルが変わることはないだろう。仮に仕事の負担が高まるなどの状況変化があれば，「男は仕事」「家族を養うのは男性の役割」という男性ジェンダー規範に絡め取られて過重労働に陥る恐れがある。

　このように，家庭関与の質に着目することによって，いま現在，具現化している状況を超え，（まだ）実現していない状況に置かれた場合の，個人の潜在的な発達可能性を論じることができる点に意義があるだろう。「家族する」こ

とという概念は，男性の生き方や家族のあり方を発達的に捉えることを可能にする概念装置なのである。

関与の質的な側面まで考慮して夫婦間の役割分担の類型を抽出した研究には，日本・フランス・スウェーデンの3か国で「夫婦が共に育児に取り組んでいる」と自薦・他薦された夫婦計47組にインタビューを行なった舩橋（2006）がある。舩橋は，夫が扶養責任を負い妻が無職か短時間勤務のAタイプと，その逆のDタイプに加えて，夫婦共働きで家事を分担しているが，その分担が平等であるCタイプと，不平等なBタイプの4類型を見出している。そして夫と妻の仕事と家庭責任が同等化されれば，BタイプがCタイプに移行するとしている。「夫と妻の仕事と家庭責任が同等化される」とは，すなわち「誰にとっても仕事と家庭生活が同等の価値を持つ領域であると認識される」ことと言い換えられるだろう。本書が提示した「家族する」家族観は，夫婦間の役割の同等化に向かう原動力となる個人の心理を具体的に明らかにしたものといえるだろう。

男性がどれだけ家庭関与しているつもりでも，自立的・自律的に家庭役割を果たすことができなければ，女性が家庭役割に拘束される状況に変わりはない。それでは男性が仕事最優先の生き方を変革しようとしても，稼得責任を負う大黒柱の立場から逃れることは難しい。小笠原（2009）は，「育児を分担しても仕事をセーブしない父親は，狭義の性別役割分業意識とは別に，男性の活躍の場は仕事領域だとする『仕事規範』が強い」ことを示した。「家族する」という概念は，その「仕事規範」から脱却するための要因にあたるともいえる。

## 2 「家族である」ことと「家族する」こと

ここまで，質的調査・量的調査の2方向から，男性が「男は仕事」とする男性ジェンダー規範から脱却する鍵として，「家族とはどのような関係であると考えるか」すなわち家族観が問題となることを述べてきた。「男性は仕事を優先するべき」という男性ジェンダー規範に沿った生き方をする男性たちの間では〈各自が役割を果たすのが家族〉という家族観が見られた。これは，家族とは，夫あるいは妻という地位に対して付与された各自の役割を果たし続けるこ

とによって成り立つものだという考え方を指す概念であった。これとは対照的に，「男は仕事優先」という規範を脱却した男性たちは，家族とは「主体的かつ自立・自律的に家庭役割を果たし，状況や相手のニーズに応える形での関与を生成し続ける」関係であると考えていることが明らかにされた。本書では後者の家族観を「家族する」家族と呼んだ。

　この「家族する」という表現は本書のオリジナルではなく，同じように「〇〇する」という語を使っている例はいくつか見られる。それらが「〇〇する」という動詞形によって，どのようなニュアンスを表現しようとしているのかを読み解いてみよう。

　発達心理学者の柏木惠子は，著作の随所で，家事や育児に主体的に関わらない男性を「家族をもつが『家族はしない』」，「父親になるが『父親はしない』」と表現している（たとえば，柏木，2008；2011など）。それらの対比表現からは，「結婚して妻子を持っても，それだけで家族だとはいえない」，「子どもが生まれたという事実だけでは父親だとはいえない」という含意が読みとれる。夫婦である，精子の提供者であるという事実を超えて，具体的な行為として家庭に関わっているか，どのような態度で家庭関与しているかを問題にしていることは明らかである。

　同じことを，精神科医の小此木（1995）は，「である＝being」精神に基づく家族と「する＝doing」精神に基づく家族と呼び分けている。そして，これからの家族の課題の一つとして，「同じ家族でいるという思い込みさえあればやっていける，ただともにいればよいというビーイング（being）の心から，常に課題を発見し，家族を新しくつくり，維持するドゥーイング（doing）の精神への転換が求められる」（小此木，1995，p. 193）と述べている。この記述によれば，小此木のいう「beingの精神」とは，個人が何をするか，どうふるまうかと関係なく，「私たちは夫婦である」，「私たちは親子である」という事実認識さえあれば家族は成立するという考え方だと解釈できる。婚姻という事実によって夫婦という関係が，あるいは出生によって親子関係が結ばれれば，あえて関係解消の手続きを踏まない限り，その関係は自ずと維持される。したがって特段の努力はしなくても「私たちはずっと家族である」と思い続けることができる。それに対して，「doingの精神」に基づく家族とは，「夫婦である，親子である」

という事実だけでは維持されない。「常に課題を発見し，家族を新しくつくる」努力をしつづけることによってはじめて維持される。つまり小此木のいう「doingの精神に基づく家族」とは，能動的な行為によって関係を再構築しつづけるような関係を指しているのである。

　和泉（2006）は，養育里親家庭へのインタビュー調査をまとめた著書の副題に「家族する」という表現を使用している（『里親とは何か——家族する時代の社会学』）。養育里親家庭とは，様々な理由で親元での養育が困難な児童を行政から委託されて養育する家庭である。夫婦とその血を分けた子どもからなる家族の場合，血縁や婚姻という制度で結ばれた関係があるため，「家族である」ことは当たり前と捉えられやすい。そこでは，「何によって家族は家族たりうるのか」をとりたてて考えることはあまりない。しかし，血のつながらない子どもを家族の一員として養育する里親家庭では，「家族であるとはどういうことか」は自明ではない。そこで養育里親たちは，各家庭の文化を日々実践することによって，「家族をしつづけ」，里子を含めた「家族」を構築していくのだという。中には虐待や養育遺棄など，過酷な過去の事情を抱えて，なかなか里親に心を開かない子どももいる。それでも，里子の名乗りをどうするか，問題行動にどう対処するか，里子と実親の関係をどのように扱うかなど，日々試行錯誤しながら家族という関係を構築しようとする里親たちの実践は，小此木のいうdoingの精神の具体例といってよいだろう。このような里親たちの努力を知ると，むしろ普通の家族こそ，夫婦であり，親子であることから感じられる家族の自明性に無自覚によりかかっているのではないかと思えてくる。

　直接「家族」を論じたものではないが，丸山眞男も「であることとすること」と題した論考の中で，「である」原理と「する」原理を対照させている。近代以前の社会では，「その人が何であるか」すなわち身分的な属性によって自ずと決まるふさわしいふるまいをすることがモラルであり，「各人がそれぞれ指定された『分』に安んずることが，こうした社会の秩序維持にとって生命的な要求になって」いた（丸山，1961，p. 159）。しかし，江戸時代の身分制社会が近代化によってオープン化・複雑化する過程で，人々は組織に組み込まれていく。組織内での分業が生じた結果，「同じ人間が同時に多様な関係の中にあり，状況によっていろいろ違った役割を演じなければならなくなる。つまりそ

れだけ人間関係がまるごとの関係でなしに,役割関係に変わって」いったのだという（丸山,1961,p.161）。その人が「何であるか」でなく,組織や場面の中で「どのような役割を負っているか」が重視されるということは,その人が果たす機能や業績,すなわち「する」ことが関係の基盤におかれるということである。「する」原理に基づく社会では,人はお互いに自らに振り当てられた役割を不断に果たし,それを点検,吟味しつづけることが必要になってくる。

「『先天的』に通用していた権威にたいして,現実的な機能と効用を『問う』近代精神のダイナミックスは,（中略）『である』論理・『である』価値から『する』論理・『する』価値への相対的な重心の移動によって生まれたもの」だと丸山は述べている（丸山,1961,p.157；傍点は丸山による）。その意味では,「夫である」,「家長である」ことの権威が無条件で認められていた戦前の家父長制家族から,夫婦が愛情を基盤として対等な関係を結ぶ戦後の夫婦制家族——いわゆる「近代家族」——への移行は,家族のあり方についても「である」論理から「する」論理への転換があったと見ることができるだろう。

落合（2004）は,家族史的に見た近代家族の特徴を次の8項目に整理している。①家内領域と公共領域の分離,②家族構成員相互の強い情緒的関係,③子ども中心主義,④男は公共領域・女は家内領域という性別役割分業,⑤家族の集団性の強化,⑥社交の衰退とプライバシーの成立,⑦非親族の排除,⑧核家族[1]。これをさらに集約すれば,無条件で付与されてきた家長の権威を否定し,愛情に基づく個人の選択によって結ばれた対等な男女が,家族外の関係とは区別されたプライベートな「家族」の関係の中で,各自が負った夫役割,妻役割,親役割を果たし合う,「する」論理を実現させた家族像を見ることができる。

丸山は,近代化によってすべての領域が「する」原理へ移行するわけではなく,学問や芸術など機能主義がそぐわない領域では,「である」価値が存続する意味を認めている。ただし,本来は「する」原理がふさわしい領域であっても,「である」原理から「する」原理への移行はすんなりとはいかないのだという。たとえば,政治や経済の世界で情実や派閥がしばしば見られるのは,

---

注1）落合は「⑧核家族」は日本のような親族世帯を形成する社会もあるので,括弧つきにしたいとしている。

「する」社会の中に身分制社会の「である」価値が根をはっていることを示しているという。また，日本では勤務時間外の仕事を離れた場面での人間関係にも職場の上下関係がつきまとう例を挙げ，「職能関係がそれだけ『身分』的になっている」と指摘している。

ジェンダーに関してはどうか。丸山は，『女であること』という川端康成の小説タイトルを例に挙げ，女性については「女である」という属性から妻として・母としての役割や行動様式が自然に出てくる面が多いのに対して，男性は社会的に多様な活動をし，多様な役割を演じている，したがって『男であること』というのは小説の題名としては不自然でなにか滑稽な感じが伴う，と述べる（丸山，1961, p. 162）。だが現実には，「男であること」は，社会的に男性に期待され，男性が演じてきた役割の中に，丸山が考えた以上に根をはっていたのではないだろうか。丸山の時代には，男性もまたジェンダーを背負って生きる存在であるという事実が見過ごされていただけなのだ。

第4章で示した，仕事優先群を特徴づける〈各自が役割を果たすのが家族〉という家族観がまさに，「『する』原理を志向するはずの関係に，『である』ことが根を張った状態」といえる。仕事優先群の男性たちは，決して家長の権威を振りかざす前近代的な夫ではなかった。むしろ家族への愛情に基づき，父親としての責任感と稼ぎ手としての使命感を抱き，よい夫・よい父親であろうと心を砕く，きわめて近代家族的な夫像を体現する男性たちであった。彼らが夫として稼得責任・扶養責任を果たそうと努力し，妻の家事・育児の遂行能力を信頼して委ねていたことは，語りの随所にあらわれていた。ただ彼らの家族観は，稼ぎ手として扶養責任を負うことを，「男である」，「夫である」という属性に付随する当然の「分」と捉える「身分的な」側面を残していた。彼らとて家事・育児に関与しないわけではないが，それは男性・夫としての本来の分を超えた行為であり，わがこととして主体的に関わるべきものだとは捉えられていなかったのである。

それに対して，仕事相対化群に見られたのは，家族とは「主体的かつ自立・自律的に家庭役割を果たし，状況や相手のニーズに応える形での関与を生成し続ける」関係であるとする家族観であった。仕事相対化群の男性たちは，今の状況では自分がどうすることが必要なのかを常にモニターし，「男性」や「夫」

に期待される規範的な役割とは関係なく，必要なことはするのだという信念（〈家族に対する主体的関与〉〈家事をするのは当たり前〉）を持っていた。また同時に，規範的役割から外れるニーズにも柔軟に応えうる実践的なスキル（〈家庭役割代替え可能〉）を備えていた。本書では，こうした信念に基づいて，ジェンダーや家庭内役割の境界線にこだわらずに，その時必要とされることを柔軟に行う家庭関与を「家族する」ことと呼んだ。これは丸山の枠組みでいうところの「すること＝不断の行使と点検，吟味」，また小此木のいう「doingの精神＝常に課題を発見し，家族を新しくつくり，維持する」とほぼ同義の内容を指すものといえる。

つまり本書で述べてきた「家族する＝doing family」という概念は，家族役割を主体的に果たすという以上の意味を持っている。決定的に重要なのは，伝統的なジェンダー規範に囚われることなく，常に「いま自分たちには何が必要か」を見極めてそれに応答する関係を日々新たに紡ぎだしていく「応答性」と「生成性」なのである[2]。

## 3 「家族する」ことの応答性と生成性

### 「家族する」ことの応答性

ここまで見てきたように，「家族する」こととは，単に「男性が家事や育児を主体的・積極的にする」ことではない。本書で探究したのは，男性の生き方の選択肢を広げ，過度に職業役割に拘束されなくなるためには何が必要かというクエスチョンだったので，実証研究の中では脱職業役割的な行為として「夫の主体的な家庭関与」が多く報告されることとなった。しかし，実のところ「家事や育児を」「主体的・積極的に」することは，「家族する」ことの直接のテーマではない。自分の本来の志向とは違っても，妻の人生設計をサポートするために「今はそれが必要な時期だから」と一時的に仕事優先の生活を送ることも「家族する」ことに相当するだろう。さらに，第4章第4節（研究2-3）

---

注2) 生成性に重点を置く点は，第1章で紹介した，ジェンダー境界は個々人の一つひとつの行為によって常に構築されているとする「doing gender」(West & Zimmerman, 1987) とも通底する。

で見られたような，職業役割優先の生活から降りたいという夫の希望をくみとって，妻が稼得責任を担ったケースでは，妻が「家族した」のだともいえる。つまり，「何をどのようにするべきか」は相手のニーズや状況次第で常に変わるものと考え，それを把握して応えようとすることが「家族する」ことなのである。一見，既存の性別役割分業の枠組みに沿ったように見える選択でも，それが自分たちには必要であるという認識のもとに，テンポラリーな選択として行なわれているなら，それも「家族する」ことなのだ。

　人は時間とともに発達し，常に変化する存在である。また，人の心理も行動も，その時々の状況によって一定ではない。常に変化しつづける相手や状況をモニターし，それに応答するのであれば，その都度異なる柔軟な関わり方を見つけだしていくことが必要になる。「○○を△△のようにしてさえいれば，家族は成り立つ」という，マニュアル化できる行為や決まった条件はないのである。

　このことをよくあらわす例として，子どもを持つ男性に「父親であること」についてインタビューしたロブ・パルコビッツ（Palkovitz, R.）の研究を紹介したい。彼は，「よい父親」であるとはどういうことか，という問いに対する父親たちの回答を，「暫定的なバランス（Provisional Balance）」というラベルでまとめている（Palkovitz, 2002）。「こうするのがよい父親だ」という一定の形があるのではない。父親たちは，子どもとの相互作用の中で，様子を見ながらリーダー・仲間・養育者など様々な役割をバランスよく繰り出し，子どもとの関係を刻々と紡ぎだしていく。それは常に，変化（偶然の変化，子どもやパートナー，彼ら自身の発達による変化）と，その時その時の重みづけ（重要性や優先度）に応答し続ける営みである。パルコビッツは，父親である男性に限らず，人は誰でも，発達のために様々な文脈で要求されるバランスの折衝を続けなければならないと述べる。バランスは静的ではありえない。なぜなら人が生きる環境には，個人を様々な方向へ引っ張ったり押しやったりする複数の様々な要因があって，常に葛藤やせめぎあいが生じているからである。たとえばある要因（ある役割）を無視したり，自分とは関係ないものとして誰かに丸投げしたりしない限り，人は否応なく，複数の要因に反応し対処することを迫られる。そのプロセスは個人にとってストレッサーにもなるだろうが，同時に発達の契機にもなるもの

だろう。

### 「家族する」ことの生成性

　パルコビッツの表現にならえば，「家族する」という概念も，様々な要素が絡み合う生活の具体的な文脈の中で，状況や相手の状態に柔軟に反応・応答しながら，暫定的なバランスを維持しつづける動的で生成的なプロセスである，と表現できる。このフレーズは，第1章で紹介した新しいジェンダー観を想起させる。ジェンダーとは，人が状況に応じて，何らかのジェンダー化された行為を通して身元確認的なディスプレイを行なうことによって，その都度構築される可変的なものだとする考え方――doing gender（West & Zimmerman, 1987）と相同である。

　「家族する」という概念をまとめあげようとしていた頃，ある研究会で発表を聞いてくれたひとりの男性が「なんだか『常に見捨てられる可能性を考えておけ』と言われているような気がして落ち着かない」という感想をもらした。その発言には，否定的とまではいえないが「そんな関係はかなわんな」といったニュアンスがこもっていたように感じられた。確かに，常に相手の様子をうかがい，自分に求められていることは何かと思いをめぐらせているのは気の張ることかもしれない。だが，「家族なんだから○○してくれるはず」，「うちの妻・夫は△△だから」と相手の顔も見ないまま，「いつもの関係」の延長を惰性で続けていたらいつか見捨てられるかもしれない，という危機感を心のどこかに持っておくことは，実は大切ではないかと思うのだ。社会が安定して，皆が同じような人生を全うできた時代ならともかく，価値観の多元化した現代においては，生活を共にする家族どうしであっても自然に思いを同じくしているという保証はないのだから。

　「家族とは，空気のように慣れ親しんだ存在」，「時間と空間を共有してきた家族の間では口に出さなくても気持ちが通じる」とは一般によく耳にするフレーズである。それは一面では真実だろう。それにくらべると，常に状況をモニターして応答しながら新しい関わり方を生み出していく関係は，緊張を強いられるようで，家族という関係に人々が期待する安心感とは相容れないと感じられるのも理解できる。しかし，慣れ親しんだ関係が持つ安心感というメリット

は，その負の側面として，相手への一方的な決めつけや固定化した不合理な期待を生じさせる恐れもある。アナロジカルな例を挙げれば，人の認知過程において，体系化された知識の集合である「スキーマ」が両刃の剣として作用することに似ていよう。経験・学習によって形成されたスキーマは，情報を処理して判断を下すプロセスを効率化し，認知的処理の負荷を軽減する利点を持つ一方で，時に判断のバイアスを生じさせる一因ともなりうる。同様に家族の関係も，いつもどおりの固定化した関与を繰り返すだけでは，新たに生起した危機や変化を見落としかねない。気づかないうちに溝が増幅されて，やがて対処できないレベルまで問題が大きくなってしまうこともある。夫婦関係についての研究でしばしば報告される「中高年の夫婦では，妻の不満に夫が気づいていない」という事態は（菅原・詫摩, 1997；数井・大野・柏木, 1996），おそらくそのようなプロセスを踏んで起こってくるのではないだろうか。

両刃の剣のたとえから，「では，柔軟性が高ければ高いほどよいのか」という疑問が浮かぶ。この問題は，オルソンがシステムとしての家族の機能度を査定する枠組みとして提案した円環モデル（Circumplex model）を思い起こさせる（Olson, et al., 1979）。円環モデルでは，「凝集性（cohesion）」と「適応性（adaptability）」という二つの概念を使って，家族システムの機能度をアセスメントする。凝集性とは「家族メンバー相互の情緒的・心理的結びつきの程度」をあらわしており，適応性とは「状況的・発達的ストレスに応じて，家族システムが勢力構造や役割関係，関係のルールを変化させる能力」（Olson, 1990）と定義される。どちらの軸でも中程度の位置にある家族が最も機能度が高いと想定されている。

家庭生活を営む中では，解決すべきタスクが次々にあらわれる。「今日の夕食に何を食べるか」，「言うことを聞かない子どもにどう対処するか」といった日常的なものから，大災害の被害からどのように立ち直るかといった重大事まで，タスクの種類は大小様々である。また家族メンバーの成長や加齢に伴って，お互いの関係を変化・再構築する必要もある。「家族がシステムとしてうまく機能する」こととは，家族が一つのまとまりを持ったシステムとして，それらのタスクにうまく対処できるということを意味する。もしも家庭内の役割分担やルールががっちりと決められていて，硬直化した「いつものパターン」以外

の方略をとることができなければ，家族システムはその都度異なる危機や状況に柔軟な対応ができず，ストレスを乗り越えることは難しいだろう。反対に，決められていることが少なすぎても無秩序状態に陥り，システムとして状況に迅速に対応することができなくなる。円環モデルでは，「適応性」のレベルが中程度である場合に家族が高い機能度を発揮すると考えられている。中程度の適応性には，家族システムが適度に構造化されていることで，毎回0から対処行動を編み出さなくてもよいという効率のよさと同時に，フレキシブルな対処行動を可能にする適度な自由度の両方が兼ね備わっているためであろう。

家族の実際の生活の中では，日々の変化に応じて関係を紡ぎだす「家族する」側面と，慣れた関係の中での暗黙の了解や相手に対する予想や期待による側面がないまぜになって，関係が構築されていくのだろう。そう考えると，生成性を強調した「家族する」という態度は，家族に対する関与の形の一つの極・典型例のようなものと考えるべきかもしれない。

## 4 「声に耳を傾ける」——人がまるごとの個人として尊重される

再び丸山（1961）の一節に戻ろう。近代化の過程で分業が起こり，「同じ人間が同時に多様な関係の中にあり，状況によっていろいろ違った役割を演じなければならなくなる。つまりそれだけ人間関係がまるごとの関係でなしに，役割関係に変わって」いった（丸山, 1961, p. 161）。「家族する」ことの意義を考える上で，この点は注意する必要があるだろう。丸山のいう「する」社会の人間関係をつきつめていくと，ある任を負った人は，その役割に求められるだけの業績や機能を果たしているかどうかを常に点検され，十分でないと見なされれば排されるという，徹底した機能主義に行き着くからである。本書で主張したい「家族する」ことは，機能主義とは一線を画する。そこで注目したいのは「まるごとの人間関係」という部分，人が多面性を持つまるごとの存在として受けとめられて，その声に耳を傾けられているかどうか，である。

日本社会でいわゆる「近代家族」が広く一般化したのは，高度経済成長からオイルショックにかけての時代のことだ（落合, 2004；大沢, 1993など）。それは夫として，妻として，それぞれに付与された役割を果たす，性別役割分業と

いう一種の社会的交換を中核とした関係であった。しかし固定的な性別役割分業は，やがて家族システムの機能やコミュニケーションに硬直化を生じさせ，様々な問題現象をもたらした。第1章で見たような女性の育児不安，夫婦関係の悪化，専業主婦の否定的生活感情の強さなど，女性学が明るみに出した近代家族の諸問題は，妻・母としての家庭役割のみに追われ「まるごとの」個人として扱われないこと，女性ジェンダー規範に押し込められてしまって，「まるごとの」個人でいたいという声に耳を傾けられないことに対する，女性たちの不全感の表れといえるだろう。

同様に，男性においても，自殺率の高さや長時間労働による心身の健康悪化など，仕事にまつわる問題が多々報告されている。これは，家族内の役割分業が硬直化した結果，男性本人も家族も，男性＝働き手・稼ぎ手とするジェンダー規範に絡め取られてしまい，男性が仕事から距離を置くという発想が難しくなることと関係しているだろう。男性もまた，様々な側面を持った「まるごとの」個人として尊重されてはいないのだ。

「まるごとの」個人として尊重されない状態とは，換言すれば，その人の果たす一部の機能のみで人が評価される状態とも言える。たとえば，夫婦が結婚生活を維持する拠りどころには，配偶者に対するひとりの人としての尊敬の念からくる「人格的コミットメント」と並んで，配偶者が果たす機能が自分の役に立つという「機能的コミットメント」があるという（宇都宮，2005）。宇都宮（2004）は，高齢期の夫婦を対象に，配偶者との関係の類型化を行なっている。配偶者を人格的に肯定し，積極的に関わりを持とうとする「関係達成型」ステイタスと分類された者が最多ではあるが，それに次いで多いのは，相手の果たす機能的側面は肯定するものの人格的には魅力を感じない「表面的関係型」ステイタスである。それぞれの類型の結婚満足度を比較すると，「関係達成型」が最も満足度が高いのだが，「表面的関係型」も決して結婚満足度は低くはない。これは，配偶者に人格的な共感ができなくても，自分にとって有用な機能を果たしてくれるのなら，結婚生活は維持できることを示している。同様の結果は，夫への愛情が冷めた妻は，夫を唯一無二の「個人」としては重視しなくなっても，夫の稼ぎ手としての機能を「重要」と評価する限りは，たとえ夫婦関係に不満があっても結婚生活は維持される（池田ほか，2005）という結果（第

1章,図1-8）にも見ることができる。

　これらの知見は裏を返せば,パートナーとして人格的共鳴を感じない夫が,稼ぎ手としての機能も果たさなくなった場合には,関係を維持する意味が薄れることになる。失業率と離婚率は正相関の関係にあるという（三好,2013）。実際,男性が失業すると夫婦や家族との関係も破たんして離婚に至るケースが少なくないという話も耳にする。女性の側にも,かつては「嫁して三年,子なきは去る」と言われ,跡継ぎを得るための妊孕性のみで評価された時代があった。機能主義が行き過ぎれば,再びそのような事態が生じることになるかもしれないのだ。

　「はじめに」で,過重労働で疲弊して起き上がれない家族をサポートするつもりでモーニングコールや送迎をすることが,結果的に家族を過労死に追い込んでしまったという例に触れた。これも「働き手・稼ぎ手という役割を負った以上,仕事にはいかねばならない」という一種の機能主義から抜け出せなかったことが根底にあったと見ることもできよう。働き手・稼ぎ手だけでない,「まるごとの個人としてのその人」を尊重する発想があれば,家族は過重労働の苦しさに共感して「仕事に行くことよりあなたの命のほうが大事だ」と伝えることができるのではないだろうか。男性が生き方の自由を増すためには,男性本人の意識の変化が求められるだけでない。その家族の側も,男性を稼ぎ手だけでなく「まるごとの個人」として尊重すること,すなわち役割規範から外れて,期待される機能を果たせなくなった（あるいは,果たすことをよしとしなくなった）としても,その人の声に耳を傾け,応答する関係を築くことが必要なのだ。そのためには,1人の稼ぎ手と1人の家事の担い手が2人一組で成立する家族モデルが適していないのは明らかだろう。

　ここまでの議論を踏まえて補足的に言いかえるなら,「家族する」こととは,家族を功利的な役割だけでつながる関係でなく,全人的な存在としてお互いを尊重する関係の中で,相手の状況やニーズに耳を傾けあい,応答しあう責任を伴う関係としてみる態度,ということができるだろう。

　かつて,女性を「子どもを産む機械」にたとえた閣僚がいたが,「派遣切り」や「ブラック企業」が話題になる昨今の労働環境を見ると,男女にかかわらず労働者が人格を持たない労働力として「働く機械」のように扱われているよう

に感じる。人をトータルな存在として尊重することなく，何らかの機能を果たすパーツのように把握する社会で，人が前向きな展望を持って生きられるとは思えない[3]。「家族する」ことという概念が提示する人間観は，人を，働き，家族を持ち，生きているトータルな人格として尊重するという点で，実は家族という枠を超えて，職場や社会のあらゆる場で求められるものなのではないだろうか。

## 5　オルタナティブな価値観を獲得する意義

### 「ケアの倫理」との共通性

　第4章で触れたように，「家族する」ことという概念の中核となる，人間を様々な側面を持つ存在と認め，そのニーズを注視し応答することを重んじる態度とは，ギリガンのいう「ケアの倫理」と重なる。「ケアの倫理」とは，第4章で述べたように，子どもの道徳性の発達段階を提示したコールバーグが，文脈によらない普遍的な権利・平等・公正などの観点からの判断を道徳性発達の高次の段階としたことへのアンチテーゼとして，ギリガンが提唱した道徳判断の「もう一つの原理」である。ギリガンは，ジレンマ状況において，男性は正義の倫理に基づいた道徳判断を発達させるのに対し，女性は具体的文脈や人間関係に配慮した「ケアの倫理」に基づく判断を行なうという特徴があることを，男女の反応の違いを対照させて示した。そのため，道徳発達には本来的な性差があると主張したと批判されることもある。だが彼女は，男性中心の心理学が見出してきたのとは「異なる声」が女性の声と密接に関係しているのは経験的な事実だとしながらも，両者の関係は絶対的なものではないし，同性のあいだにも相反する「異なる声」が存在することも指摘している。さらに，ギリガン自身の関心は，そのような「声」の違いの発生機序を明らかにするところにはないとし，「女性の人生が男性と比較して，社会的相互作用や個人的関係に深くかかわる傾向にあるという特徴は，従来の心理学の文献では子ども時代や思春期の発達の段階が［筆者注：他者との］分離の程度によって記されているため

---

注3）産業界・経済界の「人」の扱い方に関する最近の問題状況は，中澤（2015）に詳しい。

に，たんなる記述上の違いにとどまらず，発達上の問題としてもとらえられてしまうのです」と述べている（Gilligan, 1982　岩男監訳，1986, p.8）。ここから筆者は，ギリガンは（彼女自身は検討していない）何らかの発達メカニズムの結果として男女の間に生じがちな，判断基準の一般的な性差を記述しているのであって，男女が本質的に異なることを主張しているのではない，したがって「ケアの倫理」は女性だけが限定的に獲得できるものだとも言っていない，という見方をとる。

　ギリガンによる「ケア」の定義を再度引用しておく。「思いやりの理想（The ideal of care）というのは，人間関係における一つの行動，しかも他人の必要をみきわめてそれに応じていく行動なのです（an activity of relationship, of seeing and responding to need）。つまり，結びつきのネットワークを維持することによって，だれもひとりぼっちにならないようにこの世界を思いやる行動に他ならないのです」（Gilligan, 1982　岩男監訳，1986, p.107：括弧内は原著，p.62）。

　ギリガンのいうケアとは「だれもひとりぼっちにならないように」すること，つまり，人はひとりでは生きられない社会的な存在であるという前提に立っている。引用部分前半で述べられているとおり，「ケア」とは，相手のニーズに注意を払い，それをすくいあげ応答する行動と定義されており，これは本書で「家族する」こととして概念化した態度と共通する内容を指す。引用部分後半で主張される，ケアの倫理が目ざす人と人のつながりは，ケアが行動（activity）として実践されることによって実現するという点は，第6章（研究3-2）で報告した，「家族するべきだ」と考えていることと「実際に家族している」ことは別物だという分析結果を想起させる。「家族する」こと＝doing family という概念は，「ケアの倫理」に立脚して，行為として家族に関与することなのだ。

　ケアの倫理は，人は独立な存在ではなく相互の結びつきのネットワークの中に存在しており，誰もが他者に対して責任を負っているという人間観に立つ。「人間の生活を，人と人との結びつきに依存しているものとして，思いやり（care）によって支えられているものとして，また同意による契約よりも愛情による絆にもとづくもの」として捉え，どのように行動すべきかを判断するものである（Gilligan, 1982　岩男監訳，1986, p.98）。

　「思いやりに支えられる関係」は，「同意による契約」とどう異なるのか。公

私二元論を批判的に検証しながら，社会制度としての家族と政治の関係を論じた岡野（2009）の議論が参考になる。

公私二元論とは，社会や労働市場，政治的領域といった公的な領域と，家族という私的な領域は異なる原理に基づく別のものであるとする理論である。公的な領域は，自律・独立的な同等の能力をそなえた「市民」が集う場であり，同等な市民どうしの間に依存関係は想定されない。そこでは平等・公正・正義を旨とする正義の倫理が活動原理となる。

それに対して，私的領域——たとえば家族——の関係は，年齢や能力の点で非対称な様々な立場のメンバーを含んでおり，ケアしケアされる依存的な関係が存在する。公と私は別々の価値を持つとされながらも，自由で独立したメンバーが，規則に従うことによってお互いの権利・義務を守るべきとされる公的領域においては，依存的な関係は劣位に置かれる。「育児をする親」であったり，「老親を抱えた介護者」であったりする個人の置かれた私的な状況は，公的領域においては捨象され，「同等な市民」としての権利と義務のみが問題にされる。そのため，私的領域で責任を抱える個人が弱者になってしまうのである。

つまり，公私二元論は，二つの領域に異なる価値を認めて峻別するように見えて，実は「公的領域が私的領域を決定する権力を持ち，私的領域が公的領域を支える構造」（岡野，2009, p.44）をなす上下関係を暗に想定する点で，「見せかけの二項対立」であると岡野は批判している。確かに，子育てや介護など私的領域で責任を抱える個人が，「他のメンバーと同等に目いっぱい働けない者はいらない」とばかりに仕事の世界から排除される事態は，現在の日本でもよく見聞きする。竹信（2013）はそのような現象を「家事労働ハラスメント」と命名して問題提起した。家事労働ハラスメントは，排除されて周辺に追いやられる者にとって厳しいのはもちろんだが，公的領域でのメンバーシップを認められた側の人々も「個人的な事情などは黙ってのみ込んで，とにかく求められるパフォーマンスをあげる」という要求にさらされることを意味する。要求に応えられる個人にとっては特に問題とは感じられないかもしれない。しかし，発達的・状況的な変化につれて，誰もがある日突然に弱者の側に立つ可能性を持っていることを思えば，実は誰もが負担や緊張を強いられている構造と見る

べきではないか。

　岡野は,「時間のなかで変わり行く他者を気遣いながら,非対称的な人と人のつながりの有難さを学」び,「ケアする・ケアされる関係性の孕む暴力性にも立ち会いながら,なお,ひとに注視され応答され守られることで,身体の統合性や自尊が育まれていく」家族という営みを支えるケアの倫理を,経済合理性や効率化に囚われた社会の側が取り入れるべきであると主張している（岡野, 2009, p. 55）。ケアの倫理に基づく,人をまるごとの個人として尊重する関係は,本来,社会全体に敷衍されるべきものだという岡野の論は,新しい社会のあり方として魅力的だと思う。現代の日本の労働環境を見ると,正規・非正規を問わず,働き手は人格や生活背景を持たない存在であるかのように,「労働力」として雇用者や職場にとって都合のよいように使われてしまってはいないだろうか。

　対照的に,たとえばオランダでは,1990 年代から雇用と福祉を連動させた就労政策が拡充され,個人の抱える事情に応じた幅広い働き方を実現できる制度が整えられているという。1996 年の労働時間差別禁止法によって,賃金・手当・福利厚生などの労働条件が労働時間によって差別されることが禁じられ,2000 年の労働時間調整法では,時間当たりの賃金は変わらず労働者が自ら労働時間を短縮・延長する権利が認められた（堀田, 2014）。これらの法律によって労働者は個人の希望や事情に応じて働き方を選択することが可能になった。これは,まるごとの個人としての一人ひとりのニーズを受け入れる寛容性をそなえた制度設計の例といえるだろう。岡野の主張のように,社会の側がケアの倫理を取り込むことは実現可能なのである。

**仕事とは異なる対抗価値としての家族**
　政治や社会制度という「大きな話」に広がりすぎてしまった。しかし公的領域の下位に置かれてきた私的領域の価値を認識しなおすべきという指摘は,家族の関係や個人の意識など,より小さい単位にも無関係ではない。統計調査データを詳細に読み解いて国際比較した品田（2007）から,日本人が「家庭生活」の価値をどのように捉えていたかを見てみよう。

　品田は日本と欧米諸国の生活時間調査から,日本は「男女ともに家事にあま

り時間を割かない社会」であることを明らかにした。国際的に見た日本の労働の特徴は，長時間であることより，むしろ男女とも無償労働より有償労働に多くの時間を割いていることであるという。そして子どもを持つと初めて生活が大きく変わり，家事にかける時間が欧米並みに長くなる。逆にいえば，子どもが誕生しない限り，家事は「できるだけしないで済ませるべき活動」なのである。品田は，これは日本では家事が「労働」と捉えられているためであると考察する。対価を産まない無償労働である家事は「わるい労働」であり価値のないもの，したがって家族の中で立場の弱い者（女性）に割り当てられてきた。「よい労働」＝有償労働にありついた女性は，名誉男性（圏点は品田による）となって家事サービスをお金で買うことができるので，家事をする必要はなくなる。家制度が崩壊し，女性が家長から「わるい労働」を割り当てられる立場から抜け出した時，誰も家事をしたがらないという現象が生じたのだという。

　これに対して欧米では，労働とはあくまでも対価を産む活動を指すと考えられてきたので，よくも悪くも家事は「労働」としては扱われなかった。そのため，仕事は公的な価値を持ち，家事は私的な価値と，それぞれ別々の価値が割り振られていた。「そこに夫と妻が対等であるべきだという思想が入ってくれば，解決への道筋ははっきりする。つまり，男女ともに仕事と家事の双方へと参入することだ」（品田，2007, pp.114-115）。家族領域を，職業という公的領域とは独立かつ対等の価値を持つものとして捉える下地があったからこそ，欧州ではワーク・ライフ・バランスが，「仕事と生活の両方を楽しむことは人間の当然の権利である」という意味で理解されているのだと考えられる。対照的に日本では，ワーク・ライフ・バランスは少子化対策の一環として，子育て中の労働者が仕事と子育てを両立できるようにする施策と理解する向きが強い（荒金ら，2007）。このあたりの認識の違いが，労使のどちらが労働条件を決定する強い権限を持つかの彼我の違いを生み出すのだろう。

　仕事の世界では経済効率や生産性は無視できない。そのこと自体は悪いことではない。だが，それを生活全般において第一に優先・追求すべき軸とするなら，家庭生活は「仕事や学校など公的な世界＝表舞台でのパフォーマンスを支えるための舞台裏」の位置づけに置かれることになろう。舞台裏での努力や苦労は，華やかな舞台の上では「ないもの」として扱われる。しかし，家庭生活

に，公的領域とは異なる「もう一つの価値」を認めるなら，仕事を最優先事項とする価値観を相対化することが可能になる。そうなれば，家庭生活は仕事に奉仕する裏方仕事でも，過重労働の負担を解消する緩衝帯でもなく，仕事と同等に追求するべき価値を持った領域となる。研究2の仕事相対化群に見られた「家族する」家族という家族観は，仕事の価値とは異なるオルタナティブな価値を家族に見出す信念として作用し，「男性は仕事最優先に働いて家族を養うべきだ」とする男性ジェンダー規範の拘束を弱める効果を持ったのだと考えられる。

　本人にはコントロールできない性別という属性をもって公的領域＝仕事と結びつけられてきた男性も，女性と同様，ジェンダーの問題に直面している存在である。「男性であるがゆえに，職業役割や一家の稼ぎ手という役割を降りることが許されない」という規範から自由になることは，男性が生産性・効率重視の職場風土に絡め取られない生き方を実現するために有効だと考えられる。さらにいえば，社会の様々な側面で格差が広がっていることが指摘される現在，自分や自分とかかわる人々の安寧を心に留めて生きる態度は，家庭以外の場，たとえば職場においても人間的な関係を実現するための鍵になるのではないだろうか。

　2014年6月，朝日新聞に「家庭科男子」と題した連載記事が7回にわたって掲載された[4]。男子校で家庭科がどのように教えられ，生徒がどのように取り組んでいるかのレポートだった。1993〜94年に男女共修となった家庭科は，家事のスキルを学ぶだけでなく，環境や健康，人のライフコースなど，生活全般と密接に関連した内容を含む教科である。記事からは，生活を支える家事の意義を伝えようとする教師の努力，そして生徒たちがそれを理解していく様子が十分伝わってきた。それでも印象深かったのは，教師が裁縫に取り組む生徒に「医学部に行く子は，手術の練習になるよ」，「仕事の出張先でボタンが取れたら，付けなければいけません」と発破をかけるくだりだった。おそらくは，家庭科に関心の薄い進学校の男子生徒に対して動機づけを高める目的でかけた言葉であろうし，この点だけをとりあげて批判するつもりは毛頭ない。しかし，

---

注4）朝日新聞朝刊　教育面「いま子どもたちは」No.730〜736（2014年6月12〜21日）。

「人の生活や命を支えるスキル」が「仕事に役立つスペックの一つ」に回収されてしまうような違和感を覚えたのも事実である。同じような感覚は，男性の育児休業取得の効用として「仕事の段取り力が増す」，「コミュニケーション力が高まる」など，職業遂行能力の向上が強調される場合にも覚えるものだ。仕事に優先的に価値を置くジェンダー規範にさらされやすい男性に，まずは家庭役割への関心と接点を持ってもらうため，あえて仕事に通じるメリットを前面に出す戦略は理解できる。だが，そこで終わってしまうなら，結局「公（仕事）に奉仕する私（生活）」という上下構造は変わらないだろう。2014 年秋，政権は「女性が輝く社会」をスローガンに掲げている。だが，生活の充実を置き去りにしたまま，男性に加えて女性をも仕事に駆り立てていくのは，人間らしい豊かな生き方からますます遠ざかっていくように思えてならない。「家族は家族してこそ家族である」という信念は，そうした社会の風潮に対する積極的抵抗を可能にする，個人の心の拠りどころとなると考える。

### 「生活の復権」

ところで，男性の生涯未婚率が 20％を上回る現在，「家族し」ようにも「家族」を持たない（持てない）人も増えている。ここでワーク・ライフ・バランスの本来の意味に立ち返れば，「ライフ」という語が指すのは結婚や子育てに限定されない。ライフ＝生活は，婚姻状況や子どもの有無にかかわらず，老若男女誰もが営むものである。生活の大切さを再認識するきっかけになる出来事は，第 4 章第 4 節で変化群の男性に見られたような妻との関係などの家族内の人間関係だけとは限らない。自身が怪我や病気を経験すること，身近なモデルとの出会い，学校や社会での学びなど，様々な場面で生活の価値を発見する機会はあるはずだ。

「家族する」という信念は，より一般化するならば，生活＝私的領域を仕事＝公的領域に従属させない価値観，いわば「生活の復権」の宣言なのだ。本書では，実証的な調査の対象を育児期男性としたため，私的領域を大切にしていることをあらわす概念を，家庭関与の質によって操作的に定義してきた。それを「家族する」ことと命名したことに，「結婚して子どもを持つ人生を送るのがよい」と主張する意図はない。また，相互扶助や福祉機能を家族の義務・責

第 7 章 「家族する」とはどういうことか

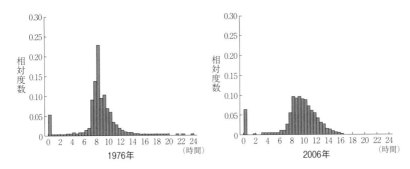

図 7-1　フルタイム男性雇用者の平日 1 日あたりの労働時間の分布（黒田，2010）

任として強調したいわけではない。実証的調査から直接言えることを超えて，育児期男性以外の人々も視野に入れ，「家族する」ことという概念を理論的に定義し直すならば，「人間を，公的・私的両方の領域と接点を持つ多面的な存在と捉え，特定の機能のみで評価されることなく，全人的に尊重されるべき存在だと考える人間観に基づき，共感的・応答的に自他と関わる態度」と拡張的に言い換えたい。

　黒田（2010）は，社会生活基本調査の時系列的な分析を行ない，1976 年時点と 2006 年時点での男性の週あたり労働時間に有意差はなく，ほとんど横ばいであったことを報告している。時間の単位を変えて年間労働時間に着目すると，1970 年代から 2006 年にかけては祝日の増加の影響で，労働時間は減少しているという。だが平日 1 日あたりの労働時間の分布を見れば，1976 年当時には 1 日 8 時間の人が多かったものが，2006 年には 8 時間以上働く人の割合が増加している傾向が確認される（図 7-1）。つまり年単位で見ると，男性が仕事から解放される時間は長くなったともいえるものの，これは祝日の増加という，個人の状況や選択とは無関係な理由によるものである。むしろその代償として，1 日単位ではますます仕事に拘束されることになっている訳で，個人が日々の生活において仕事と家庭のバランスをとることはかえって難しさを増したことになる。ワーク・ライフ・バランスとは，欧米並みの長いバカンスや育児休業取得など「ハレ」の場面だけの話ではない。日常生活の中で，個人が自分の希望や必要に応じて，当たり前のものとして仕事と生活の両方に関わり，楽しむことができるような生き方を実現するのが，「家族する」ことなのである。

185

# 第8章　男性の発達としての「家族する」こと

## 1　発達とはどのようなプロセスか

　前章では，インタビュー調査（研究2）から生成された「家族する」ことという概念が何をあらわしているか，理論的なレビューを通して整理してきた。「家族する」家族とは，役割を固定化せず，お互いが状況に応じた柔軟な関与を志向する点で，性別役割分業を基盤とする近代家族とは対照的な家族イメージであった。そこで重要なのは，単に男性が家庭役割に関与することではない。ひとりよがりにならずに相手のニーズや状況を見極めた応答的な関わりをすること，そのためには家族成員の発達や状況の変化に応じて，常に新たな関わり方を生成していく必要があると認識することが，システムとしての家族の機能度を高め，家族成員一人ひとりが「まるごとの個人」として尊重される関係を構築することにつながっていく。それは，現代社会に蔓延する，人を「どれだけの役割や機能を果たすか」という次元で捉える機能主義的な人間観・労働観に対抗する信念として，男性が仕事優先の価値観を相対化することを促す。そして，仕事への過剰な自己投入を抑止する個人の生き方の変化を促すだけでなく，オルタナティブな社会モデルを提示する可能性も持つものでもあった。

　この章では，本書が一貫して掲げてきた「男性を『男は仕事』とするジェンダー規範から解放するには何が必要か」という問いへの著者なりの答えとして，「家族する」ことによる男性の生き方の変化は，成人発達・生涯発達という枠組みの中でどのような意味を持つのかを論じていく。

　人に限らず，生物一般において「発達は環境の影響を受ける」といわれるが，それは，発達とは生物が環境変化に反応して自らを作りかえるプロセスであることを意味している。環境の変化に遭遇すると，生物は生まれ持った遺伝的なポテンシャル（応答基準）の中から，新たな環境条件に適応できる資質を発現

させる。当然，遺伝的なポテンシャルが多様であるほど，対処できる環境変動の幅も広いことになる。つまり，応答基準の幅の広さが発達的可塑性の大きさなのである。そして，環境に応じて自らを変化させていくプロセスは，幼少期に限定されるものではなく，成人期から老年期まで一生涯にわたって続いていく。それが成人発達・生涯発達の基本的な考え方である。

## 2 「家族する」ことは個人の適応に資する——発達的可塑性

このような生涯発達の考え方を人の生き方にあてはめるならば，既存の価値体系に拘束されず，それを相対化する視点を持つことが，変動の大きい時代を生き抜く発達的可塑性の高さであるということになる。第1章で概観した通り，既婚男性を一枚岩として扱った実証研究では，男性ジェンダー規範の拘束性に負担を感じていることを示す結果は少ない。当人たちが困難を感じていないのであれば，そのような現状を問題視する必要はないという見方もあろう。「今，ここ」の現実に焦点化する限りは，社会規範に則った生き方のほうが周囲との軋轢が少なく，標準モデルに合わせて設計された社会の様々な仕組みにも適合しやすいのは確かであり，それを適応的ということも可能かもしれない。しかし，時間という軸を加え，変化＝発達という要素を含めて考えるなら，規範に沿わない生き方は決して「不適応」とはいえない。

現代の日本は，人の生き方に関する規範や秩序が流動化しはじめている「多元的変動社会」（多賀，2001）だといわれる。「はじめに」でも触れたように，人口学的な変動は大きく，日本人の寿命の伸びは著しい。人生60年の時代なら，男性は職業役割，女性は母親役割・主婦役割を果たせば，充実した一生を送ることができたかもしれないが，高齢化時代に出現した「その後の長い人生」は，伝統的な性別役割を超えた新たな発達課題をわれわれにつきつけている。長くなった老後に，家庭や地域で居場所を得て充実した生き方を望むのであれば，男性も職業面の知識・技能に長けているだけでは安泰とはいえない。

加えて，社会の経済状況や雇用環境は不安定さを増し，誰もが安定した仕事に就いて定年まで働ける保障はなくなっている。生涯未婚率は男性では20%，女性も10%を超えており，ほぼすべての人が結婚して子どもを持つとは言え

なくなった。多くの点で，普通に生きていれば親や祖父母の世代と同じような人生が送れる時代ではなくなった今，従来の規範に則った標準的な価値観や生き方に固執し続けていたら，環境の変化についていけずに困難を抱えることになりかねない。既存の規範を相対化し，標準的な価値観からはずれた視点に立てる者のほうが，環境変動に対して新たな方略をもって適応できる可能性が高いだろう。

　第1章で見たように，過重労働による心身の疾患や過労死などの問題が男性で多く見られることは，男性が規範的な男性役割とされる職業役割・稼得役割を降りることができないことと関連している。「男は仕事」という思い込みに縛られていなければ，「なぜ命を落とすほどの働き方をしなくてはならないのか」と疑問を持つこともできるだろう。実際，第4章（研究2）で見た仕事相対化群の男性たちは，仕事や職場のしがらみからあえて距離を置き，仕事に過度に入れ込まない生活を実現していた。そして，そのような生き方を内面から支えているのが「家族する」ことという新しく獲得した信念であった。これが性別役割分業的な家族観や，男性である自分が稼ぎ手であらねばならないという規範意識に対する対抗価値として作用して，仕事に拘束される生き方から脱却することを可能にすると考えられた。

　近年，男性の家庭参加を求める声は高まっており，男性の間でも育児や家事を積極的に楽しむ「イクメン」，「カジメン」の存在が注目を集めている。だが，家事や育児を「積極的に楽しむ」だけでは，生き方の変革につながる可塑性を獲得できるとは限らない。多元的変動社会で高い適応力を発揮するのは「性別にかかわらず，職業役割にも家庭役割にも，発達的見通しを持って柔軟に対処しうる力」を持った共同参画的な個人であろう。しかし，「産む性である女性が子育てをするべきだ」という本質主義的なジェンダー観が変わらないまま，妻のサポート役として関わるだけなら，「妻は子育てをするものだから，職業役割・稼ぎ手役割は自分ひとりが担う」二重基準型への移行にとどまるだろう。

　育児専従で子どもの世話にあたる大人がいる状況は，子どもの福祉という観点からは望ましいと見なされることから，産んだ女性が子育てに向いているとする母性神話は「よきもの」と捉えられがちであった。だが，母性愛を強く信奉することが女性や子どもにとって，かえってネガティブな帰結をもたらす場

合があることは,江上(2004),大日向(2000)などによって報告されている。実際,人間の育児は母親だけでなく,父親をはじめ多くの人の手を借りなくては不可能であること(Hrdy, 1999;根ヶ山・柏木, 2010 など),そして産んだ母親でなくとも愛情を持って子どもを育てることは十分に可能なこと(和泉,2006;村田,2005;Radin, 1994 など)が明らかにされている。春日(1989)は,母性神話から生じる「女親こそ親である」という言説が,父子家庭の父親を,親としても職業人としても苦しい立場に追い込んでいることを指摘した。母性神話は,まさに「神話」として,女性だけでなく男性の生き方をも拘束し,発達的可塑性を制約してきたのである。

## 3 「家族する」ことによって自分の生き方をデザインする
―― 発達の主体的制御

### 主体的選択として「家族する」ことの効果

第4章(研究2)および第6章(研究3-2)では,仕事優先という価値観を相対化した男性たちの,ジェンダー規範に拘束されない生き方への転換は,彼ら自身の主体的選択であることが見出されていた。仕事から距離を置く生き方は,仕事に適応できない男性が仕事を忌避して,消極的選択として家庭に流れ着いたものではない。また,自分以外にも家計の担い手がいたり,労働環境に余裕があったりするために,働くことに必死にならなくて済んでいるわけでもない。好条件の恩恵を受け身で享受した結果ではなく,ワーク・ライフ・バランスを実現すべく,主体的・能動的に選びとられた生き方だったのである。

生涯にわたる発達において,主体による選択が発達を制御し,適応を高める機能を持つことは,Freund & Baltes(2002)がライフ・マネジメント方略として提案したSOCという理論的枠組みを用いて実証している。SOCとは,「選択(selection)」,「最適化(optimization)」,「補償(compensation)」の3方略の頭文字をつないだものである。もともとはBaltes & Baltes(1990)が,加齢によるリソース低下に対する個人の適応方略として考案したモデルだが,今では生涯にわたる発達制御のプロセスとして,心理的機能の様々な領域に適用できる一般的な理論的枠組みとされている。

SOCのうち,「選択(S)」とは,目標の設定のしかたに関する方略で,限り

あるリソースを投下する対象を限定することで，機能レベルの維持を図ろうとすることを指す。「選択」にはさらに，リソースが低下して目指す水準の機能を維持することが難しくなった後に，特定の領域に資源投下を絞る「喪失にもとづく選択（loss-based selection）」と，近い将来に起こりうるリソースの不足を見越して，資源投下する領域をあらかじめ選択する「喪失を見越しての選択（elective selection）」の二つの下位方略が設けられている。「最適化（O）」は，選択した領域でのパフォーマンスレベルを上げるための手段に関わる方略である。たとえば，何に努力や時間を傾ければパフォーマンスレベルを上げることができるかを考えて資源配分の調整をしたり，練習や他者のモデリングによってスキルアップしたりすることで，機能の維持や向上を図ることなどである。「補償（C）」も「最適化」同様，目標追求の手段に関わる方略である。自分のリソースが不足した場合に，人の助けを借りたり，負荷を軽減する道具を利用したりなど，別の手段を採用して不足分を補うことで機能水準を維持する方略を指している。

　前述の通りSOCモデルには，内的資源の低下への対処として，あわせて4種の方略が想定されており，個人がこれらの方略をどのくらい使用しているかを測定する，自己報告による尺度が作成されている（Baltes, Baltes, Freund, & Lang, 1999）。この尺度を応用して，加齢による資源低下への対処だけでなく，職業上の課題遂行や仕事と家庭の葛藤に関してもSOC方略が有効であることも実証的に確かめられている。たとえば，Schmitt, Zacher, & Frese（2012）は日記法を用いて，仕事に対して前述の4種のSOC方略を使うと（たとえば，「今日，私は仕事上の何かをいつものように遂行することができなかった時は，優先順位や何が自分にとって本当に大切であるかを考えた」など），職務上の課題達成要求の厳しさと疲労の連関を緩衝する効果があることを見出した。仕事への取り組み方を個人が主体的にコントロールすることで，労働条件の厳しさの影響を直にかぶることを防げるのである。Baltes & Heydens-Gahir（2003）は，SOC方略の使用が，仕事と家庭両面でストレッサーのレベルを低下させ，結果として仕事と家庭の葛藤を軽減させるというモデルを作って検証し，その妥当性が支持される結果を得ている。とりわけ仕事領域での「喪失を見越しての選択」方略（自ら進んで資源投下する仕事上の目標を絞る選択をする）と家庭領域での「最適

化」方略（家庭領域で最大限のパフォーマンスを達成することを目指す）が，仕事領域でのストレッサーを減らし，仕事と家庭の葛藤を低減する上で有効であったという。

　第6章（研究3-2）で，現実に「家族する」得点の高い群のほうが家庭の都合のために仕事を調整していたことは，まさに限られた資源をどの領域に投下するかの「選択」が行なわれていたことを示す。また，第4章第5節（研究2-4）で示したように，仕事相対化群の男性たちが，家族の状況やニーズに注意を払い，応答的に関わろうとしていたこと，家庭役割を自分ひとりで果たすことが可能なほど自律的なスキルを身につけていたことは，自分が選択した家庭領域で自らの貢献を最大化しようとする「最適化」に相当するだろう。彼らは意識的に仕事に距離を置いてはいたが，仕事に対して消極的だったわけではなく，創意工夫をして，見通しを立てながら自律的に仕事に取り組んでいた。その結果として，仕事にも有能感を持っていたことから，相対化された仕事領域に対しても「最適化」は図られていたといえる。第4章第4節（研究2-3）の変化群の男性たちが〈妻との分担調整〉によって生活リスクに対処したこと，また〈妻の理解〉を得ることによって〈周囲の眼を気にする〉状態を脱し，「自分たちはこれでよいのだ」という心境に達していたことは，「補償」に相当するだろう。男性が仕事最優先でない生き方をすることが，必ずしも周囲から理解されるとは限らない中で，彼らは「家族する」ことを通してSOC方略を駆使し，自らが望む生き方を主体的に実践・実現していたのである。それは，世の中の主流のジェンダー規範に流されることなく，自分が「どのように生きたいか」を追求して実現する，まさにライフ・デザインのプロセスである。

### 発達に主体の要因を組み込む

　主体による選択——より具体的にいえば，個人が何に価値を置き，どういう自分でありたいと願うか——が個人の行動を方向づけることは，学習心理学の分野では古くから注目されてきた。たとえば動機づけ研究においては，報酬や他者からの評価などの外発的動機づけだけでなく，内発的動機づけの重要性が知られている。アルバート・バンデューラ（Bandura, A.）は，人の行動は行動の結果によって規定されるとし，行動の結果を左右するものとして，外的強化，

代理強化と並んで，自己強化を挙げている（Bandura, 1977　原野監訳, 1979）。自分の行動の結果を自分で決めた基準に照らして評価することによって，ある行動を増加・維持したり，減少させたりするというのが自己強化学習である。短期的なスパンでの行動変容を扱う学習心理学の領域においては，個人が抱く内面的な基準にもとづき主体的な選択・行動制御を行なう過程が，外的強化等と同様に大きな位置を占めてきたのである。

　より長期的な視野で個人の行動・心理の変容を扱う発達心理学の領域でも，発達における主体要因が見過ごされてきたわけではない。たとえば，エリク H. エリクソン（Erikson, E. H.）のアイデンティティという概念も，単なる社会的期待の受容ではなく，ある集団やイデオロギーに対する個人の傾倒と，社会からの承認が一致することによって達成されると説明されている。だが，エリクソンの発達理論は，往々にして発達課題的に解釈され，特に青年期以降は，職業を選択し，家庭を持ち子どもを育てるといった社会的に期待される成人役割を身につけていく過程であるかのように解説されることも少なくない。

　柏木（2015, 1988）は，個体発達を学習過程と連続的に捉える見方を提案し，はじめは外的強化によって形成された行動変容が，主体の「自己認識」を介して内面化されることによって，人が自らの行動を自分で制御・選択しながら発達を方向づけることを示した。つまり，人は親や社会から与えられるものをそのまま身につけるのではなく，自己イメージや自分の理想に照らして，チェックや吟味を行なって取り入れるかどうかを決定するということである。このような発達観は特に，女子青年のように，社会の期待と自己の理想に乖離がある場合（柏木, 1974）に重要な意味を持つ。発達は主体の持つ理想や信念，自己イメージなどに媒介されるというメカニズムは，ジェンダー規範や年齢規範など，社会の期待を受容することが発達課題の達成であり，適応であるとする，社会化重視の発達観・適応観の見直しを迫るからである。

　1990年代のポストモダン隆盛期以降，「ナラティブ」が注目され，対象者の個別性を捨象しない質的研究が広がりを見せるなど，発達における「主体」の重要性の認知度は大きく向上しているように見える。個人の認知という主体要因の働きを重視する認知行動療法は，臨床領域で大きな治療効果を上げているが，「治癒」という変化も，ただ「元に戻る」プロセスではなく，時間と共に

前に進む発達の一形態と捉えることが可能だろう。加齢研究においても、年齢を重ねて身体的・認知的機能が衰えるのは生物学的な機制による不可避な変化ではなく、個人の行動選択次第である程度制御できるとする「サクセスフル・エイジング」という概念が提案されている（鈴木, 2008）。秋山（2012）は、発達の規定因として、伝統的な環境規定因と生物学的規定因に加えて、自己規定因（自己概念，自尊感情，自己制御，防衛機制，メタ認知など）を挙げている[1]。「主体による選択」を発達の要因の一つに組み込むことは、発達を、生物学的要因や環境要因の影響を受けるだけの受動的な変化ではなく、多方向・多次元的に変える・変わることのできるプロセスだとする見方へと転換させる大きな意味があったと考えられる。

だが、殊にジェンダーに関する発達研究では、「遺伝か／環境か」という二分法的な枠組みは今も根強く残っている。「ジェンダーがどのように発達するか」を、脳やホルモンの性差などの生物学的要因に帰属したり、しつけや教育などの環境要因で説明しようとしたりする研究は数多くあるが、「主体の選択」を組み込んでジェンダー発達を捉える研究はまだ多くはない。第1章で紹介した"doing gender"（West & Zimmerman, 1987）やコンネルのジェンダー論は、ジェンダー形成における個人の主体的選択の貢献を大きく位置づけた点で画期的だといえよう。

こうした新たなジェンダー論の立場から見ると、男性が「男は仕事」とするジェンダー規範とどう向き合うかは、労働時間の長さや男性の家庭関与を推進する社会制度の拡充など、環境の影響だけで決まるものとは考えられない。男性個人の主体的選択によって変えることのできるものなのだ、というのが本書の主張である。

### 「喪失にもとづく選択」と「喪失を見越しての選択」

ところで、第4章第4節の研究2-3、変化群の男性たちの生き方変化のプロセスをモデル化した図4-2をもう一度見てみよう。彼らが生き方を変革したプ

---

注1）ただし秋山は、これまでの発達研究は環境的規定因と自己規定因が研究の対象であったとして、生物学的規定因の重要性を強調している。

ロセスの端緒となっていたのは,〈コントロール喪失による立ちどまり〉の経験であった。自らの意志とは関係ない事情でそれまでの働き方が維持できなくなるような出来事をきっかけとして,家族する生き方を選んだプロセスは,SOC方略でいえば「喪失にもとづく選択」である。何やら「ショック療法」という言葉を思い出してしまうが,何らかのダメージを受けるような喪失体験を経なければ,生き方を見直す気づきには至らないのだろうか。SOC理論が提示する「喪失を見越しての選択」というソフトランディングのような形で,家族する生き方の価値を認識することはできないだろうか。

　本書で報告したデータと先行研究の知見から,男性が,喪失体験によるダメージを受けなくても,家族することへの気づきに至るための要因として,以下の二つが考えられるだろう。

### ①　妻との相互尊重的な関係

　第4章第4節の変化群の分析では,妻の協力によって「家族する」ことの重要性を認識することが,男性は仕事を優先するべきというジェンダー規範への対抗価値として作用し,仕事中心の生き方から脱却する動機づけとなっていることを示した。続く第5節では,〈妻のライフプランへの関心〉を持ち,〈相手のニーズや状況に応答する〉ことが,「家族する」ことを操作的に表現する概念として抽出されていた。相互に理解し,尊重しあうパートナーシップを形成しようとするならば,日々の相互作用は自ずと相手の状態への柔軟な配慮と歩み寄りを含むことになり,「家族する」ことが実現すると考えられる。

　男性のジェンダー意識がパートナーに影響を受けることは,第1章で紹介した多賀(2001)のインタビューでも報告されている。多賀は相対立するジェンダー・イデオロギーが錯綜する多元的変動社会にあって,拠って立つジェンダー規範を明確に見出せずに葛藤状態にある独身男性5名の語りの分析の中で,恋愛対象の女性との相互作用を通して,内面化された性差別的規範意識を相対化していったことをうかがわせるケースを紹介している。「一般的に,同世代の男性よりも女性のほうが性差別主義的な規範から自由な傾向にあるとするならば,より反性差別主義的な意識をもつ女性との恋愛によって性差別主義的規範意識を相対化する男性は少なくないのではないだろうか」(多賀,2001,p.132)。恋愛という「情動的なコミュニケーション」が,それまで自明視していたイデ

オロギーとは異なる対抗的イデオロギーの存在を認識させ，対抗的イデオロギーの内面化を促すと考察されている。

　相互に尊重しあうパートナーシップを実現するためには，夫が妻の考えに関心を持ち，敏感に察知してサポートするだけでなく，妻側の姿勢や行動も重要である。舩橋（2006）は，夫婦の役割逆転を可能にする前提の一つに，妻の職業意識が強く，稼ぎ手役割を引き受けることを挙げている。治部（2009）も，夫が家庭責任を担うことと妻が家計責任を担うことが，相互規定的に循環する関係にあることを指摘している。「夫に家事育児分担を要求するのが妻の『権利』であると同時に，妻に家計責任の分担を要求するのは夫の『権利』なのである」（治部, 2009, p. 101）という表現は，やや「正義の倫理」めくけれども，夫婦が平等主義的な役割分担へ移行するのに必要なのは「夫婦の仕事の同等化」と「夫婦の家事育児責任の同等化」である，という舩橋（2006）の主張と同じ意味だろう。家族を営むためには生活が維持できるだけの経済は必要不可欠である。妻が職業役割・稼得役割を共に担うことによって，男性が「仕事最優先」の生活から降りることの経済的なリスクは軽減する。それで葛藤が解消するわけではないが，経済的な必要性というつっかえ棒がとれた分だけ，「男性が稼ぎ手役割を果たさねばならない」という規範意識を合理化する根拠は弱くなるはずだ。男性がジェンダー規範の拘束から自由になるには，男性がジェンダー境界を越境した形で家庭に関与することが有効であるが，そうした変化を促すのは，女性もジェンダー境界を越境する姿勢を行為として体現すること——本質的性差観に対抗する doing gender ——が必要であろう。

　②　家事スキル

　近代家族の特徴の一つに，「家族成員間の強い情緒的関係」がある。きょうび，よほどの前近代的な夫でない限り，家族に対する思いやりの気持ちを持つのは当然と考えるであろう。家庭役割を果たす妻の負担に対して思いやりを示そうとした場合，「家庭人としての自立・自律」ができるだけの家事スキルがあれば，妻が求めるサポートを提供できる可能性は高まり，「家族する」状態は実現しやすくなるだろう。

　では家事能力を身に付けるきっかけは何なのか。研究2のインタビュー対象者のうち，結婚前にひとり暮らしや寮生活の経験があり，自分で家事をしてい

たと語った人は9名いたのだが，そのうち4名は結婚後は家事から遠ざかっていた。スキルがあるから家事をするとは限らないのである。家事遂行に対して技術的・心理的な障壁を感じないレベルの家事能力を持つ人たちに，なぜそうなったのかと聞いても，本人たちもはっきりと自覚するきっかけは思い当たらないようだった。だが，独身の頃はほとんど家事をしたことがなかったにもかかわらず，結婚後は〈家庭役割代替え可能〉なほどの家事スキルを発揮している2名が，「親がする家事を見ていた」，「どうやっているのか何となく意識していた」と語ったことは興味深く感じられた。

　食卓にのぼる食べ物がどのようなプロセスで生産されているかを知れば，食べる・食品を選ぶという行為に対して自覚的になるだろう。人の手による工芸品が機械で量産される類似品より高価格だとしても，どれだけ手の込んだ技術であるかを理解できる人は高すぎるとは感じないだろう。つまり，労働過程を知ることは，その労働の意味や価値を認識することにつながるということである。同じことは家事労働にもあてはまるのではないだろうか。自分で手を出さなくても，ある日の食卓がどのように整えられてどのように片づけられるのか，汚れた衣類がどのようにしてきれいになって箪笥の引き出しに戻ってくるのかなど，一連の過程を知ることによって，生活の基盤を整える家事労働の意味や価値が理解できるのではないか。

　だとすれば，「どうしたら男性は家族するようになるのか」という質問への答えは，「家事やケア労働の現場との接点を多く持つこと」だろう。国際比較によると，日本の親は子どもにあまり家事手伝いをさせない傾向があるという。だが，子どもなりに家事に参与してその労働過程を知ることが，「生活」の場を整える活動の大切さの理解を深めるとしたら，子どもを家事から遠ざけておくのは残念な慣習だ。そう考えると，子どもの家事手伝いは，いわば「家族する」ことの「正統的周辺参加」（Lave & Wenger, 1991　佐伯訳, 1993）のようなものであり，積極的に関与させることで「家族する」大人が育っていくだろうと想像できる。

　最近はイクメンブームの影響もあり，男女共同参画を目指す活動の一つとして，自治体などが開催する「男性のための家事・育児講座」のような取り組みが見られる。少しweb検索をしてみると，料理をはじめ，子どもの世話のし

かた，子どもとの遊び方，ママの心理の勉強など多種多様な内容が展開されているようだ。中には「アウトドア料理」とか「身体を使った遊び」，「木工や大がかりな段ボール工作」など，「いかにも」な内容も見受けられた（「子どもと一緒に秘密基地を作ろう」というものも）。おそらくは男性が参加しやすいように，最初の一歩のハードルを下げるという狙いがあるのだろう。「パパにしかできないことがある」と，男性のプライドをくすぐってやる気にさせる効果もあるのかもしれない。けれども，いわゆる男性性や非日常性を前面に出したプログラムで終わってしまうと，日常の家事・育児行為の意味は伝わらない恐れもあるように感じる。前章でも論じたように，「家族する」ことにつながるのは，人の健康や生命を支える日々の「生活」を大切に考えることだと思うからである。

### 自己責任論を逆手にとる

　個人の主体的な選択を発達の規定因に組み込むことで，男性の生き方の多様性は格段に広がることが期待される。しかし，「主体的選択」を前面に押し出すことは自己責任論の陥穽と裏腹の関係でもある。多賀（2011）が指摘する通り，雇用が不安定化する中で，扶養者として安定した収入を確保するために男性を仕事へと向かわせるベクトルが強まる一方で，「ワーク・ライフ・バランス」や「父親の育児参加」などのスローガンのもと，男性に家庭回帰を迫る逆方向のベクトルも同時に強まっている。そのような矛盾にどう対処するかは「自己選択・自己責任」に委ねる社会風潮が強まっていると多賀はいう。自己責任論は個人に責任を転嫁し，政府や企業の責任をあいまいにして，結局は男性を仕事に引き込んでいくという批判（東野，2011）は，確かにその通りだろうとうなずける。だが，その危険性は心に留めつつ，視点を逆転させてプラスの面に注目するなら，自己責任と割り切りさえすれば，制度や社会の変化を待たずとも，個人が行動することによって生き方の変革は可能だ，と見ることもできるのではないか。実際，次のようなデータもあるのだ。平成17年度女性雇用管理基本調査（厚生労働省，2006）では，前年に配偶者が出産した男性雇用者のうち，育児休業を取得した者は0.5％であった。職場に育児休業制度の規定があるかどうかによって取得率を比べてみると，「規定あり」の職場では0.3

％，「規定なし」では2.2％と，職場に規定がないほうが取得率は高かったのである。同様に，職場との交渉のサポートをしてくれる労働組合があったかどうかの別で見ると，「労働組合あり」（0.1％）より「労働組合なし」（0.9％）のほうが取得率が高かった。そもそもが著しく取得率の低い中での比較ではあるものの，「制度や環境の後ろ盾がなくても，育児休業を取得をする者は自分で動いて実現している」と読み解くことができる。

## 4 「家族する」ことは社会を変える力を持つ──発達のニッチ構成

　さらにいえば，個人の主体的選択は，個人の生き方の変革に有効なだけでなく，社会の変化を促す可能性も含んでいる。

　先に紹介したように，本当に育児休業を取得しようと考える男性は，制度や組織の後押しがなくても自力で職場と交渉して実現する。そして男性の育児休業取得実績のある企業では，経営トップや人事担当マネージャーが男性の育児休業取得に肯定的という相関関係が報告されている（佐藤・武石，2004：図8-1）。因果の方向はわからないものの，育児休業制度は男性でも利用できることが十分認知されていないこと（株式会社インテージリサーチ，2014）[2]を考えれば，取得を希望する男性が現れて，初めて制度の存在が認識されることはありうるだろう。あるいは制度としては認識していても，男性が育児休業を取得することを現実に起こりうると想定していない企業も多いのではないだろうか。行動する個人が1人いることで，企業側の姿勢が変わる可能性があるのだ。似たような話は，保育所を利用する共働き男性からも聞いた。保育士さんによると，父親が多く集まるクラスとほとんど父親を見かけないクラスがはっきり分かれるのだそうだ。送り迎えや園の行事に積極的な父親が1人でもいると，それが誘い水となって他の父親も足を運びやすくなるのだろうとのことであった。たった1人でもモデルとなる存在がいることによって，周囲に影響が波及し，環境自体が変化していくのである。

---

注2）男性正社員2071人のうち，男性が育児休業制度を利用できることを「よく知っていた」，「だいたい知っていた」者はあわせて48.8％と半数以下であった。

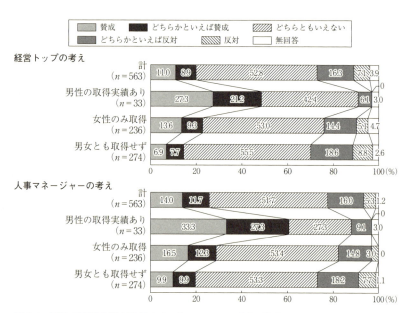

図 8-1 男性が育児休業を取得することについての考え（佐藤・武石，2004 から一部抜粋）
「経営トップの考え」は人事担当者による評価。「計」には育児休業取得状況不明の企業も含む。
出所：ニッセイ基礎研究所「男性の育児休業取得に関する調査」（厚生労働省委託調査，2002 年）。

　社会政策や制度の拡充は大切だが，制度や法律を整えたとしても，それだけで問題が解決する訳ではない。世の中を動かし変化を起こすのは，それらを利用する「人の行動」なのである。社会学や社会政策論とは違って「個人」を研究対象とする発達心理学の立場から，この点を強調しておきたい。

　NHK の「クローズアップ現代」で「イクボス」という聞きなれない言葉がとりあげられていた[3]。番組によると，自らが「イクメン」として仕事へのエネルギー配分を減らして子育てに関わった経験を持つ男性たちが，数年たって，育児や介護など部下のプライベートに理解と配慮のある上司＝「イクボス」として活躍しているのだそうだ。「子育てに関わりたい」という自分の生き方を周囲に理解してもらうのに苦労した彼らは，自分が上司になった時，部下の私生活に配慮し，生活を大事にしながら働きがいを感じられる職場の実現に大き

---

注3）2014 年 6 月 16 日放送「"イクボス"ってどんなボス？　人材多様化時代の上司像」。

な役割を果たしているのだという。

　これは，個人の発達史の中で，家庭生活を大切にする生き方を選択してきた個人が，周囲の環境（職場や上司）と折衝してそれを実現した経験を経て，職場で次世代の発達環境を変化させている好例である。上司の理解によって仕事と家庭生活を両立させやすい職場環境が整えば，次の世代ではより多くの個人がワーク・ライフ・バランスを実現させることが可能になるだろう。

　おそらく同じことは，職場や社会だけでなく家庭の中でも起こりうるだろう。「生活」を大切にする「家族する」家族で育つことで，子どもは人の命を支える基礎となる「生活」の重要性を体感しながら育つのではないだろうか。大人が「家族する」姿は，子どもにとってのモデルとなるだろう。小学生男児の性役割態度を測定した相良（2000）は，父親の家事行動が多いことが男児の性役割態度の柔軟性を高めることを見出している。

　さらには，家事手伝い等の機会を通して，子ども自身が家族のニーズに応えることに貢献する形で「家族する」経験を重ねることも効果的だろう。能力・資源の面で絶対的な弱者である乳幼児は別としても，子どもは子どもなりに，発達や能力に応じて家庭生活を構築していくプロセスに参与することができる。家事手伝いする子どもほど，自立度や自信，肯定的な自己イメージが高まることが報告されているが（品田，2004；直井，2009），自己意識だけでなく，他者に対する態度も同時に育てられるのではないだろうか。日々の生活体験の中で，「人が生きること」を大切にする感覚を身に付けた子どもは，私的領域へのリアルな想像力をもって自他を全人的に捉え，共感することのできる大人に成長するのではないだろうか。それは公的領域を重視する「標準的な人生」という単一のモデルが崩壊し，発達課題が流動化した現代において，その子ども自身の発達・適応・自立にとっても重要な資質となるはずだ。

　第4章（研究2）で仕事相対化群に分類されたある男性は，自分が行動することが，周囲の環境を変えていく可能性を見通していた。

- （Mさん）僕がそれをそういう線で［家庭の事情のために残業しないで帰るように］作っていったら，まぁ，自然とこういう［仕事と家庭を両立させるための］制度もできてくるのかなっていうのもあるんで。うん，今は理解する人がいなくても，強制的にそれを実行してても大丈夫というか，

うん，特別にさして困ることもないんで。やっといたらいいかなっていう。
　たとえ最初は理解されなかったとしても，自分が行動しつづけることによって周囲の理解を得て，よりよい環境を構築していくプロセスは，巨視的に見れば「発達のニッチ構成」である。個人が身の回りで主体的に起こした変化が，その先の自分が生きる環境，さらには次世代の発達環境を変化させる。環境が変化することによって，より多くの個人の生活や心理が変化していく。個人の発達史と世代継承が組み合わさって，人の生き方が変化していくプロセスは，環境への適応として生じた生物の個体発達が次世代の表現型の発現頻度を変化させ，進化の方向づけに寄与するという生涯発達のダイナミクス（鈴木, 2008）そのものである。男女がジェンダー規範に囚われず，仕事と生活の調和のとれた生き方を実現するまでの道のりは，「発達は個人と環境の相互作用によって進行する」と謳われた発達心理学の基本原理の通りに進行するプロセスなのだと思う。

## 5　男性・女性の新たな生き方，新たな家族のかたち

　もちろん，個人がワーク・ライフ・バランスを実現して，健康で文化的な生活を送ることは，法律や制度によって公に保障されることが望ましいに違いない。近年大きな問題となっている，非正規雇用が増加し働いても生活が安定しない「ワーキング・プア」や，経済的な苦境によって若年層が将来に希望を持てない現象は，個人の選択や努力で対処しきれるものではない。そうした状況にある人々の生活や健康な発達を守るための制度の構築は真摯に取り組むべき社会的な課題である。そうした観点から見れば，本書で扱いえたのは，仕事に入れ込まない生き方を選択しても生活が成り立つ，一定程度の経済力と安定した仕事がある"恵まれた"ケースに限定されている。だが，そのような"恵まれた"立場にある男性，すなわち公的領域の中核にいる人々の中から，仕事一辺倒の生き方を見直し自らの生き方を変化させようと思い立つ人が現れ，増えていくなら，社会全体の変化はより効率的に進むのではないだろうか。
　たとえ，今は「男性」とひとくくりにした調査の中では平均的な反応に埋没しそうな少数派であっても，「男は仕事」というジェンダー規範を相対化する

人々が確かに存在したことは，男性がジェンダー規範から自由になれる社会が到来する可能性を感じさせる。そうなれば男性だけでなく女性にとっても生き方の選択肢が広がるだろう。第7章で論じたように，正規雇用として働くためには自分の持つ資源のほとんどを仕事に投入することを求められる。それができない場合は不安定な非正規雇用に甘んじるしかない。この働き方の二極分化が解消されれば，それぞれに事情を抱えた個人が労働市場から振り落とされることがなく仕事と生活を調和させる道は多様になっていくだろう。

男性の生き方が変化すれば，畢竟，女性のジェンダー観も問われることになる。現在，女性が夫婦間で過少利得感，不平等感を抱くのは，主に家事・育児が女性側に過重負担となっていることに起因している。このアンバランスの根本的な解決のためには，男性に家庭関与を求めるだけでは十分ではない。女性の側も家庭役割に囚われて抱えこんでしまったり，既得権のように男性に扶養責任を求めるような生き方を見直す必要が出てくるだろう。今後，ジェンダー規範に縛られない男性が増えてくると，男性が稼ぎ手役割の過重負担を理由に専業主婦に対して不平等を訴える時が来るかもしれない。現に，「独身男性がパートナーに望むライフコース」は，かつて多かった「専業主婦」は激減し，その分「両立」を望む男性が増加している（国立社会保障・人口問題研究所, 2011a）。男女双方にとってのジェンダー規範の拘束力が低下し，生き方の選択肢が広がっていくためには，男女がお互いの生き方の変化に「家族する」意識をもって応える共進化が必要だろう。

さらには，「夫と妻」という性別によってふりわけられた役割に囚われない「家族する」家族の実現は，「稼ぎ手である男性と家事の担い手である女性が2人で1組」という異性カップルを構成単位とする従来の家族とは違った形の，新しい家族が現れる土壌にもなりうる。この数年の間に世界各地で同性婚が合法的に認められる変化があった。日本でも2015年4月に，東京都渋谷区が同性カップルに対して法的なカップルと同等の関係であることを証明する文書を発行する条例を施行した。フランスのPACSは，結婚より緩やかな関係として同性・異性のカップルに選択されていることが知られる。実はPACS法では，PACS契約を結ぶことができるのは同性・異性の「カップル」に限定されておらず，親子以外のあらゆる二者がPACS契約を交わすことができるという。

「夫と妻」という固定的な地位は求めず，対等な個人どうしがある程度長期的なスパンで"家族的"な関係を結びたいという欲求は，日本でもルームシェアやシェアハウスといった形態の中にあらわれはじめているのかもしれない。

　人を含めて，生物には変わらない部分と変わりうる部分がある。たとえば男性が子どもを産む機能を獲得するとか，人の乳児が誰の世話も受けずに一人で成長可能になるような変化は，進化史的な時間を経ても起こらないかもしれない。だが変わりうる部分を変えるだけでも，人の生き方にはかなり広い可能性が拓けるのだと思う。過労死や育児不安，家庭責任を負う人の働きにくさなど，男女が直面している社会問題は多くがジェンダーの問題と関連している。ジェンダー規範に囚われることで家族に拘束されて苦しんだり，負担への恐れから家族という関係を結ぶことを逡巡したりするのであれば，家族にまつわるジェンダーの縛りを再考し，変えられることから変えてみることが有効なのではないだろうか。

## 初出一覧

以下の章・節は,それぞれ下記の既出論文を大幅に改稿したものである。

## 第2章
大野祥子(2008).育児期男性の生活スタイルの多様性——"稼ぎ手役割"にこだわらない新しい男性の出現 家族心理学研究, **22**, 107-118.

## 第3章
大野祥子(2012).育児期男性にとっての家庭関与の意味——男性の生活スタイルの多様性に注目して 発達心理学研究, **23**, 287-297.

## 第4章第4節
大野祥子(2010).「男は仕事」規範を相対化する生き方への変化過程 生涯発達心理学研究, **2**, 41-53.

# 引用文献

赤澤淳子 (2005). 夫婦の関係満足度および生活充実感における規定因の検討　社会心理学研究, **21**, 147-159.

秋山道彦 (2012). 発達の規定因　高橋惠子・湯川良三・安藤寿康・秋山弘子 (編)　発達科学入門 1　理論と方法 (pp. 21-44)　東京大学出版会

荒金雅子・小﨑恭弘・西村智 (編著) (2007). ワークライフバランス入門――日本を元気にする処方箋　ミネルヴァ書房

荒牧美佐子・無藤隆 (2008). 育児への負担感・不安感・肯定感とその関連要因の違い――未就学児を持つ母親を対象に　発達心理学研究, **19**, 87-97.

朝日新聞社 (編) (2000). 「育休父さん」の成長日誌――育児休業を取った 6 人の男たち　朝日新聞社

Baltes, B. B., & Heydens-Gahir, H. A. (2003). Reduction of work-family conflict through the use of selection, optimization, and compensation behaviors. *Journal of Applied Psychology*, **88**, 1005-1018.

Baltes, P. B., & Baltes, M. M. (1990). Psychological perspectives on successful aging: The model of selective optimization with compensation. In P. B. Baltes & M. M. Baltes (Eds.), *Successful aging: Perspectives from the behavioral sciences* (pp. 1-34). Cambridge University Press.

Baltes, P. B., Baltes, M. M., Freund, A. M., & Lang, F. R. (1999). *The measure of selection, optimization, and compensation (SOC) be self-report.* (Tech. rep. 1999). Max Plank Institute for Human development.

Bandura, A. (1977). *Social learning theory.* Prentice-Hall. (バンデューラ, A.　原野広太郎 (監訳) (1979). 社会的学習理論　金子書房)

Bandura, A., & Walters, R. H. (1963). *Social learning and personality development.* Holt, Rinehart & Winston.

裴智恵 (2007). 共働きで夫はストレスがたまるのか　永井暁子・松田茂樹 (編)　対等な夫婦は幸せか (pp. 63-76)　勁草書房

Bem, S. L. (1981). Gender schema theory: A cognitive account of sex typing. *Psychological Review*, **88**, 354-364.

Clark, M. S., & Mills, J. (1979). Interpersonal attraction in exchange and communal re-

lationships. *Journal of Personality and Social Psychology*, **37**, 12-24.
Clark, M. S., Ouellette, R., Powell, M. C., & Milberg, S. (1987). Recipient's mood, relationship type, and helping. *Journal of Personality and Social Psychology*, **53**, 94-103.
Connell, R. W. (1987). *Gender and power : Society, the person and sexual politics*. Polity Press.（コンネル，R. W. 森重雄・菊地栄治・加藤隆雄・越智康詞（訳）(1993). ジェンダーと権力——セクシュアリティの社会学 三交社）
Connell, R. W. (2002). *Gender*. Polity Press.（コンネル，R. W. 多賀太（監訳）(2008). ジェンダー学の最前線 世界思想社）
土肥伊都子・広沢俊宗・田中國夫（1990）．多重な役割従事に関する研究——役割従事タイプ，達成感と男性性，女性性の効果 社会心理学研究，**5**，137-145.
江上園子（2004）．幼児を持つ母親の「母性愛」信奉傾向と養育状況における感情制御不全 発達心理学研究，**16**，122-134.
Field, T. (1978). Interaction behaviors of primary versus secondary caretaker fathers. *Developmental Psychology*, **14**, 183-184.
Freund, A. M., & Baltes, P. B. (2002). Life-management strategies of selection, optimization, and compensation: Measurement by self-report and construct validity. *Journal of Personality and Social Psychology*, **82**, 642-662.
福丸由佳・無藤隆・飯長喜一郎（1999）．乳幼児期の子どもを持つ親における仕事観，子ども観——父親の育児参加との関連 発達心理学研究，**10**，189-198.
舩橋惠子（2004）．平等な子育てに向かって——"夫婦で育児"の四類型 国立女性教育会館研究紀要，**8**，13-23.
舩橋惠子（2006）．育児のジェンダー・ポリティクス 勁草書房
Gilligan, C. (1982). *In a different voice: Psychological theory and women's development*. Harvard University Press.（ギリガン，C. 岩男寿美子（監訳）(1986). もうひとつの声——男女の道徳観の違いと女性のアイデンティティ 川島書店）
濱田太一（2003）．育児休業を取得した父親の抱える困難に関する一考察 日本福祉大学大学院社会福祉学研究科研究論集，**16**，49-52.
東野充成（2011）．変わる働かされ方，働き方——労働法制の変化と自己責任の論理 多賀太（編） 揺らぐサラリーマン生活——仕事と家庭のはざまで (pp. 35-63) ミネルヴァ書房
平山順子（2002）．中年期夫婦の情緒的関係——妻から見た情緒的ケアの夫婦間対称性 家族心理学研究，**16** (2)，81-94.
平山順子（2008）．妻から見た「夫の子育て」——趣味としての育児 柏木惠子・高橋惠子（編） 日本の男性の心理学——もう1つのジェンダー問題 (pp. 174-178)

有斐閣

平山聡子（2001）．中学生の精神的健康とその父親の家庭関与との関連――父母評定の一致度からの検討　発達心理学研究，**12**，99-109．

堀田聰子（2014）．オランダの地域包括ケア――ケア提供体制の充実と担い手確保に向けて　労働政策研究報告書，**167**（2014年5月30日）　Retrieved from http://www.jil.go.jp/institute/reports/2014/documents/0167.pdf（2015年8月17日）

Hrdy, S. B.（1999）．*Mother Nature: A history of mothers, infants, and natural selection.* Pantheon Books.（ハーディー，S. B.　塩原通緒（訳）（2005）．マザー・ネイチャー――「母親」はいかにヒトを進化させたか　早川書房）

池田政子・伊藤裕子・相良順子（2005）．夫婦関係満足度にみるジェンダー差の分析――関係は，なぜ維持されるか　家族心理学研究，**19**，116-127．

稲葉昭英（2008）．配偶関係と精神的健康――結婚で得するのは男か女か？　柏木惠子・高橋惠子（編）　日本の男性の心理学――もう1つのジェンダー問題（pp. 120-126）有斐閣

伊藤公雄（1996）．男性学入門　作品社

伊藤裕子・秋津慶子（1983）．青年期における性役割観および性役割期待の認知　教育心理学研究，**31**，146-151．

伊藤裕子・相良順子・池田政子（2004）．既婚者の心理的健康に及ぼす結婚生活と職業生活の影響　心理学研究，**75**，435-441．

伊藤裕子・相良順子・池田政子（2006）．職業生活が中年期夫婦の関係満足度と主観的幸福感に及ぼす影響――妻の就業形態別にみたクロスオーバーの検討　発達心理学研究，**17**，62-72．

岩間暁子（1997）．性別役割分業と女性の家事分担不公平感――公平価値論・勢力論・衡平理論の実証的検討　家族社会学研究，**9**，67-76．

和泉広恵（2006）．里親とは何か――家族する時代の社会学　勁草書房

治部れんげ（2009）．稼ぐ妻・育てる夫――夫婦の戦略的役割交換　勁草書房

株式会社インテージリサーチ（2014）．厚生労働省委託調査研究　平成25年度育児休業制度等に関する実態把握のための調査研究事業報告書（2014年3月）　Retrieved from http://www.mhlw.go.jp/stf/seisakunitsuite/bunya/0000042340.html（2014年12月10日）

金井篤子（2007）．子育て支援と少子化問題　日本児童研究所（編）　児童心理学の進歩2007年版（pp. 262-295）　金子書房

金井篤子（2008）．職場の男性――ワーク・ライフ・バランスの実現に向けて　柏木惠子・高橋惠子（編）　日本の男性の心理学――もう1つのジェンダー問題（pp. 209-

226) 有斐閣
蟹江教子 (2006). 未就学児を持つ共稼ぎ夫婦における疲労症状　家族社会学研究, **17**, 59-67.
柏木惠子 (1974). 青年期における性役割の認知Ⅲ　女性学生青年を中心として　教育心理学研究, **22**, 205-215.
柏木惠子 (1988). 幼児期における「自己」の発達　東京大学出版会
柏木惠子 (編著) (1993). 父親の発達心理学――父性の現在とその周辺　川島書店
柏木惠子 (2008). 子どもが育つ条件――家族心理学から考える　岩波書店
柏木惠子 (2011). 父親になる, 父親をする――家族心理学の視点から　岩波書店
柏木惠子 (2015). 新装版　子どもの「自己」の発達　東京大学出版会 (初版 1983)
柏木惠子・高橋惠子 (編) (2008). 日本の男性の心理学――もう1つのジェンダー問題　有斐閣
柏木惠子・若松素子 (1994).「親となる」ことによる人格発達――生涯発達的視点から親を研究する試み　発達心理学研究, **5**, 72-83.
春日キスヨ (1989). 父子家庭を生きる――男と親の間　勁草書房
片桐恵子 (2012). 退職シニアと社会参加　東京大学出版会
加藤邦子 (2004). 男性における仕事と育児の両立要因――充実感をもつためのモデルの検討　家庭教育研究所紀要, **26**, 110-127.
加藤邦子 (2008). 専業主婦家庭における父親のワークライフバランス――父親の子どもへのコミットメントが子どもの自発性に及ぼす影響　家庭教育研究所紀要, **30**, 163-174.
加藤邦子・石井クンツ昌子・牧野カツコ・土谷みち子 (2002). 父親の育児かかわり及び母親の育児不安が3歳児の社会性に及ぼす影響――社会的背景の異なる2つのコホート比較から　発達心理学研究, **13**, 30-41.
加藤容子・金井篤子 (2006). 共働き家庭における仕事家庭両立葛藤への対処行動の効果　心理学研究, **76**, 511-518.
川人博 (2012). 過労死・過労自殺の現状分析と政策的対応　社会政策, **4**, 19-27.
河西千秋 (2009). 自殺予防学　新潮社
数井みゆき・大野祥子・柏木惠子 (1996). 結婚・家族観の変動に関する研究2　夫婦関係の満足度に対する夫婦間・世代間比較　日本発達心理学会大7回大会発表論文集, **241**.
菊地ふみ・柏木惠子 (2007). 父親の育児――育児休業をとった父親たち　文京学院大学人間学部研究紀要, **9**, 189-207.
木村清美 (2004). 家計内の経済関係と夫婦関係満足度　季刊家計経済研究, **64**, 26-

34.
木下康仁（2003）．グラウンデッド・セオリー・アプローチの実践——質的研究への誘い　弘文堂
木下康仁（2007）．ライブ講義 M-GTA ——実践的質的研究法：修正版グラウンデッド・セオリー・アプローチのすべて　弘文堂
小橋川慧（1966）．幼児・児童の性役割行動に関する最近の研究　教育心理学研究，**14**，216-229．
Kohlberg, L. (1966). A cognitive-developmental analysis of children's sex-role concepts and attitudes. In E. E. Maccoby (Ed.), *The development of sex differences* (pp. 82-172). Stanford University Press.
国立女性教育会館（編）（2006）．平成 16 年度・17 年度　家庭教育に関する国際比較調査報告書（2006 年 3 月）　Retrieved from http://www.nwec.jp/jp/data/report_page16_2-2.pdf（2015 年 9 月 19 日）
国立社会保障・人口問題研究所（2011a）．第 14 回出生動向基本調査独身者調査（2011 年 1 月 25 日）　Retrieved from http://www.ipss.go.jp/ps-doukou/j/doukou14_s/chapter3.html#32（2015 年 9 月 19 日）
国立社会保障・人口問題研究所（2011b）．第 14 回出生動向基本調査夫婦調査（2011 年 11 月 21 日）　Retrieved from http://www.ipss.go.jp/ps-doukou/j/doukou14/chapter5.html#51b（2014 年 8 月 24 日）
厚生労働省（2006）．平成 17 年度女性雇用管理基本調査（2006 年 11 月 30 日）　Retrieved from http://www.e-stat.go.jp/SG1/estat/GL08020103.do?_toGL08020103_&listID=000001096646&requestSender=search（2013 年 6 月 2 日）
厚生労働省（2011）．第 8 回 21 世紀成年者縦断調査（国民の生活に関する継続調査）結果の概況（2011 年 3 月 16 日）　Retrieved from http://www.mhlw.go.jp/toukei/saikin/hw/judan/seinen11/dl/all.pdf（2013 年 3 月 16 日）
厚生労働省（2015）．平成 26 年度「過労死等の労災補償状況」を公表（2015 年 6 月 25 日）　Retrieved from http://www.mhlw.go.jp/stf/houdou/0000089447.html（2015 年 9 月 14 日）
黒田祥子（2010）．日本人の労働時間——時短政策導入前とその 20 年後の比較を中心に　経済産業研究所 RIETI ポリシー・ディスカッションペーパー，10-P-002（2010 年 2 月）　Retrieved from http://www.rieti.go.jp/jp/publications/pdp/10p002.pdf（2014 年 8 月 23 日）
草田寿子・岡堂哲雄（1993）．家族関係査定法　岡堂哲雄（編）　心理検査学（pp. 573-581）　垣内出版

Lave, J., & Wenger, E. (1991). *Situated learning: Legitimate peripheral participation.* Cambridge University Press. (レイヴ, J., ウェンガー, E. 佐伯胖（訳）(1993). 状況に埋め込まれた学習——正統的周辺参加　産業図書)

牧野カツコ (1982). 乳幼児を持つ母親の生活と〈育児不安〉　家庭教育研究所紀要, **3**, 34-56.

Martin, C. L., & Ruble, D. N. (2009). Patterns of gender development. *Annual Review of Psychology*, **61**, 353-381.

丸山眞男 (1961). 日本の思想　岩波書店

松田茂樹 (2006a). 育児期の夫と妻のワーク・ファミリー・コンフリクト——合理性見解対ジェンダー役割見解　家族社会学研究, **18**, 7-16.

松田茂樹 (2006b). 近年における父親の家事・育児参加の水準と規定要因の変化　季刊家計経済研究, **71**, 45-54.

松田茂樹・鈴木征男 (2002). 夫婦の労働時間と家事時間の関係——社会生活基本調査の個票データを用いた夫婦の家事時間の規定要因分析　家族社会学研究, **13**, 73-84.

松信ひろみ (1995). 二人キャリア夫婦における役割関係——平等主義的家族への可能性　家族社会学研究, **7**, 47-56.

松岡弥玲・加藤美和・神戸美香・澤本陽子・菅野真智子・詫間里嘉子・野瀬早織・森ゆき絵 (2006). 成人期における他者視点（子ども, 配偶者, 両親, 友人, 職場の人）の理想——現実自己のズレが自尊感情に及ぼす影響——性役割観との関連から　教育心理学研究, **54**, 522-533.

Messner, M. A. (1997). *Politics of masculinities: Men in movements.* Sage Publications.

三好向洋 (2013). 日本における労働市場と結婚選択　日本労働研究雑誌, **638**, 33-42.

森下葉子 (2001). 父親になることによる発達とそれに関わる要因　発達心理学研究, **17**, 182-192.

諸井克英 (1996). 家庭内労働の分担における衡平性の知覚　家族心理学研究, **10**, 15-30.

諸井克英 (2003). 夫婦関係学への誘い——揺れ動く夫婦関係　ナカニシヤ出版

村田和木 (2005).「家族」をつくる——養育里親という生き方　中公新書ラクレ

永久ひさ子 (1995). 専業主婦における子どもの位置と生活感情　母子研究, **16**, 50-57.

内閣府 (2008). パパの育児休業体験記　Retrieved from http://wwwa.cao.go.jp/wlb/change-jpn/taikenki/h20/index.html (2015年11月5日)

内閣府 (2014). 国民生活に関する世論調査 (2014年8月25日)　Retrieved from http://survey.gov-online.go.jp/h26/h26-life/2-1.html (2015年2月23日)

内閣府（2015a）．平成 27 年自殺対策白書（2015 年 7 月 2 日）　Retrieved from http://www8.cao.go.jp/jisatsutaisaku/whitepaper/w-2015/pdf/honbun/pdf/1-1-6.pdf（2015 年 9 月 14 日）

内閣府（2015b）．平成 27 年少子化社会対策白書（2015 年 7 月 3 日）　Retrieved from http://www8.cao.go.jp/shoushi/shoushika/whitepaper/measures/w-2015/27pdfgaiyoh/pdf/s1-1-2.pdf（2015 年 9 月 8 日）

内閣府大臣官房政府広報室（2012）．平成 24 年男女共同参画社会に関する世論調査（平成 24 年 10 月調査）　内閣府（2012 年 12 月 17 日）　Retrieved from http://www8.cao.go.jp/survey/h24/h24-danjo/2-2.html（2013 年 3 月 16 日）

内閣府男女共同参画局（2012）．「男性にとっての男女共同参画」に関する意識調査報告書（2012 年 4 月 26 日）　Retrieved from http://www.gender.go.jp/research/kenkyu/dansei_ishiki/index.html（2013 年 6 月 29 日）

内閣府男女共同参画局（2015）．平成 27 年版男女共同参画白書（2015 年 6 月 19 日）　Retrieved from http://www.gender.go.jp/about_danjo/whitepaper/h27/zentai/index.html（2015 年 9 月 9 日）

内閣府男女共同参画局仕事と生活の調和推進室（2008）．仕事と生活の調和とは（定義）（2008 年 2 月 5 日）　Retrieved from http://wwwa.cao.go.jp/wlb/towa/definition.html（2013 年 3 月 18 日）

中島義明・安藤清志・子安増生・坂野雄二・繁枡算男・立花政夫・箱田裕司（編）（1999）．心理学辞典　有斐閣

中野由美子・土谷みち子・加藤邦子（1992）．はじめの 3 年間の子どもの発達と父子関係　家庭教育研究所紀要，**14**, 107-134.

中谷文美（1999）．「子育てする男」としての父親？―― 90 年代日本の父親像と性別役割分業　西川祐子・荻野美穂（編）　［共同研究］男性論（pp. 46-73）　人文書院

中澤誠（2015）．ルポ過労社会――八時間労働は岩盤規制か　ちくま新書

直井道子（2009）．子どもの家事手伝いとジェンダー――手伝いと自己像，将来像との関連で　直井道子・村松泰子（編）　学校教育の中のジェンダー――子どもと教師の調査から（pp. 56-69）　日本評論社

根ヶ山光一・柏木惠子（編著）（2010）．ヒトの子育ての進化と文化――アロマザリングの役割を考える　有斐閣

NHK 放送文化研究所（2011）．日本人の生活時間・2010 ――減少を続ける睡眠時間，増える男性の家事　放送研究と調査（月報），**4 月号**, 2-21.

庭野晃子（2007）．父親が子どもの「世話役割」へ移行する過程――役割と意識との関係から　家族社会学研究，**18**, 103-114.

落合恵美子（2004）．21世紀家族へ──家族の戦後体制の見かた・超えかた［第3版］　有斐閣

小笠原祐子（2009）．性別役割分業意識の多元性と父親による仕事と育児の調整　季刊家計経済研究，**81**，34-42．

尾形和男・宮下一博（1999）．父親の協力的関わりと母親のストレス，子どもの社会性発達および父親の成長　家族心理学研究，**13**，87-102．

尾形和男・宮下一博（2000）．父親の協力的関わりと子どもの共感性および父親の自我同一性──家族機能も含めた検討　家族心理学研究，**14**，15-27．

尾形和男・宮下一博・福田佳織（2005）．父親の協力的関わりと家族成員の適応──母親役割・妻役割達成感，子どもの攻撃性，父親のストレス・コーピングとの関係　家族心理学研究，**19**，31-46．

小倉千賀子（2003）．結婚の条件　朝日新聞社

小此木啓吾（1995）．精神医学の臨床からみた現代の家族　袖井孝子・鹿島敬（共編）シリーズ家族1　明日の家族──自立と強調の実現（pp. 169-194）　中央法規出版

Olson, D. H. (1990). Family, circumplex model: Theory, assessment and intervention. *Japanese Journal of Family Psychology*, **4** (Special Issue), 55-64.

Olson, D. H., Sprenkle, D. H., & Russel, C. S. (1979). Circumplex model of marital and family systems I: Cohesion and adaptability dimensions, family types, and clinical applications, *Family Process*, **18**, 3-28.

大日向雅美（2000）．母性愛神話の罠　日本評論社

大野祥子（2008a）．男性の自立とワークライフバランス　柏木惠子（監修）発達家族心理学を拓く──家族と社会と個人をつなぐ視座（pp. 57-70）　ナカニシヤ出版

大野祥子（2008b）．育児期男性の生活スタイルの多様化──"稼ぎ手役割"にこだわらない新しい男性の出現　家族心理学研究，**22**，107-118．

大野祥子（2010）．父親によるアロマザリング　根ヶ山光一・柏木惠子（編著）　ヒトの子育ての進化と文化（pp. 145-159）　有斐閣

大野祥子（2012）．育児期男性にとっての家庭関与の意味──男性の生活スタイルの多様性に注目して　発達心理学研究，**23**，287-297．

大野祥子・柏木惠子（1997）．父親　日本児童研究所（編）児童心理学の進歩1997年版（pp. 124-147）　金子書房

大野祥子・柏木惠子（2011）．養育する親としての父親　日本児童研究所（編）児童心理学の進歩2011年版（pp. 128-150）　金子書房

大野祥子・田矢幸江・柏木惠子（2003）．男性の家事分担を促進する要因　発達研究，**17**，53-67．

# 引用文献

大沢真理（1993）．会社人間さようなら――企業中心社会の形成と社会政策のジェンダー・バイアス　原ひろ子・大沢真理（編）　変容する男性社会――労働，ジェンダーの日独比較（pp. 188-226）　新曜社

大槻奈巳（2008）．男性の稼ぎ手役割意識の変化――雇用不安定化の中で　柏木惠子・高橋惠子（編）　日本の男性の心理学――もう１つのジェンダー問題（pp. 227-233）　有斐閣

岡野八代（2009）．家族からの出発――新しい社会の構想に向けて　牟田和恵（編）家族を超える社会学――新たな生の基盤を求めて（pp. 33-63）　新曜社

Palkovitz, R. (2002). *Involved fathering and men's adult development*. Lawrence Erlbaum Associates.

Pleck, J. H., & Masciadrelli, B. P. (2004). Paternal involvement by U.S. residential fathers: Levels, sources, and consequences. In M. E. Lamb (Ed.), *The role of the father in child development* (4th ed., pp. 222-271). John Wiley & Sons.

Radin, N. (1994). Primary-caregiving fathers in intact families. In A. E. Gottfried, & A. W. Gottfried (Eds.), *Redefining families: Implications for children's development* (pp. 11-54). Plenum Publishing.

相良順子（2000）．児童期の性役割態度の発達――柔軟性の観点から　教育心理学研究，**48**，174-181.

相良順子・伊藤裕子・池田政子（2008）．夫婦の結婚満足度と家事・育児分担における理想と現実のずれ　家族心理学研究，**22**，119-128.

斎藤茂男（1982）．妻たちの思秋期　共同通信社

酒井計史（2007）．父子の平日接触時間の日韓比較――接触時間の短さの影響と接触時間の規定要因　国立女性教育会館研究ジャーナル，**11**，11-22.

佐野晋平・大竹文雄（2007）．労働と幸福度　日本労働研究雑誌，**558**，4-18.

佐藤博樹・武石恵美子（2004）．男性の育児休業――社員のニーズ，会社のメリット．中央公論新社

Schmitt, A., Zacher, H., & Frese, M. (2012). The buffering effect of selection, optimization, and compensation strategy use on the relationship between problem solving demands and occupational well-being: A diary study. *Journal of health psychology*, **17** (2), 139-149.

品田知美（2004）．子どもに家事をさせるということ――母親ともう１つの教育的態度　本田由紀（編）　女性の就業と親子関係――母親たちの階層戦略（pp. 148-166）　勁草書房

品田知美（2007）．家事と家族の日常生活――主婦はなぜ暇にならなかったのか　学文

社

総務省統計局（2007a）．平成 18 年労働力調査年報（2007 年 6 月 5 日） Retrieved from http://www.stat.go.jp/data/roudou/report/2006/ft/index.htm（2013 年 3 月 24 日）

総務省統計局（2007b）．平成 18 年社会生活基本調査（2007 年 9 月 26 日） Retrieved from http://www.stat.go.jp/data/shakai/2006/pdf/gaiyou2.pdf（2013 年 3 月 24 日）

総務省統計局（2012a）．平成 22 年国勢調査（2012 年 4 月 24 日） Retrieved from http://www.e-stat.go.jp/SG1/estat/List.do?bid=000001038689&cycode=0（2013 年 3 月 16 日）

総務省統計局（2012b）．平成 23 年社会生活基本調査（2012 年 9 月 26 日） Retrieved from http://www.e-stat.go.jp/SG1/estat/List.do?bid=000001040666&cycode=0（2013 年 3 月 10 日）

総務省統計局（2012c）．平成 23 年社会生活基本調査　生活時間に関する結果要約（報道資料）（2012 年 9 月 26 日） Retrieved from http://www.stat.go.jp/data/shakai/2011/pdf/houdou2.pdf（2013 年 3 月 24 日）

総務省統計局（2015）．平成 26 年労働力調査（2015 年 5 月 29 日） Retrieved from http://www.stat.go.jp/data/roudou/report/2014/index.htm（2015 年 9 月 9 日）

菅原ますみ（1998）．父親の育児行動と夫婦関係，そして子どもの精神的健康との関連　教育と情報，**483**, 7-12.

菅原ますみ・詫摩紀子（1997）．夫婦間の親密性の評価――自記入式夫婦関係尺度について　季刊精神科診断学，**8**(2), 155-166.

鈴木忠（2008）．生涯発達のダイナミクス――知の多様性　生き方の可塑性　東京大学出版会

多賀太（2001）．男性のジェンダー形成――〈男らしさ〉の揺らぎのなかで　東洋館出版社

多賀太（2006）．男らしさの社会学――揺らぐ男のライフコース　世界思想社

多賀太（2011）．揺らぐ労働規範と家族規範――サラリーマンの過去と現在　多賀太（編）揺らぐサラリーマン生活――仕事と家庭のはざまで（pp. 1-33）　ミネルヴァ書房

高橋美保（2008）．日本の中高年男性の失業における困難さ――会社および社会との繋がりに注目して　発達心理学研究，**19**, 132-143.

竹信三恵子（2013）．家事労働ハラスメント――生きづらさの根にあるもの　岩波書店

田中俊之（2009）．男性学の新展開　青弓社

上村千賀子（1997）．女性学教育・学習の課題と展望――国立婦人教育会館"女性学講座" 16 年の軌跡より　国立婦人教育会館紀要，**1**, 67-76.

上村佳世子・加須屋裕子（2008）．30か月児の親子三者相互行為への参加と親から提供される言語環境　発達心理学研究, **19**, 342-352.

宇都宮博（2004）．高齢期の夫婦関係に関する発達心理学的研究　風間書房

宇都宮博（2005）．結婚生活の質が中高年者のアイデンティティに及ぼす影響——夫婦間のズレと相互性に着目して　家族心理学研究, **19**, 47-58.

West, C., & Zimmerman, D. H. (1987). Doing gender. *Gender and Society*, **1**, 125-151.

Williamson, G. M., & Clark, M. S. (1989). The communal/exchange distinction and some implications for understanding justice in families. *Social Justice Research*, **3**, 77-103.

八木孝憲（2009）．家族のオルタナティブ・ライフスタイルとしての専業主夫——家事育児に専念する男性（父親）に関する質的研究　家族研究年報, **34**, 91-108.

山根純佳（2010）．なぜ女性はケア労働をするのか——性別分業の再生産を超えて　勁草書房

矢澤澄子・国広陽子・天童睦子（2003）．都市環境と子育て——少子化・ジェンダー・シティズンシップ　勁草書房

## 資料1　研究1（第2章・第3章）の調査概要

　この調査は，柏木惠子を研究代表者とする平成12〜14年度文部省科学研究費補助金によるプロジェクト「社会変動・家族・個人の発達に関する発達・文化心理学的研究」で行なわれた調査の一部である。

**調査対象者**
　調査の対象となったのは，東京，神奈川および愛知県内の幼稚園・保育園に通う3〜4歳児を持つ育児期夫婦である。同一の通し番号を打った夫用・妻用の調査票をあわせて1組とし，園を介して1147組に配布した。回答の際は夫婦で相談せずにひとりで記入するよう注意書きを添えた。調査票の最初に調査への回答は任意であることを明記した。回答済の調査票は，夫票・妻票それぞれ添付した封筒に別々に密封してもらい，後日園を通して回収した。回収後に通し番号を照合して夫婦票のマッチングを行なった。
　返送された調査票は，夫540名，妻628名であった。そのうち夫婦の回答が揃わない者，夫婦が同居していない者，明らかに不自然な回答（たとえば，週当たりの労働時間を500時間としている等）がある者を除外すると，有効回答数は520組（有効回答率45.34％）であった。
　※研究1-1（第2章）では，そのうち三つのクラスターに分類された391名の夫が分析対象となった。
　※研究1-2（第3章）では，第2章の391名のうち，妻の就労状態のデータが得られている332組が分析対象となった。

**調査時期**
　2001年5月〜7月。

**分析の対象となる項目**
　研究1（第2章，第3章）で分析対象とした項目と，その尺度化手続きは，以下の通りである。
　① 家庭・仕事・個人的活動に対するエネルギー投入割合（夫票）
　「仕事」・「家庭」・「自分個人のための活動」のそれぞれに対して，現実にどのくらいのエネルギーを投入しているかを尋ねた。なお，この項目は専業主婦や大学生にも共通

に使用するため，調査票では「仕事」でなく「社会的活動（仕事・学校・ボランティアなど）」として尋ねた。分析対象の男性は全員有職であったことから「社会的活動」へのエネルギー投入を「仕事」へのエネルギー投入と読みかえた。

回答は，全体を10として，それぞれに投入するエネルギーの割合を3分割した比の形（たとえば5：3：2）で記入するよう求めている。夫の回答に後で述べるクラスター分析を施し，男性の生活スタイルのタイプ抽出を行なった。

② 家族役割分担（夫票）

家事（食事のしたく，洗濯物をしまう，居間の掃除など），育児（子どものしつけ，子どもの身のまわりの世話），稼得（生活費を稼ぐ）等，家族役割に関する15項目について，それぞれ全体を10として「夫」，「妻」，「その他親族」，「購入・外注」の4者による役割遂行の分担割合を尋ねた。

このうち家事に関する7項目の分担割合を平均して〈家事〉の分担割合とした。同様に育児に関する3項目の平均を〈育児〉の分担割合とした。「生活費を稼ぐ」については，単項目のまま〈稼得〉役割の分担割合の指標として使用した。

分析には〈家事〉，〈育児〉，〈稼得〉それぞれについて，夫の自己評定による夫分担割合を使用した。520名全体でのクローンバックの $\alpha$ は〈家事〉が.81，〈育児〉が.71と，十分な内部一貫性があると考えられた。

③ 夫の生活時間（夫票）

夫本人の平日の時間の過ごし方について「家族の誰かと一緒にいた時間」，「家族以外の誰かと一緒にいた時間」，「自分ひとりで過ごした時間（睡眠を除く）」はそれぞれ何時間か，数字を記入するよう求めた。労働時間については，通勤時間を含めた週あたりの労働時間を記入するよう求めた。

④ 夫の収入（夫票）

夫本人の税込み年収を「収入はない」，「30万円未満」から「1400万〜1600万円」，「1600万円以上」までの13段階で尋ね，階級値を代入した。

⑤ 家族観

「夫婦は家事・育児をともに担うのがよい」，「家族を養うのはおもに夫（父親）の責任だ」，「家族がうまくいくためには自分の気持ちを抑えるべきだ」等，家族に関する価値観12項目についての賛成度を5段階で評定するよう求めた。

因子分析（主因子法，プロマックス回転）を行ない，いずれの因子にも負荷の低かった項目を除きながら再度因子分析を繰り返し，最終的に9項目から三つの因子が抽出された。三つの因子は，性別役割分業を肯定する「性別分業」（3項目），家族は共に行動するのがよいとする「凝集性」（4項目），家庭内の役割は性別や立場によらず皆で分担するのがよいとする「共同参画」（2項目）と命名した。

各因子に .40 以上の負荷量を示す項目の素点を平均して下位尺度得点とした。いずれも得点が高いほど，その考え方に賛成であることをあらわしている。

研究 1-1（第 2 章）では，「性別分業」と「共同参画」に対する夫の賛成度を分析に使用した。520 名におけるクローンバックの $\alpha$ は，「性別分業」が .58，「共同参画」が .64 と，あまり高くはなかった。しかし，各下位尺度に含まれる項目には内容的な整合性があると考え，分析に使用することにした。

研究 1-2（第 3 章）では，妻の「性別文章」の得点も分析に加えた。妻 520 名で確認したクローンバックの $\alpha$ は .60 と，夫同様にやや低めであった。

⑥ 夫の生活満足度（夫票）

「自分の生き方」，「家庭生活」，「配偶者」，「仕事」についてどのくらい満足しているかを，100 点満点として評定を求めた。夫の自己評定を分析に使用した。

⑦ 妻の就労形態（妻票）

妻の現在の就労形態が，専業主婦・パートタイム・フルタイムのいずれであるかについて，妻自身に回答を求めた。パートタイムでも週に 35 時間以上働いているケースについては，就労実態がフルタイムに近いと考えられるため，フルタイム群に分類した。

### サンプルの属性

有効回答 520 組の夫婦の属性は以下の通り。

- 夫の年齢：レンジは 23 ～ 50 歳。20 代（9.1％），30 代（69.7％）を合わせて 8 割弱を占めた。平均年齢（SD）は 35.9 歳（4.6）。
- 妻の年齢：レンジは 23 ～ 46 歳。20 代（17.5％），30 代（75.4％）を合わせると 9 割を超えていた。平均年齢（SD）は 33.3 歳（4.0）。
- 結婚年数：レンジは 1 ～ 20 年。5 年未満は 5.6％ と少なく，5 年以上 10 年未満が 68.6％，10 年以上 15 年未満が 22.7％ であった。平均年数（SD）は 8.0 年（2.8）。
- 子ども数：レンジは 1 ～ 5 人。「2 人」が 61.7％ と最多で，次いで「1 人」が 19.8％，「3 人」が 16.0％ であった。平均子ども数（SD）は 2.0 人（0.7）と，全国平均とほぼ同じ水準。
- 夫婦の最終学歴：高校・高専までが夫の 41.2％，妻の 39.4％，短大・専門学校が夫 9.2％，妻 43.5％，大学以上が夫 49.2％，妻 16.0％ であった。
- 夫の職業：民間企業勤務（73.8％），家業・自営（9.6％），公務員・教員（6.0％）をあわせると，全体の約 9 割を占めた。
- 妻の就労状態：フルタイムが 16.9％，パートが 15.7％，無職が 67.4％ であった。

## 資料2　研究2（第4章）の調査概要

**調査対象者**

インタビューに協力してくれたのは，6歳以下の子どもをもつ男性27名である。

調査の初期には知人の紹介で，6歳以下の子どもを持つことのみを条件に，協力を依頼した。調査中期以降は，個人内の仕事と家庭のバランス，夫婦間の役割分担のバランスの面でバリエーションを広げることに留意する理論的サンプリングを行ないながら，対象者を拡大していった。各ケースの情報は表に示す。

**調査の方法**

半構造化インタビュー調査。インタビューの所要時間は，最も短いケースで60分，最長のケースは3時間10分であった。インタビューの一部は筆者と心理学専攻の学部4年生の共同調査として行なったもので，インタビュアーを分担して務めた。

対象者の家族構成や就業状態，生活時間などフェイスシートにあたる事柄については面接前に質問紙を郵送し，あらかじめ記入して面接に持参してもらった。面接場所は対象者の希望にあわせ，対象者自宅や勤務先，飲食店，子育て支援施設などで行なった。

インタビューは対象者の了解を得てICレコーダーで録音し，逐語プロトコルを作成した。その際，個人の名前や地名，会社名等の固有名詞は，名称と無関係なアルファベットに置き換えた。

**調査時期**

2008年7月〜2009年1月であった。

資料2　研究2（第4章）の調査概要

表　調査対象者の属性

| ケース | 本人 年齢 | 本人 職業 | 本人 労働時間／週 | 妻 年齢 | 妻 職業 | 妻 労働時間／週 | 子ども数（長子年齢-末子年齢） | 親との同居 |
|---|---|---|---|---|---|---|---|---|
| A | 34歳 | 会社員 | 66時間 | 32歳 | 無職 | — | 3人（10歳-3歳） | 有（夫父母） |
| B | 38歳 | 会社員 | 33.75時間 | 30歳 | パート | 30時間 | 1人（4歳） | |
| C | 39歳 | 会社員 | 47.5時間 | 36歳 | 無職 | — | 1人（3歳） | |
| D | 41歳 | 会社員 | 42.5時間 | 38歳 | 無職 | — | 3人（18歳-2歳） | |
| E | 40歳 | 会社員 | 50時間 | 36歳 | 無職 | — | 2人（5歳-1歳） | |
| F | 31歳 | 会社員 | 42.5時間 | 30歳 | パート | 3時間 | 2人（1歳-1歳） | |
| G | 38歳 | 会社員 | 50時間 | 35歳 | 会社員 | 45時間 | 1人（2歳） | |
| H | 37歳 | 大学教員 | 50時間 | 33歳 | 無職 | — | 1人（2歳） | （妻父母近居） |
| I | 44歳 | 公務員 | 48時間 | 36歳 | パート | 15時間 | 1人（2歳） | （妻父母近居） |
| J | 22歳 | 会社員 | 60時間 | 24歳 | 会社員 | 育児休業中 | 1人（0歳） | 有（夫父母） |
| K | 37歳 | 大学教員 | 50時間 | N.A. | 会社員 | 35時間 b) | 1人（3歳） | |
| L | 40歳 | 会社員 | 65時間 | 39歳 | 派遣社員 | 30時間 | 1人（3歳） | |
| M | 35歳 | 会社員 | 42.5時間 | 29歳 | 医師 | 44時間 | 1人（1歳） | |
| N | 44歳 | 公務員 | 55時間 | 36歳 | 公務員 | 30時間 | 2人（9歳-1歳） | 有（夫母） |
| P | 30歳 | 自営業 | 72時間a) | 30歳 | 教員 | 45時間 | 2人（4歳-2歳） | （夫父母近居） |
| Q | 36歳 | 自営業 | 54時間a) | 36歳 | 会社員 | 40時間 | 2人（8歳-5歳） | （夫父母近居） |
| S | 40歳 | 自営業 | 年中無休a) | 36歳 | 自営業 | 年中無休 | 3人（11歳-5歳） | 有（夫父母） |
| T | 35歳 | 自営業 | 72時間a) | 35歳 | 自営業 | 42時間 | 2人（6歳-3歳） | 有（夫父母） |
| U | 44歳 | 会社員 | 45時間 | 42歳 | 無職 | — | 1人（4歳） | |
| AA | 29歳 | 公務員 | 育児休業中 | 33歳 | 公務員 | 40時間 | 1人（1歳） | |
| AB | 39歳 | 会社員 | 45時間 | 35歳 | 自由業 | （不規則） | 1人（2歳） | |
| AC | 42歳 | 無職 | — | 34歳 | 医師 | N.A. | 1人（2歳） | |
| AD | 28歳 | 看護師 | 60時間 | 32歳 | 看護師 | 45時間 | 1人（2歳） | |
| AE | 32歳 | 会社員 | 66時間 | 34歳 | パート | 24時間 | 1人（3歳） | |
| AF | 37歳 | 自営業 | 54時間a) | 34歳 | 無職 | — | 1人（3歳） | （妻父母近居） |
| AG | 28歳 | 会社員 | 50時間 | 34歳 | パート | 24時間 | 2人（2歳-0歳） | |
| AH | 33歳 | 無職 | — | 36歳 | パート | 37時間 | 1人（2歳） | （夫父母近居） |

a) 自営業のため，実働時間でなく営業時間
b) 育児のため短時間勤務中

## 資料3　研究 3-1 予備調査（第5章第2節）の調査概要

　この調査は，国際労働経済研究所と応用社会心理学研究所が主催する「ライフパタン研究会」の共同調査の一部として行なわれた。

### 調査対象者
　企業の労働組合に所属する組合員，およびその一部の配偶者 238 名。性別の内訳は，男性 173 名，女性 65 名である。調査票の配布・回収は，研究会事務局を通して，7 企業の労働組合に依頼した。可能な場合には組合員の配偶者からも回答を求めたが，夫婦のマッチングは行なっていない。

### 調査時期
　2010 年 10 月～11 月。

### 分析の対象となる項目
　研究 3-1 の予備調査（第5章第2節）で分析に使用した項目は以下の通りである。
① 「家族する」項目
　まず，「家庭に主体的・応答的・生成的な関与」=「家族すること」の具体的な例示となるような項目表現を広く収集した。収集方法は以下の4通りであった。
(1)　研究 2-4 で得られたカテゴリー 20『応答的関係としての家族』に分類された発言を抜粋して，質問項目にふさわしいよう端的な表現に改めた。
(2)　研究 2-4 で「家族すること」との概念的な類似を論じた既存の尺度——家族機能測定尺度（草田・岡堂, 1993）より「適応度」項目, 共同的関係志向尺度（Clark, Ouellette, Powell, & Milberg, 1987; 諸井, 2003 の訳による), 交換的関係尺度（Williamson & Clark, 1989）——から，一部項目の表現を翻訳・改変して使用した。
(3)　心理学や社会学の研究者・心理学専攻の学部卒業生5名に「"家族すること"と聞いて思い浮かべる行動・態度」についての自由記述を求め，質問項目にふさわしい端的な表現に改めた。
(4)　概念の意味に沿うよう，筆者が項目を作成した。
(1)～(4)の方法で収集した 99 項目について，概念的な検討を行ない，内容の重複するものを整理したり，抽象的な内容の項目を削除するなどして，47 項目を抜粋した。

## 資料3　研究 3-1 予備調査（第5章第2節）の調査概要

残った 47 項目について，民間企業に勤務する既婚男性 10 名に対するヒアリングを行ない，多義的であいまいな表現を改め，既婚男性にとって自然に受け取れる表現に修正するなど，ワーディングを整える作業を行なった。

こうして作成された 47 項目について，「そうするべきだと思うか（以下，「家族する（価値観）」と略記）」，「実際に自分自身はそうしているか（以下，「家族する（現実）」と略記）」という二つの観点から回答を求めた。

各項目について「そう思わない／あてはまらない（1点）」から「そう思う／あてはまる（5点）」までの5段階で評定するよう求めた。

② フェイスシート

性別，婚姻状況，家族構成等の基本的属性を尋ねた（表）。

### サンプルの属性

- 回答者の年齢：レンジは男性が 24～56 歳，女性が 23～59 歳。20 代が全体の 16.0％（男性 21 名，女性 17 名），30 代が 51.3％（男性 96 名，女性 26 名），40 代が 29.4％（男性 52 名，女性 18 名）で，20～40 代に全体の 96.6％が含まれる。平均年齢は，男性 36.8 歳（$SD=6.0$），女性 36.3 歳（$SD=8.2$）。
- 婚姻状態：未婚の者が全体の 21.4％（男性 33 名，女性 18 名），既婚者が 76.1％（男性 136 名，女性 45 名），離婚・死別は 2.5％（男性 4 名，女性 2 名）であった。
- 子どもの有無：男性の 68.8％，女性の 46.9％が子どものいる者であった。子どもの人数は 1～4 人，平均 1.2 人（$SD=1.1$）。

表　予備調査のサンプルの属性（単位：人）

| 性別 | 婚姻状況 | 子どもの有無 | | 合計 |
|---|---|---|---|---|
| | | いない | いる | |
| 男性 | 未婚 | 32 | 1 | 33 |
| | 既婚 | 20 | 116 | 136 |
| | 離婚・死別 | 2 | 2 | 4 |
| | 合計 | 54 | 119 | 173 |
| 女性 | 未婚 | 17 | 0 | 17 |
| | 既婚 | 16 | 29 | 45 |
| | 離婚・死別 | 1 | 1 | 2 |
| | 合計 | 34 | 30 | 64 |
| | 総計 | 88 | 149 | 237＊ |

＊子どもの有無に無回答が 1 名いたため，総計が 1 名少ない。

## 資料4 研究3-1本調査（第5章第3節）の調査概要

　この調査は，国際労働経済研究所と応用社会心理学研究所が主催する「ライフパタン研究会」の共同調査「生活意識に関する調査」の一部として行なわれた。

### 調査対象者
　企業の労働組合に所属する組合員，およびその一部の配偶者237名。性別の内訳は，男性138名，女性73名。ほかに性別無回答の者が26名であった。
　調査票の配布・回収は，研究会事務局を通して，6企業の労働組合を通して依頼するほか，研究会メンバーから知人を通じて行なった。可能な場合には対象者の配偶者からも回答を求めたが，夫婦のマッチングは行なっていない。

### 調査時期
2011年12月～2012年1月。

### 分析の対象となる項目
研究3-1の本調査（第5章第3節）で分析に使用した項目は以下の通りである。
① 「家族する」予備版尺度
　予備調査で作成した予備版尺度18項目について，「実際に自分自身はそうしているか（以下，「家族する（現実）」と略記）」「そうするべきだと思うか（以下，「家族する（価値観）」と略記）」という二つの観点から回答を求めた。回答は「そう思わない／あてはまらない（1点）」から「そう思う／あてはまる（5点）」までの5段階評定であった。
　得点が高いほど「家族している／するべきだと思っている」ことをあらわしている。
② 生活領域への相対的な重みづけ
　「職場・仕事」，「家庭・家族」，「余暇・趣味」，「地域・社会」の四つの生活領域の相対的な重みづけについて尋ねるため，全体を100とした割合を数字で記入するよう求めた。「重要度」，「時間を使う程度」，「生きがい・楽しみの対象となる程度」の3通りの観点から，3回評定するよう求めた。
③ 家事遂行の程度と楽しさ
　家事行為8項目（食料品などの買い物，食事づくり，食器洗い，部屋の掃除，トイレや風呂の掃除，洗濯，布団干し，ゴミだし）について，それを「どのくらいしているか

(実践)」，「どのくらい楽しいか（楽しさ）」という二つの観点から評定を求めた。

評定は，「実践」については「していない（1点）」から「している（4点）」までの4段階評定，「楽しさ」については「楽しくない（1点）」から「楽しい（5点）」までの5段階評定であった。

④　フェイスシート

性別，婚姻状況，家族構成等の基本的属性を尋ねた。

上記の項目のうち②と③は，「生活意識に関する調査」で使われてきた項目を，研究会の許可を得て使用した。

### サンプルの属性

- 回答者の性別：男性138名（サンプル全体の58.2％），女性73名（同30.8％）。他に性別無回答の者が26名（同11.0％）いた。性別に関係しない分析の場合は，この26名も分析対象に含めた。以下の属性は性別が明らかな211名中の割合を示してある。
- 回答者の年齢：レンジは男性が21〜62歳，女性が23〜61歳。20代が全体の15.5％（男性18名，女性18名），30代が45.3％（男性69名，女性36名），40代が27.6％（男性45名，女性19名）で，20〜40代に全体の88.5％が含まれる。平均年齢は，男性38.8歳（$SD$=8.3），女性37.8歳（$SD$=9.7）。
- 婚姻状態：未婚の者が全体の23.7％（男性20名，女性30名），既婚者が71.6％（男性114名，女性37名），離婚・死別は4.7％（男性4名，女性6名）であった。
- 子どもの有無：男性の62.3％，女性の35.6％が子どものいる者であった。子どもの人数は1〜4人，平均1.3人（$SD$=1.1）。

表　本調査のサンプルの属性（単位：人）

| 性別 | 婚姻状況 | 子どもの有無 | | 合計 |
|---|---|---|---|---|
| | | いない | いる | |
| 男性 | 未婚 | 20 | 0 | 20 |
| | 既婚 | 30 | 84 | 114 |
| | 離婚・死別 | 2 | 2 | 4 |
| | 合計 | 52 | 86 | 138 |
| 女性 | 未婚 | 30 | 0 | 30 |
| | 既婚 | 14 | 23 | 37 |
| | 離婚・死別 | 3 | 3 | 6 |
| | 合計 | 47 | 26 | 73 |
| 総計 | | 99 | 112 | 211 |

## 資料5　研究3-2（第6章）の調査概要


**調査対象者**

調査対象者は，小学生以下の子どもを持つ，育児期の男性157名である。

このうち46名は，研究3-1の本調査のサンプル（第5章第3節，巻末資料4参照）から，末子が小学生以下の既婚男性を抜粋したものである。残りの111名のデータは，新たに行なった質問紙調査で収集された。以下の記述で，特に二つのサンプルを区別する必要がある場合には，前者を「本調査1」，後者を「本調査2」と呼ぶ。

本調査2では，「6歳以下の子どもを持つ既婚男性」という条件にあてはまる人に，知人を通じて依頼したほか，東京と神奈川の幼稚園・保育園各1園を通して，404名に調査票を配布した。調査票の表紙に，調査は無記名で個人のプライバシーが漏れる心配はないこと，調査への協力は任意であり回答するかどうかは自由であること，回答できない質問については答えなくて構わないことを明記した。回収は添付の返信用封筒による郵送法であった。404名中117名から回答が返送された。そのうち，分析に使用する変数の1割以上が欠損しているものを除いた有効回答は111名（有効回答率27.5％）であった。

**調査時期**

2013年2月～4月。

**分析の対象となる項目**

本調査1，本調査2に共通で，分析に使用した項目は以下の通りである。

① 家庭の都合のために仕事を調整することがあるかどうか

家庭生活の中で発生する場面を5項目挙げ（表），そのような用事のために仕事のしかたやスケジュールを調整することがあるかどうかを，「まったくない（1点）」から「よくある（4点）」までの4段階で尋ねた。

項目ごとの分析のほか，5項目の素点の平均である「仕事を調整する（総合）」得点も分析に使用した。5項目でのクローンバックの$\alpha$は.74であった。

## ② 仕事に対する意識

現在の仕事や職場について感じていることを尋ねる16項目。回答は「そう思わない（1点）」から「そう思う（5点）」までの5段階評定であった。

主因子法・プロマックス回転で因子分析を行なったところ，固有値が1以上の因子が四つ抽出された。いずれの因子に対しても負荷量が.40に満たなかった1項目を除き，再度同じ方法で因子分析を行ない，解釈可能な4因子を得た。分散全体に占める4因子での累積説明率は54.8％であった。負荷量のパターン行列と因子間相関は表の通りである。

第1因子は仕事に生きがいを感じていて，仕事そのものを楽しんでいるという前向きな心理をあらわしているため，「仕事の楽しさ」と命名した。第2因子は，自分が仕事上の問題を解決し，目標を達成しているという自己の有能性についての項目の負荷が高

表　仕事に対する考え方の因子分析（主因子法，プロマックス回転）

|  | 因子 | | | |
|---|---|---|---|---|
|  | 1 | 2 | 3 | 4 |
| 今の仕事にとても生きがいを感じる | .91 | -.01 | -.12 | .17 |
| 今の仕事を続けたい | .82 | .24 | .02 | -.19 |
| 今の仕事が楽しい | .77 | -.02 | .01 | .26 |
| 今の会社に勤め続けたい | .69 | -.01 | .21 | -.31 |
| 今の仕事はお金を得るための手段にすぎない | -.66 | .19 | .06 | -.09 |
| 職場の中では自分をあまり出していない | -.46 | .09 | .06 | -.10 |
| 仕事上の問題はたいてい解決できる | -.04 | .90 | .00 | -.08 |
| 自分の仕事の目標は常に達成している | -.15 | .73 | .13 | .02 |
| 仕事はよくできるほうだ | .04 | .66 | -.17 | .24 |
| 家庭の事情で休暇を取得できる | -.12 | -.02 | .60 | .10 |
| 家庭や個人の状況を配慮した人事異動が行なわれている | .12 | -.03 | .59 | .01 |
| 上司が残業していても部下が帰宅しやすい雰囲気がある | -.06 | .09 | .45 | .17 |
| 職場では他の人がとてもよく協力してくれる | .20 | -.05 | .40 | .17 |
| 仕事に自分の創意工夫が生かされている | .02 | -.03 | .19 | .82 |
| 自分で見通しを立てながら仕事をしている | .13 | .24 | .05 | .50 |
| 固有値 | 5.55 | 2.00 | 1.34 | 1.02 |
| 分散に占める説明率(%) | 34.57 | 10.69 | 5.49 | 4.04 |
| 因子間相関 | | | | |
| 　第1因子「仕事の楽しさ」 | ― | | | |
| 　第2因子「仕事における有能感」 | .33 | ― | | |
| 　第3因子「配慮ある職場環境」 | .54 | .28 | ― | |
| 　第4因子「自律的な仕事への取り組み」 | .53 | .27 | .39 | ― |

かったので,「仕事における有能感」と命名した。第3因子は,職場に家庭関与のしやすい人間関係や労働環境があるという認識をあらわす項目の負荷が高かったことから「配慮ある職場環境」と命名した。第4因子は,自分で創意工夫をして見通しを立てながら仕事をしているという二つの項目の負荷が高かった。これは自分の裁量を生かす余地が大きい働き方を意味していると考えられるので,「自律的な仕事への取り組み」と命名した。

各因子に.40以上の負荷を示した項目の素点を平均して,四つの下位尺度得点を算出した。クローンバックの$\alpha$は第1因子から順に,.86,.79,.67,.78であった。第3因子の$\alpha$がやや低いが,全体としては問題ないと考え,四つの得点を働き方の指標として分析に使用した。

③ 家族する尺度

研究3-1で作成した「家族する」尺度8項目について,「実際に自分自身がそうしているか(「家族する(現実)」)」と「そうするべきだと思うか(「家族する(価値観)」)」の2側面からの評定を求めた。「あてはまらない(1点)」から「あてはまる(5点)」までの5段階評定とした。

第5章で述べた通り,実際の関与を測定するために現実と価値観の2通りの評定を求めたが,分析に使用するのは,現実を尋ねた8項目の素点を平均した「家族する(現実)」得点のみである。157名での平均値($SD$)は,3.42(.56),クローンバックの$\alpha$は.71であった。

④ フェイスシート

自分と配偶者の年齢,子どもの人数と年齢,自身の職業,配偶者の就労状況,日頃の帰宅時間(「17時台」から「24時台」まで,8段階の順序尺度),週あたり労働時間等について回答を求めた。

このうち,週あたり労働時間については,二つのサンプルで尋ね方が異なった。民間企業の労働組合の組合員が対象の本調査1では「月あたりの所定外労働時間」を尋ねているため,4で割って週あたりに換算し,法定労働時間である40時間を足して週あたりの労働時間を算出した。本調査2では,週あたりの労働時間を「40時間未満」から「60時間以上」までの6段階から選択する形式で尋ねて,階級値を代入した。

上記の項目のうち①と②については,「生活意識に関する調査」で使われてきた項目を,研究会の許可を得て使用した。

サンプルの属性

有効回答157名の属性は以下のとおり。

・夫の年齢:レンジは25〜51歳。20代が3.2%,30代が58.6%,40代が37.6%と,

30〜40代が中心であった。平均年齢（*SD*）は38.3歳（4.6）。
- 夫の職業：会社員（79.6％），専門・技術・研究職（6.4％），自営業（2.5％），公務員（7.0％）で，全体の9割以上を占める。
- 妻の就労状態：専業主婦（56.1％）が半数強を占めた。フルタイムが21.7％，パートが18.5％，自営等が3.8％，であった。
- 子ども数：レンジは1〜4人。「2人」が57.3％と最多で，次いで「1人」が27.4％，「3人」が14.0％であった。平均子ども数（*SD*）は1.9人（0.7）であった。
- 夫の週あたり労働時間：40時間未満の者は1.3％，40〜49時間が54.8％，50〜59時間が27.3％，60時間超が16.5％。労働時間の短い者から数えて50％を超えるのは48.6時間であり，法定労働時間を超えて働く者が多かった。日頃の帰宅時間は，21時台（24.2％）が最も多く，次いで20時台（22.9％），22時台（16.6％），19時台（14.6％）であった。
- 第5章で分析に使用するデータは，本調査1と本調査2の二つのサンプルが含まれたため，両サンプル間で回答傾向に差があるかどうかを確認した。その結果，「子どもの人数」（本調査1：平均=2.2, *SD*= .5＞本調査2：平均=1.8, *SD*= .5; $t(119.9)$=5.1, $p<.001$）と「週あたりの労働時間」（本調査1：平均=46.3, *SD*=3.8＜本調査2：平均=51.5, *SD*=6.9; $t(142.9)=-6.0$, $p<.001$）に有意差が見られたが，分析の焦点となる「家族する」得点については，「家族する（現実）」，「家族する（価値観）」ともに有意差は見られなかった（現実：$t(155)=-1.2$, *n.s.*；価値観：$t(150)= .7$, *n.s.*）。また，「日頃の帰宅時間」にも有意な偏りは見られなかったことから（$\chi^2(7)=9.1$, *n.s.*），分析は二つの調査から得られたデータを合わせた157名全体で行なうこととした。

## あとがき

　私が男性・父親の心理に関心を持ったのは四半世紀の昔，東京女子大学の心理学科の学生だった頃のことです。名簿順にふり分けられた1年次演習がたまたま柏木惠子先生のゼミだったことから，発達心理学に関心を持つようになりました。2年生の時，言語発達の授業で耳にした「言語獲得援助システム」というメカニックでカッコいい響きの語にひかれて，ブルーナーの『乳幼児の話しことば』(寺田晃・本郷一夫（訳），新曜社，1988年) を手に取りました。子どもの言語獲得における「母親」または「大人」の働きかけの重要性が書かれていました。では父親はどうなのだろう？　と疑問を抱いたのがはじまりです。

　調べてみると，子どもの発達に対する父親の影響についての研究は少ないことを知りました。むしろ子どもとの関わりの乏しさが問題，家庭で父親の影が薄い「父親の心理的不在」が指摘されていた時代でした。家庭を顧みない仕事人間の父親への批判的な論調が強く，「母原病」という言葉が母親たちを追い詰めた反省はどこへやら，「父原病」というタイトルの本さえありました。卒論では「父親の存在感」をテーマに選びました。

　後で知ることですが，ちょうど，東京女子大学から白百合女子大学へ移られた柏木先生が『父親の発達心理学』(川島書店，1993年) の執筆を進めておられた頃だったので，暗黙のうちに刺激を受け，関心が触発されていたのかもしれません。柏木先生の下でさらに発達心理学を学びたいと白百合女子大学の大学院に進み，以来長年にわたるご指導をいただきながら，「父親」や「男性」，「家族」というテーマの周辺をうろうろし続けてきました。

　現在までに，家庭人としての男性に関する世の中の言説はずいぶん変わりました。「育児をしない男を，父とは呼ばない」(1999年) という厚生省のポスターは，当時はラディカルな挑発に聞こえたものですが，今なら「そうだそうだ」と賛同する声が挙がるでしょう。身の回りの見聞では，わざわざ「立ち会い出産」と言わずとも，父親がわが子の誕生に立ち会うことはかなり一般化し

ているようです。料理のできる男性がクールであるというイメージが広がって，「イクメン」「カジメン」も出現しているとか。「既婚男性といえば仕事人間」というステレオタイプとは違う男性が現れたような雰囲気は随所で感じられます。

しかし，それだけ男性の家庭関与が広がった（らしい）にもかかわらず，世の中の男性が，また女性も，「生きやすくなった」という感触が持てないのはどうしてなのだろうか，という思いも強くなりました。研究者としてというより，素朴な市民感覚に照らして疑問と感じることがたくさんありました。「イクメン」「カジメン」が現れたはずなのに，なぜケア労働のための女性の離職は止まらないのだろう？　男女共同参画社会と言いながら，男性の育児休業取得率の目標値はたった13％でいいの？　労働時間は減らず，仕事に起因する心身の不調が増えているのに，どうして働き方は変わらないのか？　雇用・生活が不安定化して若者が将来に希望を持てない社会でいいのだろうか？

人間の営みとしての働き方，仕事と生活のバランスの現状を批判的に取り上げた研究は，心理学より社会学に多いように思います。疑問の答えを求めてそれらの著作を読み，心理学とはひとあじ違った考え方を学びました。たとえば，心理学では「ジェンダー」は個人のパーソナリティや認知の枠組みに関する概念として扱われることが多いのですが，権力構造の問題として巨視的に捉えることで，それまで個別のトピックごとに断片的に関心を抱いてきた父親の心理的不在や女性の育児ストレス，過労死など，男性・女性それぞれの「生きづらさ」が一元的に説明できるようになります。ともすると「男性＝加害者／女性＝被害者」という図式に陥りがちなジェンダーの問題を考える上で，この視点は重要だと思いました。

一方で，（ある社会学者の方には「心理学は心理主義が強すぎる」と批判されたこともありますけれども）「個人の内面」というファクターにもっと大きな意味を与える必要があるのではないかという思いも膨らんでいきました。それには，小さな教養系の短期大学に職を得て，ファカルティで唯一の心理学教員として勤務した経験が関係しています。

20年近く前のこと，学籍を離れてまだ1年のヒヨコのような「心理学者」が山村女子短期大学（現山村学園短期大学）国際文化科に着任した数日後，ベテ

あとがき

ランの哲学の先生から「心理学では原理と証明とどちらが先なのかね？」とご下問がありました。……原理？　証明？……私，哲学のこと何にも知らない……しどろもどろで「仮説を立てて検証する」ことを申し述べると，先生は「では原理が先だね」とおっしゃって，それ以上は突っ込まずに放免してくださいました。どう答えればよかったか，仮説って原理なのだろうか……と宿題を課されたような気持ちになった，今でも印象深い出来事でした。その後も，文学や社会学，文化人類学など，他分野の先生たちとの交流・議論を通じて，心理学の独自性はどこにあるのかを折に触れて考えました。学生たちは，「心理学って人の心が読めるんですよね？」と大きな（大きすぎる）期待を抱いて心理学に関心を寄せてくれるので，「そういうものではないんだよー」と説明しつつ，ではどういうものなのか？　を自問する日々。彼女たちは心理学ワールドの中だけで通用するジャーゴンには興味はなく，今日の授業はわれながら上滑りした机上の理論であるなあと思う時などは，「へえ，で，それが何？」と態度でダメ出しをしてくれました。理論や法則でわかった気になるのではなく，リアリティ感覚が伴わなくては生きた人間の学として本物ではないと学びました。「属性や階層ではわりきれない，個人としてのその人の内面を知ろうとすることが心理学ならではのアプローチである。研究の結果を見て『それは私のことだ』と思う人がいなければ心理学の研究とはいえない」というのが，それらの経験を通して私なりにたどりついた「心理学の存在意義」です。

　ジェンダーを個人の特性でなく構造として捉えることで，男女の生きづらさを一元的に説明できる，と書きましたが，その枠組みの中で欠けているパーツと感じられたのが「男性の，男性ジェンダー規範に対する不満や違和感」であったことは，「はじめに」や第1章で述べた通りです。インタビューやケース報告など，少数事例が対象の研究に限ればそのような声も報告されていました。一人ひとり異なる，生きた個人の内面の声と，働き方やジェンダー規範という社会の構造的な問題とを，どのように結びつけたらよいかわからずに悶々と過ごす時期が続きました。論文としてまとめる方向が見えた気がしたのは，夫（鈴木忠）が『生涯発達のダイナミクス』（東京大学出版会，2008年）を執筆する過程の"観察学習"によってです。EvoDevoの考え方を知り，「発達のニッチ構成」という概念の意味に目が開かれ，大学院生の頃に繰り返し聞いた「発達

とは個人と環境の相互作用である」というフレーズが腑に落ちました。これで働き方の問題を，社会学や社会政策論とは違う，個人の発達心理学の研究としてまとめられると思いました。実際には，論文として書き上げるには，それからまだかなりの時間を要しましたが……。

　本書は，2013 年に白百合女子大学に提出した学位請求論文，『育児期男性が「男は仕事」という性役割規範を相対化するプロセス——家庭関与の質に注目して』を大幅に改稿したものです。主査をお引き受けくださった白百合女子大学の宮下孝広先生は，超ご多忙の身にもかかわらず，一連の審査手続きを終始温かく穏やかに進めてくださいました。2014 年に行われた論文審査では，田島信元先生，秦野悦子先生，高橋博史先生から貴重なご意見をいただきました。深く感謝申し上げます。

　外部審査員として論文審査に加わってくださった柏木惠子先生への感謝は言葉には尽くせません。東京女子大学に入学してからずっと，公私両面にわたって変わらぬご指導をいただいています。その間には研究に取り組む余裕のない時期もありましたが，先生は常に研究や勉強との接点を作り，励まし続けてくださいました。ある時は共同研究に加えてくださり，ある時は「こういう視点が大事だと思うのよね」と本をご紹介くださり，また先生のご編著書に分担執筆の場を与えていただき，そのたびに少しでも応えなければと細々と続けた研究が学位論文となりました。その研究がさらに多くの方に届くようにと，東京大学出版会への橋渡しをしてくださったのも柏木先生です。

　東京大学出版会の小室まどかさん，後藤健介さんのご尽力のおかげで，このような形で研究成果を世に出すことができたのは望外の僥倖です。出版という大仕事におののき，足元だけ見ながら手さぐりで歩くように改稿作業を進める中，お二方と柏木先生は折に触れて，私には見えていないこの本の側面を提示して力づけてくださいました。その道標に導かれて本書はできあがりました。

　この本の元となった研究を進める上でも多くの方にサポートしていただきました。

　「家族する」という茫漠としたイメージを面白がり，概念化のための議論につきあってくれたライフパタン研究会家族分科会のメンバーである井田瑞江さん（関東学院大学社会学部），眞鍋倫子さん（中央大学文学部），八木隆一郎さん

# あとがき

（国際経済労働研究所），宮田美奈子さん（応用社会心理学研究所）にも感謝申し上げます。それぞれに専門分野の違う分科会メンバーとの議論は毎回新たな発見があって，大変刺激になるものでした。共同調査のデータ使用をお認め下さったライフパタン研究会の諸氏にも厚く御礼申し上げます。

田矢幸江さん（元武蔵野市立0123吉祥寺）には，調査協力者をご紹介いただいたり，インタビュー中の対象者のお子さんの託児，テープ起こしなど様々な面でお力添えをいただきました。細やかなご配慮と確実なお仕事ぶりに，いつもいつも助けていただきました。

野本（宮崎）玲菜さん（東京女子大学卒業生）には，インタビューの共同調査者として多大なご協力をいただきました。彼女が卒論で父親へのインタビューをしてみたいと言わなかったら，私自身がインタビュー調査に着手するタイミングは数年遅れていたはずです。

そのほかにも個々のお名前は挙げませんが，調査にご協力くださった皆様，お話を聞かせてくださったお父様方，テープ起こしのお手伝いをいただいた方々など，力を貸してくださった皆様に感謝申し上げます。

そして，研究者という先行き不透明な道に進みたいという希望を認め，黙って見守ってくれた両親と妹に，また同業の先輩として研究という仕事の深淵を身をもって示してくれる夫・鈴木忠に心からの感謝を捧げます。

2016年3月

大野祥子

# 人名索引

## あ行

| | |
|---|---|
| 池田政子 | 9, 15, 19 |
| 和泉広恵 | 168 |
| 伊藤公雄 | 24 |
| 伊藤裕子 | 9, 15, 19, 51 |
| 稲葉昭英 | 18 |
| 宇都宮博 | 176 |
| 江上園子 | 190 |
| 大槻奈巳 | 6 |
| 大日向雅美 | 190 |
| 小笠原祐子 | 29, 165, 166 |
| 尾形和男 | 9, 13, 137 |
| 岡野八代 | 180 |
| 小此木啓吾 | 130, 167, 171 |
| 落合恵美子 | 10, 169 |

## か行

| | |
|---|---|
| 柏木惠子 | 8-10, 14, 31, 93, 130, 136, 167, 193 |
| 春日キスヨ | 28, 190 |
| 加藤邦子 | 9, 15 |
| 加藤容子 | 41 |
| 金井篤子 | vi, 41 |
| 菊池ふみ | 14 |
| 木下康仁 | 67, 68 |
| 国広陽子 | 29 |

## さ行

| | |
|---|---|
| 相良順子 | 9, 15, 19, 136, 201 |
| 品田知美 | 181, 182 |
| 治部れんげ | 28, 196 |

## た行

| | |
|---|---|
| 多賀太 | 24, 29, 30, 188, 195 |
| 天童睦子 | 29 |

## な行

| | |
|---|---|
| 永久ひさ子 | 11 |
| 根ケ山光一 | 93 |

## は行

| | |
|---|---|
| 平山聡子 | 9, 136, 138 |
| 平山順子 | 11, 18, 60 |
| 福田佳織 | 9 |
| 舩橋惠子 | 29, 45, 52, 166, 196 |

## ま行

| | |
|---|---|
| 牧野カツコ | 11 |
| 松田茂樹 | 41 |
| 丸山眞男 | 130, 168-171, 175 |
| 宮下一博 | 9 |
| 諸井克英 | 111, 136 |

## や・ら・わ行

| | |
|---|---|
| 矢澤澄子 | 29, 52, 164 |
| 山根純佳 | 113 |
| 若松素子 | 136 |

## A-Z

| | |
|---|---|
| Baltes, P. B. | 190 |
| Bandura, A. | 25, 192 |
| Clark, M. S. | 111, 128 |
| Connell, R. W. | 25, 27 |
| Erikson, E. H. | 193 |
| Field, T. | 28, 93 |
| Freund, A. M. | 190 |
| Gilligan, C. | vii, 129, 178, 179 |
| Hrdy, S. B. | 91, 93 |
| Kohlberg, L. | 25, 129 |
| Mills, J. | 111, 128 |
| Olson, D. H. | 128, 174 |

Palkovitz, R. 13, 172
West, C. 26, 27

Zimmerman, D. H. 26, 27

# 事項索引

## あ行

「新しい」男性　46, 162
アロマザリング　93
育児　60
育児休業　5, 14, 198, 199
イクメン　12
応答性　171
応答的関係を生成するのが家族　106, 111, 114
男らしさ　24, 90
　　――の鎧　24, 62
親役割　88

## か行

家事　60, 182
　　――スキル　196
　　――労働ハラスメント　180
過重労働　i, 22
稼ぎ手　18
　　――役割　81
家族観　113, 115, 132, 166
「家族する」　iv, vii, 127, 130, 131, 161, 171, 177, 184
　　――尺度　135, 153
家族役割分担　10
葛藤　102
家庭関与　9, 47, 55, 61, 135, 136
　　――の質　63, 161
家庭志向　45
家庭生活　2
家庭役割　ii
家庭要因　18
稼得分担割合　16
稼得役割　ii
家父長制　25

過労死　ii, v, 20
機能主義　169, 175
共同参画　34, 39
共同的関係　111, 128
近代家族　10, 130, 169, 175
ケア　129, 179
　　――の倫理　vii, 130, 178
言説実践　113
交換的関係　111, 128
公私二元論　180

## さ行

暫定的なバランス　172
ジェンダー　iii
　　――規範　ii, 18, 19, 87
　　――・ギャップ　i
　　――・スキーマ　26
　　――の獲得　25
　　――の境界線　27
　　――の発達　26, 30
　　――役割　6
時間的制約仮説　157
資源配分　4
自己責任論　198
仕事＋余暇型　36
仕事＝家庭型　36, 44, 52, 65, 162
仕事相対化群　69, 72, 78, 124, 163
仕事中心型　36
仕事と家庭のバランス　68
仕事と家庭の両立　41
仕事優先群　69, 72, 73, 121, 163
仕事を調整する　72, 155
自殺　21, 22
自尊感情　16
失業　17, 21, 177
社会化　27

241

社会学　23
社会的学習理論　25
修正版グラウンデッド・セオリー・アプローチ　67
柔軟性　174
主体的選択　27, 190
生涯発達　vii, 188, 202
少子化　12
職業役割　ii, 16, 22
女性学　iii, 10, 11
信頼性　145
心理学　iii, vi, 25, 136
すること　168
生活時間　1, 37, 136, 181
生活スタイル　vii, 33, 35, 49
生活の復権　184
正義の倫理　130
性差　87, 88
生成性　173
性別役割分業　v, 10, 29, 34, 39, 61, 102
　新・——　11
性役割　iii
専業主婦　11
相補性原理　92

### た行

多元的変動社会　30
妥当性　145
男性学　24
男性ジェンダー規範　ii, 31, 65, 92
男性性　27
男性的文化　91
父親　8, 13, 172
　——の役割　88
妻の就労形態　15, 28, 48
であること　168
ディストレス　16, 18
適応　17, 19, 188
適応性　128, 174
転換　105

### な行

ニーズ仮説　157
二重基準型　29, 52, 62, 162
認知発達理論　25

### は行

パートナーシップ　195
発達　187
　——のニッチ構成　199
発達課題　iv, 23
発達心理学　8
発達的可塑性　188
平等志向型　52, 62, 162
夫婦関係　15, 17, 174
夫婦間の役割分担　4, 29, 47, 166
ふりかえり　100
プロセス・モデル　95, 100
母性神話　92, 189
本質主義　91

### ま行

まるごとの個人　175
満足度　40, 42, 47, 55
　「自分の生き方」への——　33, 42
メンタルヘルス　19

### や・ら・わ行

ライフステージ　v, 2, 32
リサーチ・クエスチョン　31, 164
労働時間　20, 37
ワーク・ライフ・バランス　vi, 1, 2, 155, 184
ワーカホリック　78
わりきり　110

### A-Z

being　167
doing　167
doing gender　26, 173
primary caregiving father　28
SOC　190

著者略歴

1992 年　東京女子大学文理学部心理学科卒業
1996 年　白百合女子大学大学院文学研究科発達心理学専攻博士課程退学
2014 年　博士（心理学）（白百合女子大学）
現　在　白百合女子大学・東京女子大学他非常勤講師
主　著　『家族心理学への招待』（共著，ミネルヴァ書房，2006 年）
　　　　『発達家族心理学を拓く』（共編著，ナカニシヤ出版，2008 年）
　　　　『日本の男性の心理学』（分担執筆，有斐閣，2008 年）
　　　　『ヒトの子育ての進化と文化』（分担執筆，有斐閣，2010 年）


「家族する」男性たち
おとなの発達とジェンダー規範からの脱却

2016 年 4 月 21 日　初　版

［検印廃止］

著　者　大野<sub>おおのさちこ</sub>祥子

発行所　一般財団法人　東京大学出版会
　　　　代表者　古田元夫
　　　　153-0041 東京都目黒区駒場4-5-29
　　　　http://www.utp.or.jp/
　　　　電話 03-6407-1069　Fax 03-6407-1991
　　　　振替 00160-6-59964

組　版　有限会社プログレス
印刷所　株式会社ヒライ
製本所　牧製本印刷株式会社

©2016 Sachiko Ōno
ISBN 978-4-13-011143-0　Printed in Japan

[JCOPY]〈(社)出版者著作権管理機構 委託出版物〉
本書の無断複写は著作権法上での例外を除き禁じられています．複写される
場合は，そのつど事前に，(社)出版者著作権管理機構（電話 03-3513-6969，
FAX 03-3513-6979, e-mail: info@jcopy.or.jp）の許諾を得てください．

### 家族心理学——社会変動・発達・ジェンダーの視点
柏木惠子　A5判・360頁・3200円
家族をめぐり続発する"問題"――育児不安，晩婚・少子化，変化する夫婦関係，家族内のジェンダー．〈近代家族の終焉〉が言われる今，日本の家族を生きるとはどういうことか．文化心理学，進化心理学などの手法を総合して迫る．

### 家族の心はいま——研究と臨床の対話から
柏木惠子・平木典子　A5判・324頁・3200円
家族の危機を憂慮させる現象を「変化」として中立的にとらえ，その背後の要因に実証研究から迫ると同時に，個々の家族メンバーにどのように問題として現れるかを臨床事例から読み取る．研究者と臨床家が対話し合い，夫と妻，親と子の実状を相補的に理解しようとする新たな試み．

### ワーク・ライフ・バランスと家族形成
――少子社会を変える働き方
樋口美雄・府川哲夫（編）　A5判・342頁・4200円
雇用・労働環境の改善，特に就業と育児の両立支援や柔軟な労働時間，子育てへの経済的支援や保育所サービスの拡充など，ファミリー・フレンドリーな企業・社会の実現に向け，実証データをもとにした分析により，数々の知見を導き出す．

### 女性の就業と家族のゆくえ——格差社会のなかの変容
岩間暁子　A5判・240頁・3800円
「働く女性」は今や当たり前．しかし，家族にとって女性＝「妻・母」が働く意味は，経済格差の拡大が語られる今，大きく変わりつつある．少子化・高齢化・雇用の不安定化の中で，女性の就業が様々な要因に規定されているという現実，そこから日本社会の構造的変容に迫る．

ここに表示された価格は本体価格です．ご購入の際には消費税が加算されますのでご了承ください．